各界讚譽

面對逆境或時局的不確定性，馬斯洛的需求層級和自我實現的架構顯得特別有啟發性和應用價值。當最基層的生存與安全需求受到威脅、當人際距離因疫情被迫改變而動搖歸屬感時，我們更必須發揮自我實現的悅納自己、悅納別人、創造力、幽默等特質。

——政大創造力講座／名譽教授吳靜吉

馬斯洛是敢於聆聽自己的人，對於人類的積極潛能抱持堅定的信念。

——美國知名社會心理學家Robert Frager

馬斯洛的需求層級之所以吸引人，在於它反映了我們在兒童身上觀察到的成長模式。需求金字塔以簡單的方式表現一個複雜的概念，因而持續不墜。

——亞利桑那州立大學心理學教授Douglas Kenrick

馬斯洛是二十世紀最偉大的心理學家之一，其自我實現的概念深入我們的文化，廣獲多數心理學教科書強調。他重新架構心理學，看向人的可能性而非病態，影響正向心理學的發展。他的概念值得更好的理解，有助人們用於改善自己，對於追求如何讓人類臻至完善的專家學者們亦有所裨益。

——心理學作家 Alex Fradera，寫於《英國心理協會研究文摘》

馬斯洛的心理學是人類理解自己的過程中的一座里程碑。

——紐約時報

馬斯洛帶給我們兩項禮物：更具人性的科學與藝術，以及心靈的民主化。

——領導學之父 Warren Bennis

不同於在他之前的精神分析學家與行為學者，馬斯洛關注的不是心理疾病，相較於找出人們哪裡出了錯，他想要發現什麼對他們才是好的。他為人本主義心理學與正向心理學開了門，甚且影響當前英國政府提倡的幸福方案。

——記者 William Kremer 及心理學家 Claudia Hammond，於英國廣播公司國際頻道身處混亂與缺乏架構的時代，馬斯洛洞察了一切。

——趨勢大師 Watts Wacker

馬斯洛思想中的價值與準則，在數十年後更加貼近現代的時空。

——管理學大師暨暢銷作家 Stephen Covey

馬斯洛總是凡事往大處想，著眼全局。有鑑於他那個年代大多數社會科學家的目光短淺，他的視野寬廣，從而影響深遠。他一生致力探索動機與人格，超越學院派心理學，延伸至商業管理與行銷領域。馬斯洛亦熱愛探究新興且尚未被察覺的社會趨勢，並大膽對結果提出預測。

——葉史瓦大學 Yeshiva University 心理學教授 Edward Hoffman Ph.D

能夠意識到自己的衝動，知道自己確切希望得到和需要的是什麼，是一項難得的心理成就。

——馬斯洛

CONTENTS

CONTENTS

CONTENTS

第一部

動機理論

MOTIVATION THEORY

第一章
導論

本章將提出有關動機的十七個命題，它們是任何周全的動機理論所必須包含的。有些命題看來理所當然，好像沒什麼好再多說的，但我覺得有必要再次強調。其他命題則較不易被接受，容有更多爭議。

整體取向

我們的第一個命題指出：個人是一個整合的、有組織的整體。這是一個實驗事實，也是理論事實，我們必須明白了，才可能有健全的實驗方法和動機理論。就動機理論來說，這個命題意味著很多具體的事情。例如，它表示動機來自整個人，而非個人的一部分。一個好的理論不會說什麼胃的需求、嘴的需求或生殖器的需求，只有個人的需求。想要食物的是約翰．史密斯，不是約翰．史密斯的胃。此外，滿足也是發生在整個人，而不是他的一部分。食物滿足的是約翰．史密斯的飢餓，不是滿足他的胃的飢餓。

把飢餓視為只是胃腸的一種功能讓實驗者忽略了一個事實，那就是當個人處於飢餓時，會受影響的不只是胃腸功能，還有很多、甚至是大部分的其他功能。知覺會改變（比平常時候更快察覺到食物）。記憶會改變（這時候一頓美味餐點會更容易被人記住）。情緒會改變（更加緊繃和神經質）。思考內容會改變（想辦法找到食物而不是解決代數問題）。類似情形也會出現在大部分其他官能、能力或功能上，不論是生理還是心理的。換言之，如果一個人餓了，是整個人都被飢餓感籠罩，跟其他時候的他是不一樣的一個人。

動機狀態的範例

選擇飢餓作為所有其他動機狀態的一個範例，就理論和實務而言都不聰明也不完備。更進一步的分析顯示，飢餓驅力（hunger drive）是動機的一種特例而非通例。它要比其他動機孤立（isolated）；在此用「孤立」一詞是根據完形心理學（Gestalt）與戈德斯坦派（Goldsteinian）[1]的心理學家。它不及其他動機常見。它和其他動機不同之處在於有一個已知的身體感受，而這對動機狀態來說是不尋常的。哪些是更常見的直接動機呢？只要想想我們的日常生活就很容易知道。掠過意識的那些欲望通常是關於衣服、車子、友誼、同伴、讚美、聲望之類。一般而言，這些欲望被視為次級的或文化的驅力，和真正值得重視的、原始的驅力，也就是生理需求，屬於不同的層次。事實上，這些欲望的驅力對我們來說重要得多，也常見得多，因此最好擇一而論，勝過以飢餓驅力為例。

過去人們通常假定所有驅力都會循著生理驅力的模式。但我們現在大有理由認為並非如此。大部分的驅力都不是單獨存在的，無法被侷限在身體的某個部位，也不能將之視為

1 編按：Kurt Goldstein 為德國神經病學家和精神科醫生，被譽為完形治療之父。

身體內一時一刻唯一發生的事。典型的驅力、需求和欲望從來不會只是和一個特定的、孤立的、局部的身體經驗有關。典型的欲望顯然更關乎一整個人的需求。所以選擇像是金錢的欲望作為研究模型，會比單純的飢餓驅力好得多，更好的則是探討更基本而非部分的欲望，例如愛的欲望。從現有的證據觀之，不管我們對於飢餓驅力了解多少，都不可能由此完全理解愛的需求。事實上，我們甚至可以說得更白一點：相較於深入研究飢餓的驅力，完整理解愛的需求可以讓我們懂得更多普遍的人類動機，包括飢餓驅力。

這一點讓人想起完形心理學家對「簡單性」（simplicity）概念的批判分析。雖然飢餓驅力和愛的驅力比起來看似簡單，但長期而言並不簡單。（Goldstein, 1939）選擇單一的情況和相對獨立於有機體整體的活動，就會得到簡單的表象。我們其實可以很容易看出一個人的各種重要活動之間是相互作用與影響的。所以為什麼要選擇一種就此而言不具普遍性的活動呢？僅僅因為我們慣用（但不一定正確）的隔離和化約的實驗技術更容易處理它，我們就投以特別的注意嗎？要在以下兩者間做出選擇時，我們當然應該毫不猶豫地選擇後者：一、實驗起來簡單但無關痛癢或無效的問題；二、實驗困難但重要的問題。

手段與目的

仔細檢視在我們日常生活中會出現的各種欲望，會發現它們至少有一個重要特徵，那就是它們通常都是用於達成某種日的的手段，而不是目的本身。我們想要有錢是為了可以擁有車子。我們想要有車是因為鄰居也有車，我們不想輸人，這樣我們才可以維持自尊，然後得到別人的愛與尊敬。通常當我們分析一個有意識的欲望，都可以在欲望底下找到更基本的目的。換言之，這種現象和精神病理學上症狀的作用十分相似。症狀之所以重要不在於它本身，而是它們所代表的意義，也就是它們最終的目標或作用何在。研究症狀本身不是什麼重要的事，但研究症狀的動態意義很重要，因為那卓有成效，好比說讓心理治療成為可能。那些一天出現在我們意識裡幾十次的欲望本身並不是那麼重要，重要的是它們代表了什麼、指向什麼，以及在更深層分析下的意義。

這樣的深層分析有一個特點：它最終總是會指向一些我們無法再探尋的目標或需求；這些需求的滿足本身就是目的，無須更多理由或證明。這些需求在一般人身上不常被直接看到，更常是一種概念上的衍生，源自許許多多有意識的欲望。換言之，研究動機在某種程度上必須研究人類終極的目的、欲望或需求。

無意識的動機

上述這些事實意味著完整的動機理論必須具備另一個要件：由於這些目的往往並未直接出現在意識中，所以我們得要處理無意識的動機（unconscious motivation）的問題。僅僅仔細研究有意識的動機生活，經常會遺漏了跟意識層面的欲望同樣重要、甚至更重要的東西。精神分析每每證明，一個有意識的欲望與其底下最終的無意識的目的，不必然總是相關。事實上，這種關係甚且可能是負向的，好比「反向作用」（reaction formation）[2]。所以健全的動機理論絕不能忽視無意識的生活。

人類欲望的共通性

目前有足夠的人類學證據顯示，不同於各式各樣有意識的日常欲望，所有人類的基本或終極欲望的差異有限。要滿足某個特定欲望，不同文化可能會採取完全不同的途徑，例如在一個文化裡，「自尊」可以透過成為傑出的獵人來獲得；在另一個社會裡，則是當個良醫或勇士，或是極度自制的人，諸如此類。由此而論，倘若以終極目的來看，想要當一個好獵人的動力和欲望，可能和想要成為一名良醫是一樣的。所以我們可以說，更好的做法是把這兩種看似不同的有意識的欲望放入同一個範疇，而非僅根據行為就把它們分門別類。顯然，目的本身比達成這些目的的方法更加放諸四海皆準，因為方法是因時因地而異。人類要比乍看之下更加相似。

多重動機

一個有意識的欲望或一個有動機的行為，也許可以作為表達其他目的的管道。有幾種方法可以顯示這一點。例如，眾所周知，性行為和自覺的性慾望背後所隱含的潛意識目的可能極度複雜。對某個人來說，性慾望也許是為了肯定自己的男子氣概；對另一個人而言，可能是渴望親密感、友誼、安全感或愛的一種表現。在意識的層面，這些人的慾望內容可能都是一樣的，而他們往往也都誤以為自己追求的只是性滿足。但我們現在知道不是這樣，探究性慾望和行為所代表的基本意涵，而非僅是個人自以為的想法，將有助於理解他們。（同樣道理亦適用於預備行為〔preparatory behavior〕和完成行為〔consummatory behavior〕。）

另一類可以支持這個論點的證據是，研究發現單一的精神病理學症狀有可能同時代表著好幾種不同、甚至相反的欲望。歇斯底里性麻痺的手臂可能同時代表著想要報復以及渴望憐憫、愛和尊重的願望。若單純根據行為方式來探討有意識的欲望或明顯的症狀，表示恣意捨棄了完整理解個人行為和動機狀態的可能性。我們要強調，只有單一動機的行為或欲望是特例，並非常態。

2 編按：一種自我防衛機制，由於擔心某些事情可能會發生，行動時反而故意做出相反的舉動。

促動狀態

在某種意義上，幾乎任何有機事態（organismic state of affairs）都是一種促動狀態（motivating state）。當前的動機概念看來是奠基於一個假設：促動狀態是一種特殊的、奇怪的狀態，與發生在有機體的其他事件截然不同。與此相反，健全的動機理論應該要假設動機是持續的、永不停止的、變動的、複雜的，幾乎是每個有機事態都會有的普遍特徵。

例如，想想當我們說一個人「感覺被拒絕了」（feels rejected），所指為何。靜態的心理學研究會甘於以這句話作結；動態的心理學會以豐富的經驗證據來論證這句話所隱藏的許多內涵。「被拒絕的感覺」會影響整個有機體，不論身體和精神層面。此外，這樣的狀態自然地、不可避免地會導致許多其他情況發生，好比情不自禁想要贏回情感、各種防衛性努力、敵意逐漸升高等等。顯然要能夠解釋「他感覺被拒絕了」這句話所隱含的事態，必須加上更多的說明，讓我們知道他因為感覺被拒絕而發生了什麼事。換言之，感覺被拒絕本身是一種促動狀態。

滿足會產生新的動機

人類是一種永不滿足的動物，除了短暫的滿足，極少能夠達到完全滿足的狀態。一個欲望被滿足了，另一個欲望就會冒出來；這個欲望獲得滿足，另一個欲望又接上來，以此類推。一個人終其一生總是在追求些什麼。所以我們必須研究所有動機之間的關係，要建立更完整的理解，不能只看個別的動機單位。驅力或欲望的出現、它們所激起的行動、達成目標之後獲得的滿足——所有這些加起來，我們看到的只是動機單位組成的複合體中的單一事例。動機的出現幾乎總是來自整個有機體可能具有的其他所有動機的滿足或不滿足，亦即這樣或那樣的優勢欲望（prepotent desire）是否已經達到相對的滿足狀態。想要任何東西這件事本身就意味著，其他的欲望已經獲得滿足。如果我們的肚子大多數時候都空空如也，我們就不會想要去創作音樂、創造數學系統理論、布置居家或打扮自己。當我們一直渴得要命、不斷受迫在眉睫的災難威脅，或所有人都討厭我們的時候，也是如此。請謹記兩個重要事實：首先，人類永遠不會滿足，只有相對滿足或愈來愈滿足；第二，欲望具有優勢層級結構（hierarchy of prepotency）。

不可能列出所有驅力

我們應該放棄想要詳盡列出所有的驅力或需求，基於好些不同理由，這樣的清單在理論上是不完整的。首先，這樣的清單假設了各種驅力的強度和出現機率是一樣的，但事實並非如此，欲望在意識浮現的可能性，得視其他優勢欲望的滿足或不滿足狀態。不同驅力的出現可能性大不相同。

其次，這樣的列表會讓人以為驅力是相互獨立的，然則它們絕非互不相干。

第三，這樣的驅力列表通常是以行為為基礎，完全忽略了驅力的動態本質，例如它們在意識層面和潛意識層面也許不同，某個特定的欲望可能是表達其他欲望的管道。

列表是愚蠢之舉，因為驅力不是單獨數字的總和，它們毋寧是按具體特徵排列，也就是說，一個人會列出多少種驅力，取決於他以怎樣的差異程度來分析它們。真正的畫面不是一大堆互不相干的木棍擺在一起，而是一疊盒子，其中一個盒子包含其他三個盒子，三個盒子又各包含十個其他盒子，十個盒子又各包含其他五十個盒子，如此類推。另一個比喻是按照不同的放大程度描述一個組織切片。所以我們可以論及對滿足或均衡的需求，或更具體些，對吃的需求，或再更具體些，對蛋白質的需求，或對某種特殊蛋白質的需求，依此類推。現有的許多驅力清單都不加區別地把在不同放大倍數下看到的需求列在一起。既然如此混淆，有些清單包含三或四種需求，有些清單則包含幾百種需求，也就不足為奇了。如果想要我們大可列出包含一種驅力到一百萬種驅力的清單，端視分析的具體程度而定。此外，我們必須明白，若要討論基本的欲望，就應該把它們理解為欲望的集合，是基本類別或欲望的集合體。換言之，這種對基本目的的列舉，會是一種抽象的分類法，而非一覽式的清單。

再者，所有被提出過的清單似乎都暗示著不同的驅力是互斥的。然而它們並未彼此排斥，往往還交疊而使我們難以清楚地加以區隔。任何對於驅力理論的批判皆指出，驅力的概念本身是源自對生理需求的關注。論及這些需求時，很容易可以區分刺激（instigation）、動機行為和目標對象。然而當我們談到愛的欲望時，要分別驅力和目標對象並不容易；在這裡，驅力、欲望、目標和活動看來是同一件事。

根據基本目標分類動機

已有相當的證據顯示，建構動機分類的完善基礎在於基本目標或基本需求，而非列出一般刺激（拉力，不是推力）意義下的驅力。心理學理論的動力取向強調變化流動，而在這種變化流動中，唯有基本目標保持不變。

由動機引發的行為無疑不是分類的好基礎，如我們所見，這樣的行為往往有很多意涵。同理可證，個殊的目標對象也不是分類的好基礎。例如，一個人想吃東西，也透過適當方法取得食物，把食物吃下肚，但事實上他追求的也許是安全感而不是飽足。一個經歷性慾、求愛、造愛這整套過程的人，追求的也許是自尊而不是性滿足。意識的驅力、動機行為，乃至追求明確的目標或效果，都不是分類人類動機生活的完善基礎。藉由邏輯排除的過程，最終我們只剩下泰半是無意識的基本目標或需求作為動機理論的分類基礎。

動物數據的不完備

研究動機的學院派心理學家向來極為依賴動物實驗。「白老鼠不是人」這句話固然形同廢話，不幸的是我必須再說一遍，因為動物實驗的結果太常被認為是人性理論所必須仰仗的材料。動物數據當然可以大有用途，但必須是謹慎和聰明的運用。

顯然還有更多考量支持動機理論必須是以人為中心而非動物。首先，讓我們來討論本能的概念。我們可以把本能定義為一個動機單位，其中的驅力、動機行為和目標對象在相當程度上是由遺傳決定。隨著人類的演化進展，這樣的本能有穩定消失的趨勢。例如，根據我們的定義，確實可以說在白老鼠身上找到了飢餓本能、性本能和母性本能。而猴子的性本能是消失了，飢餓本能則顯然以不同方式改變，只有母性本能無疑還存在著。在人類，根據定義，這三者都消失了，只留下遺傳反射、遺傳驅力、自發學習、動機行為和選擇目標的文化學習的混合體（詳見第四章）。如果我們檢視人類的性生活，會發現驅力固然是由遺傳決定，但對象的選擇和行為的選擇必然是從生命歷程中學習得來。

隨著演化階級逐漸往上，食欲變得愈來愈重要，飢餓則愈來愈不重要。也就是說，白老鼠對食物的選擇比猴子少得多，而猴子的選擇變化又比人類少得多。（Maslow, 1935）

最後，隨著我們攀上演化高峰，本能愈來愈少，我們會愈來愈依靠文化作為一種適應的工具。所以如果必須使用動物數據，請謹記上述事實，並且盡量以猴子而非白老鼠來做動機實驗，哪怕理由只是因為人類更像猴子而不像白老鼠。這是哈洛（Harlow, 1952）和很多其他靈長類動物學家已經充分證明的。對動物數據的依賴，導致目的或目標的概念就這樣從動機理論中被排除了。（Young, 1941）難道因為我們無法問白老鼠有什麼目的，就必須指出我們**可以**問人有什麼目的嗎？與其因為無法詢問老鼠的目的而否定目的或目標的概念，倒不如不要以老鼠來實驗。

環境因素

到目前為止，我們論及的都只是有機體本身的特質。現在我們有必要至少談談有機體身處的情境或環境。我們必須承認，若非與環境和其他人相關，人類的動機極少會付諸行為實現。任何動機理論都必須考慮到這個事實，將「文化決定」（cultural determination）的角色納入環境和有機體本身。

認知到這一點以後，我們也必須慎防過度關注外在、文化、環境或情境。在此主要的研究對象畢竟是有機體或性格結構（character structure）。我們很容易會在情境理論（situation theory）中趨於極端，把人這個有機體視為只是場域中一個客體，相當於一道障礙或是它想要得到的一個東西。我們必須記住，個人在一定程度上**創造**了他們的障礙和價值物，所以這些東西有部分必須是由在這個情境下的人來界定。沒有任何界定或描述一個情境的方式可以無視在其中運作的有機體。必須指出，當一個孩子想要得到某個對他來說有價值的東西，卻又受限於某種障礙，那麼他不只決定了那個東西的價值，也決定了障礙是障礙。就心理學而言，不存在「障礙」這樣的東西，只有對一個想要得到某種東西的人來說才會有障礙可言。

強調基本需求的理論指出，基本需求是相對固定的，更不受有機體身處的情境影響。這樣的需求不只以最有效可行的方式以及許多變化安排了行為的可能性，同時也影響、甚至創造了外在現實（external reality）。換個方式說，要了解實質環境如何變成心理環境，唯一的好方法就是明白心理環境的組織原則正是一個人在特定環境下「此刻的目標」。

完整的動機理論必須顧及環境，又萬不可變成純粹的情境理論，除非我們願意放棄追求理解人的恆常性特質，轉為理解他所生存的世界。我要強調，我們現在談的不是行為理論，而是動機理論。行為是由好幾種決定因素所決定，動機是其一，環境力量是其二。動機研究不排斥或否定情境定因（situational determinant），而是與之互補。它們在一個更大的架構中各司其位。

整合的行動

任何動機理論除了必須考量到人的行為通常是一個整體的行動，還要記得有時並非如此。會有特殊單獨的條件作用和習慣影響，還有各種局部效應，以及我們已知的解離

（dissocation）和缺乏整合的現象。一個人甚至在日常生活中可以以非單一的方式反應，例如我們可以同時一心好幾用。

當一個人面對巨大的喜悅或創造性時刻、遭遇天大難關或緊急威脅時，最能夠整合為一體。但如果威脅難以承受，或者當他太過軟弱或無力面對，就會傾向瓦解。總的來說，當生活容易且順遂時，一個人就可以同時做很多事和看向很多地方。

我們相信，好些看似特殊和孤立的現象實際上並非如此。經過更深入的分析後，往往能證明它們在整體結構中占有一席重要之地，轉化性癔病症狀（conversion hysterical symptoms）[3]就是一例。這種明顯缺乏整合有時也許只是反映我們的無知，而現在我們有足夠的認識，知道孤立的、片段的和未整合的反應，在某些環境下確實有可能出現。另外，我們現在也愈來愈清楚，這類現象不必然被視為生病、不好或心理病態的。相反的，它們經常可以被視為是人的一種重要能力的證據——以部分或片段的方式處理不重要或熟悉或容易解決的問題，騰出主要精力應付更重要或更困難的問題。（Goldstein, 1939）

無動機的行為

不是所有行為或反應都是有動機的，至少並非是一般意義下「滿足需求」的動機，也

3 編按：指病人心理的擔憂和害怕轉化成身體上的症狀，如劇痛或傷殘。

就是想要追求自己沒有或需要的東西。成熟、成長和自我實現的現象是普遍動機原理的例外，應該被視為表現（expression）而非因應（coping）的行為。對此我們稍後（特別是在第六章）會詳細討論。

另外，邁爾（Maier, 1949）提醒我們注意一個佛洛伊德學派經常暗示的區別：大部分精神官能症的症狀或傾向相當於「追求基本需求滿足」的衝動，只是這些衝動因為什麼原因受阻，或與其他需求混淆，或是用了錯誤手段。而其他的症狀不再是為了追求滿足，純粹是保護性或防衛性的。它們的目標只是防止進一步的傷害、威脅或挫折。其中區別就像一個仍然希望打贏的戰士和一個已經不抱打贏希望、只是設法輸得不痛苦的戰士。

由於放棄和不抱希望對於治療的預後、學習的預期、甚至長壽的可能性都有相當大的影響，任何動機理論都必須論及這種不同。

達成目的的可能性

針對動機，杜威（Dewey, 1939）和桑代克（Thorndike, 1940）強調一個被多數心理學家完全忽略的重要方面，即可能性（possibility）。基本上，我們是有意識地渴望我們可能達成的目標。

隨著收入增加，人們更加渴望和追求他們幾年前不敢夢想的東西。一般美國人想要有車、冰箱和電視，因為擁有這些東西是可能的。他們不會渴望遊艇或者飛機，因為那不是普通人的能力所及。他們大有可能在**潛意識**裡也不會嚮往這些事物。

注意這種滿足的可能性的因素，有助我們理解同一個社會裡不同階級的動機，以及不同國家和文化的人的動機。

現實與無意識

與這個問題相關的是現實對無意識衝動的影響。在佛洛伊德看來，一個本我的衝動（id impilse）是一種單獨的事物，與這個世界的其他一切（包括其他的本我衝動）沒有內在關聯性。

> 用影像來比喻本我：我們稱之為混亂，是一口充滿了沸騰興奮劑的大鍋……它滿載來自本能的能量，既沒有組織也沒有共同意志，僅有一種遵循快樂原則好讓本能需求得到滿足的欲望。邏輯法則在本我那裡並不適用，矛盾律更是如此。相互矛盾的衝突共存，並未彼此抵消或減弱，頂多在難以抵抗的經濟壓力下做出種種妥協，釋放能量。本我中沒有否定，我們驚訝地發現，哲學家主張空間和時間是心理活動的必要形式，在此有了例外……
>
> 當然，本我不知價值，沒有善惡，無所謂道德。假如你們喜歡，也可以說，與快樂原

則緊密相繫的經濟或量化因數支配著它所有過程。在我們的觀點，尋求釋放的本能力量就是本我包含的一切。（Freud, 1933, pp.103-105）

只要這些衝動受到現實條件的控制、修正或阻擋而無法釋放，它們就會變成是自我（ego）的一部分而非本我。

> 我們幾乎不必尋找以下觀點的論證：自我是本我中由於接近外部世界而受影響改變了的部分。它適合接受刺激，並作為一種防止刺激的保護殼，就像環繞於一個生命物質周圍的皮質層。與外層的關係決定了自我。它接受了將外部世界呈現給本我的任務。這對本我來說是幸運的，因為本我在盲目追求本能的滿足時，常常會忽略最強大的外部力量，從而不可避免地導致自身的毀滅。要完成這個任務，自我必須觀察內部世界，把外部世界的正確圖景儲存在它的知覺記憶裡，通過現實檢驗的方式，去除任何附加在圖景中來自內部激發的東西。自我在本我的命令下控制著種種聯繫活動的途徑，但在欲望與行動之間插入了具有延緩作用的思維，利用儲存在記憶中的經驗殘餘。以此方式，它打敗了確實支配著本我的快樂原則，代之以現實原則；後者保證更強的安定性和更大的成功。（Freud, 1933, pp.106）

不過杜威卻主張成年人的所有衝動（至少是性格使然的衝動）都與現實結合，受到現實的影響。簡言之，這等於主張沒有本我衝動的存在，又或其言外之意是，如果本我衝動存在，那麼它們本質上是病態而不是健康的。

儘管無法提出經驗性的答案，在此仍要指出這項矛盾，因為這是一個重要且直接可見的差異。

在我們看來，佛洛伊德描述的本我衝動是否存在不是重點。任何精神分析學家都可以證明有不顧現實、常識、邏輯、甚至個人利益的幻想衝動存在。問題在於，它們是生病或退化的證據，還是健康的人內心深處的展現？在生命的歷程中，幼稚的幻想是什麼時候開始被對現實的知覺給影響和改變了？這對精神官能症患者和健康的人是否一樣？功能健全的人是否能完全不受隱藏在角落的衝動所影響？或者，如果這些衝動存在於所有人，那麼我們就必須問：它們什麼時候會出現？什麼情況下會出現？它們一定是像佛洛伊德所假定的麻煩製造者嗎？它們**必然**是和現實唱反調嗎？

最高人類潛能的動機

我們對人類動機的大部分認識不是來自心理學家，而是來自心理治療師診療病患。這些患者既是有用數據的一大來源，也是錯誤數據的來源，因為他們顯然是所有人口中的可憐樣本。我們甚且應該在原則上拒絕把精神官能症患者的動機視為健康動機的範例。健康不只是沒有疾病，甚至不只是疾病的反面。任何值得一提的動機理論除了必須論及殘弱者的防衛策略，還必須論述健康和強者的最高潛能。人類歷史上最偉大和最優秀的人最在乎的事，必須被納入解釋。

這樣的理解是我們永遠無法從生病的人身上得到的。我們也必須把注意力轉向健康的男女。動機理論家在他們的研究取向上必須更加正向。

第二章

人類動機的理論

本章要勾勒一種積極的動機理論，除了符合上一章提出的理論要求，亦切合已知的事實，不論是臨床的、觀察的和實驗的事實。不過它最直接源自臨床經驗。這個理論屬於詹姆斯和杜威的功能主義（functionalism）傳統，亦融合了韋特海默（Wertheimer）、戈德斯坦和完形心理學的整體論（holism），同時結合了佛洛伊德、弗洛姆（Fromm）、荷妮（Horney）、賴希（Reich）、榮格（Jung）和阿德勒（Adler）的動力學。這樣的整合或合成可以稱為「整體動力論」（holistic-dynamic theory）。

基本的需求層級

生理需求

經常被動機理論用來作為起點的需求是所謂的生理驅力。由於兩方面的研究，我們有必要修正對這些需求的傳統主統：一、體內平衡（homeostasis）概念的發展；二、食欲（對食物的偏好）是身體實際需求或匱乏的有效指標。

體內平衡指的是身體會自動維持血液流動的恆常與正常狀態。坎農（Cannon, 1932）描述此一過程，包括：血液中的水含量、鹽含量、糖含量、蛋白質含量、脂肪含量、鈣含量、氧含量、恆定的氫離子標準（酸鹼平衡）、血液常溫。顯然身體內其他成分也會追求恆定，例如其他礦物質、荷爾蒙和維生素等等。

楊（Young, 1941, 1948）綜述了食欲與身體需求的關係。如果身體缺乏某些化學物質，個人往往就會（以不是那麼好的方式）對缺乏的食物成分發展出特殊胃口或渴望。

因此，列一張基本生理需求清單看來既不可能也沒有用，因為根據描述的特性，我們可以列出無盡的清單。我們無法確定所有生理需求都是體內平衡的需求。尚未證實性慾、睡眠、純粹的活動和運動、動物的母性行為屬於體內平衡的需求。另外，這份清單不會包括各種感官愉悅（例如味覺、嗅覺、搔癢和撫摸等等），它們可能是生理性的，或許會成為動機行為的目標。我們也不知道怎樣解釋這個事實：有機體既傾向於慣性、怠惰和省力，又需要活動、刺激和興奮。

前一章提過，我們應該視這些生理驅力或需求為非典型，因為它們是發生在個別的身體部位。也就是說，它們是相對獨立的，無關乎動機和整個有機體，而且在很多情況下，這樣的驅力都可以找到對應的身體基礎。這種狀況比一般以為的少（疲勞、睡意和母性反應除外），但在飢餓、性和口渴這些典型例子仍然成立。

再次強調，任何生理需求和伴隨的行為都可以作為其他各式需求的管道。也就是說，當一個人覺得餓了，他渴望的可能是慰藉或依賴，而非維生素或蛋白質。相反的，飢餓感有可能透過其他活動而獲得部分滿足，像是喝水或抽菸。換言之，這些生理需求雖然相對獨立，亦非絕對。

顯然這些生理需求是所有需求中最基本的。也就是說，倘若一個人極端匱乏，那麼他的主要動機會是滿足生理需求。一個同時缺乏食物、安全感、愛和尊敬的人，十之八九會先求不餓肚子再談其他。

如果所有需求都未得到滿足，有機體會被生理需求支配，其他需求儼然不存在或退居幕後。我們可以說他只有餓的感覺，意識幾乎被飢餓占滿，所有能力都被用於解決飢餓，而這些能力的運作也幾乎全由解決飢餓這個單一目標所主宰。這時候，感知、智能、記憶和習慣都成為解決飢餓的工具。對這個目的沒有用處的能力則會進入休眠狀態。在這種極端下，寫詩的衝動、買車的欲望、對歷史的興趣或買新鞋的需求等等都會被遺忘或變成次要。對極度飢餓的人來說，除了食物沒有其他事引得起他興趣。他心心念念都是吃的，做夢夢見食物，腦袋裡也都是食物。一般來說，即使是驅動吃喝和性行為的生理驅力也會融入更細微的決定因素，但這時它們全部被壓倒，我們看到了純粹的飢餓驅力和行為——唯一目標是解除飢餓。

當人被某個特定需求給主宰時，另一項特徵是他的人生觀也會跟著改變。對長期處於極度飢餓的人來說，烏托邦只是一個有很多食物的地方。他會覺得只要此生食物供應無虞，他就會無比快樂，別無他求。生活是根據吃來定義，其他一切都被認為不重要。自由、愛、社群感、尊重和哲學都會被當作無用的奢侈品，因為它們沒辦法填飽肚子。可以說這個人活著只是為了吃。

我們無法否認這種事有可能發生，卻可以否認它具有**普遍性**。按照定義來說，緊急狀況在一切運作順暢的社會裡極少發生。這個自明之理會被忘記主要有兩個原因。其一，老鼠除了生理動機以外，少有其他動機，而既然許多關於動機的研究都是利用老鼠做實驗，我們很容易把老鼠的情形類推到人身上。其二，我們常常忽略了文化本身是一項適應工具，主要功能是讓生理的緊急狀況愈來愈不常見。在美國，長期處於極度飢餓的情況極為罕見。當一般美國人說「我餓了」的時候，更多是關於食慾而不是飢餓。他們只有在意外下才會經驗到生死攸關的飢餓，而且一生難得碰上幾回。

極度和長期的飢渴顯然是讓較高階的動機無法作用的好方法，由此也會對人類的能力和本性有偏頗的解讀。若是想要以例外作為典型，以人在極端生理匱乏時的行為來衡量所有人類的目標和欲望，必然有許多盲點。沒錯，當沒得吃的時候，人確實只想著吃。然而當食物充足，肚皮又總是撐著時，欲望又會是怎麼一回事？

需求層級的動力學

除了生理性的飢餓，其他需求（較高階的需求）也會出現，主宰有機體。一旦這些需求被滿足後，又會有新的需求（更高階的需求）出現，以此類推。所以說人類的基本需求是根據相對優勢而排列的一個層級體系。

這種主張有個重要意涵：在動機理論中，滿足（gratification）跟剝奪（deprivation）的概念同等重要，因為它讓人得以放下生理需求，從而追求其他更為社會性的目標。生理需求及其部分目標持續得到滿足後，就不再是行為的有效決定因素或推動力。此時它們潛藏著，只有在受到威脅時會再度支配有機體。但一個被滿足的渴望已不再是渴望。人只會受到未滿足的需求所支配，行為只會由未滿足的需求所驅使。如果飢餓感得到滿足，對個人當前的動力就變得無關緊要。

不過這個說法受到稍後會詳細討論的一個假設所限制：如果一個人的某個特定需求總是獲得滿足，他在未來就更能夠忍受該需求被剝奪；曾被剝奪和從未被剝奪的人，對當前滿足的反應方式也會有所不同。

安全需求

一旦生理需求獲得相當的滿足，就會出現一組新的需求，我們或可統稱為「安全需求」；一種對安全、穩定、可靠、保護的需求，免於恐懼、焦慮和失序的需求，對結構、秩序、規則和限制的需求，被保護的需求。凡適用於生理需求的道理也適用於安全需求，只是需求程度較低。人一樣有可能完全受其支配。它們會成為行為的驅動者，招集人的所有能力為它們服務。這時候一個人成了尋求安全感的機器，感知、理智和其他各種能力不過都是尋求安全感的工具。此外，如同在飢餓的人身上所見一般，安全需求的目標不只影響一個人現在的世界觀，也支配了他的未來觀和價值觀。一切都不及安全和保護重要（包括生理需求，因為生理需求已經獲得滿足，所以會被低估）。一個處於安全匱乏狀態的人，如果極端狀況持續下去，他會變得僅僅為了安全感而活。

不過在我們的文化中，健康且幸運的成人大多已滿足了安全需求。平和、運作暢順、穩定、健全的社會通常都可以讓其成員感到足夠的安全，不用擔心猛獸、極端氣候、攻擊、謀殺、混亂和暴政的威脅。因此就真實意義來看，他們不再有安全需求的行為動機。就像一個吃飽的人不會覺得飢餓，一個有安全感的人也不會再感受到威脅。若要直接清楚地看見這種需求，就必須把目光轉向精神官能症患者、經濟與社會弱勢，或是身處社會動亂、革命或政權垮臺國家的人們。在這些極端案例，我們會看到安全需求以這樣的現象表現出來：偏好終身僱用的工作、儲蓄、買各種保險（醫療保險、牙醫保險、失業保險、殘廢保險、老年保險等）。

對安全和穩定的需求也表現在人們普遍喜歡熟悉的事物多於不熟悉的事物（Maslow, 1937），喜歡已知多於未知。有些宗教和世界觀致力把宇宙及在其中的人視為完善有意義的整體，部分動機正是出於追求安全感。科學和哲學也在某種程度上是以安全需求為動機（稍後我們將會看到科學、哲學或宗教努力的其他動機）。

除了上述的情況，只有在面臨真正危險，例如戰爭、疾病、天災、犯罪潮、社會解體、精神官能症、腦損傷或威權瓦解，安全需求才會成為生物體資源的積極和支配性動員者。有些患有精神官能症的成年人，他們在很多方面的表現就像是缺乏安全感的小孩。他們的反應經常是針對心理的危機，認為這個世界充滿敵意和威脅性。這些人表現得彷彿災難就要臨頭了，而且往往像是要應付什麼緊急狀況。他們的安全需求經常表現為尋求保護者，或是尋找一個他們可以依賴的強者或體制。就好像他們小時候對危險世界的恐懼和威脅反應蟄伏心底，沒有隨著成長和學習過程而改變，只要一碰到孩子會感到害怕的事物刺激，就隨時準備翻騰而出。荷妮（Horney, 1937）稱此為「基本焦慮」（basic anxiety）。

強迫性精神官能症（compulsive-obsessive neurosis）[1]最明顯反應出這種安全焦慮。這類患者瘋狂想要保持所處世界的秩序和穩定性，以確保不會出現不受控制、始料不及或不熟悉的危險情況。他們用各種儀式、規律和準則保護自己，如此一來，不管發生什麼意外都可以有所準備，也避免新的意外產生。他們迴避一切不熟悉和奇怪的事物以保持心理平衡，把生活安排得秩序井然，一切危害就不會找上門。倘若非個人過失所導致的意外事件還是發生了，他們就會陷入極大恐慌，彷彿面臨嚴重危機。在健康的人身上不太強烈的傾向（例如偏好熟悉的事物），在異常個案中成了生死攸關的必要性。就一般精神官能症患者而言，對新奇和未知事物的健康品味過低或闕如。

當法律、秩序和社會權威遇到真正威脅時，安全需求在社會層次上攸關緊要。面對混亂失序，大部分人會從較高階的需求退回到更基本的安全需求。一種常見的反應是，更容易接受獨裁或軍事統治。這種傾向見諸每個人，包括健康的人，因為他們同樣傾向以安全需求來回應危險，準備好防衛自己。對於生活接近安全底線的人尤其如此。他們對任何威脅政權和合法性的事物特別感到不安。

歸屬需求與愛的需求

一旦生理需求和安全需求在相當程度上獲得滿足，愛的需求和歸屬需求就會浮現，而如上所描述的整個循環會以它們為中心再來一遍。愛的需求包括付出愛和接受愛，若這種需求未獲滿足，一個人會強烈感覺自己缺少朋友、伴侶或兒女。這樣的人極度渴望和別人建立關係，不論是在群體和家庭中，而且會努力達成這個目標。他會把這樣的關係看得比任何事情重要，甚至忘記當飢餓當頭時，愛會顯得不真實、不必要和不重要。此刻他只強烈感受到孤單、被拒絕、沒有朋友和失根的痛苦。

有關歸屬需求的科學資料很少，儘管它是文學、傳記、詩歌和戲劇裡常見的主題，也出現在新近的社會學作品中。根據這些資料我們大都知道，太常搬家、迷失方向、工業化所造成的過度流動、流離失所、不知道自己從何而來又歸屬何處、被迫離開家人朋友和鄰居、身為過客和異鄉人，凡此種種皆會對人產生有害影響。我們尚且低估了鄰里、鄉土、氏族、同類、同階級、同夥和同事的重要性。我們經常忘記了我們具有喜歡群聚和歸屬的動物性傾向。[2]

1原注：並非所有精神官能症患者都會有不安全感。精神官能症也可能出現在一個有安全感的人身上，而他之所以出問題是因為情感和自尊需求受到阻礙。

2原注：阿德雷（R. Ardrey）的 *The Territorial Imperative*, 1966 有助我們對這一切有所自覺。這本書的大膽直接讓我受益匪淺，它強調了我平時疏忽的問題，也迫使我認真思考。也許此書亦可對其他讀者起相同作用。

我認為訓練團體（T-groups）、個人成長團體和理念共同體（intentional communities）會大量且快速增加，部分原因是人們對接觸、親密感和歸屬感的需求未獲滿足。這些社會現象的興起也許是為了對治人們廣泛地感受到疏離感和孤獨感，而這些感受因為社會流動性的增加、傳統群體的瓦解、家人離散、世代代溝和都市化而更形惡化。我也強烈認為，有一定比例（我不知道是多少）的年輕反叛團體是源自面對一個共同敵人時所激起的群體感和歸屬感；不管是什麼敵人，只要有一個外在威脅就能夠形成一個友好的團體。同樣現象亦可見於戰場上的士兵，他們因為面對共同的外在危險所以發展出情同手足的親密關係，甚至可能延續一輩子。任何社會想要存活下去和發展健全，都必須要以某種方式滿足這種需求。

在我們的社會，歸屬需求受挫是適應不良和更加嚴重的病態個案最常見的主要原因。愛與感情，以及它們透過性愛的展現，通常讓人又愛又恨，還會加諸很多限制和禁忌。幾乎所有心理病態理論學者都強調，愛的需求受阻是適應不良的根本原因。因此很多臨床研究都是針對這種需求，我們對它的認識大概多於生理需求以外的其他需求。對於這種「柔情禁忌」（taboo on tenderness），薩蒂（Ian Suttie）有一番精彩分析。（Suttie, 1935）

必須強調的是，愛並不等於性。性也許可以作為純粹的生理需求來加以研究，儘管一般的人類性行為有多重決定因素。也就是說，它不只是受到性需求的驅使，還受到其他的需求影響——主要是愛和情感的需求。此外，不可忽略的是，愛的需求同時包含愛和被愛的需求。

被尊重的需求

除了少數病態個案，社會上所有人都需要也渴望有一個穩定的自尊基礎，通常是對自己的高評價，此外也需要能夠尊重別人。這種需求可以分為兩個子集。首先是渴望力量、成就、能力、自信、獨立和自由。[3]其次是渴望威信、地位、聲望、榮耀、支配、認可、重要性、關注、尊嚴和欣賞。這些需求受到阿德勒及其追隨者的強調，而佛洛伊德則相對加以輕忽。然而，它們的重要性如今在臨床心理學家和精神分析學家之間獲得廣泛理解。

自尊需求的滿足可以帶來自信、價值感、力量感、能力感、有用感和必要感。一旦這些需求受阻會導致自卑感、軟弱感和無助感，而這些感覺又會使人灰心喪志，從而產生補償心態或精神官能症傾向。

從神學家對驕傲和傲慢（*hubris*）的討論，從弗洛姆派對虛妄的自我知覺的理論，從

3 原注：我們不知這種特殊的欲望是否具有普遍性。重點是，那些被奴役和被支配的人必然會感到不滿足和有反抗心理嗎？我們可以用眾所周知的臨床資料假定，那些認識真自由的人（這種自由不是以放棄安全感為代價而來，而是建立在充分的安全感之上）是不會自願或輕易地允許他們的自由被奪走。不過我們並不確定這是不是也適用於生而被奴役的人。弗洛姆對此有一些討論（Fromm, 1941）。

羅傑斯派（Rogerian）對自我的研究，從蘭德（Ayn Rand, 1943）之類論者的作品和其他來源，我們愈來愈了解把自尊奠基於他人意見而不是自己的能力有多麼危險。因此，最穩固和最健康的自尊乃是奠基於**應得的**敬重，而不是外在名聲或無根據的奉承。在此，區別基於意志、決心和責任感所得到的成就，和憑藉真實內在、素質、遺傳基因或天賦（或者如荷妮所說的，依靠人的真實自我而不是理想化的虛假自我）自然取得的成就，將會有所助益。

自我實現的需求

即使上述所有需求皆獲得滿足，我們仍然經常可以預期，新的不滿足和不安很快會出現，除非個人所做的事正是適合他去做的事。音樂家必須創作音樂，藝術家必須繪畫，詩人必須寫詩，否則他們終究無法獲得平靜。一個人能夠成為什麼，他就必須成為什麼。他必須忠於自己的本性。這樣的需求可稱為自我實現的需求（更完整說明見第十一、十二和十三章）。

這個術語是戈德斯坦首創（Goldstein, 1939），本書則在較為特定和限定的方式下使用。它指的是人有自我發揮和自我完成的欲望，一種實現潛能的傾向。這種傾向可以形容為渴望成為獨一無二的自己，成為自己所能夠成為的一切。

自我實現的具體表現當然人人不同。一個人的自我實現欲望也許是渴望成為優秀的父母，另一個人也許是渴望成為優秀的運動員，也有人嚮往繪畫或發明東西。[4]就此層次而論，人與人的差異顯著。不過，自我實現需求的共通點是，它總是以生理需求、安全需求、愛的需求和尊重需求的滿足為前提。

基本需求的先決條件

基本需求的滿足有些先決條件，包括言論自由、在不傷害他人的前提下做自己想做的事、表達的自由、調查和找尋資訊的自由、防衛自己的自由，以及正義、公平、誠信和秩序井然的環境等等。這些條件不是目的本身，但它們幾乎就是目的，因為它們和基本需求關係密切，而基本需求本身顯然就是目的。當這些自由受到威脅時，人們會做出緊急反應，就好像基本需求受到了直接威脅。我們要保衛這些條件，因為少了它們就不可能或至少是難以有基本的滿足。

如果我們記得認知能力（知覺、知性和學習）是一組適應工具，功能之一是滿足我們的基本需求，那麼顯然對它們的任何威脅，或者是對自由運用它們的任何剝奪或阻礙，都會間接威脅到基本需求本身。這種主張部分解答了一個謎題：人類為什麼會有好奇心，為

4原注：顯然創造性行為（例如繪畫）就像任何其他行為一樣，有著多重決定因素。在天生具有創造性的人身上，也許可以看出他滿足與否、快樂與否，以及是餓是飽。而且創造性活動顯然是有報償的，有改善作用的，或者是有經濟效益的。無論如何，這裡我們必須區分外顯行為與其形形色色的動機或目的。

什麼想要尋找知識、真理和智慧，為什麼堅持要解決宇宙之謎。祕密、審查、不忠和阻礙溝通威脅了所有的基本需求。

基本的認知需求

認識和理解的欲望

我們之所以對認知衝動、它們的動力關係或病理學所知甚少，主要是因為它們在臨床研究上並不重要，特別是在以治療為任務的醫療傳統所主導的臨床研究上。它們沒有典型精神官能症會出現的各式各樣、刺激又神祕的症狀。認知精神病理學蒼白而幽微，容易被忽略或被視為正常。結果就是，心理治療和心理動力學的原創大師佛洛伊德、阿德勒和榮格等人都沒有談論這個主題的作品

就我所知，席爾德（Paul Schilder）是唯一從動力學的角度談論好奇心和理解的心理分析學家。[5]一路下來，我們都是順帶提到認知需求。獲得知識和把宇宙體系化向來被認為是在這個世界中獲得基本安全的方法之一，或者對智者來說，是自我實現的一種表現方式。另外，探索和表現的自由也被視為滿足基本需求的前提。這些論述雖然有用，但對好奇心、學習、探究或實驗等等的動機角色無法提供最終答案，充其量只是部分解答。

求知除了有消極的決定因素（焦慮、恐懼），我們有合理理由假定，人們會想要滿足

好奇心，想要去知道、解釋和理解，背後有一些積極的衝動（Maslow, 1968）。

一、我們很容易在較高等的動物身上觀察到類似人類好奇心的東西。猴子會把東西拆開、把手指插到孔裡、探索各種與飢餓、恐懼和性無關的處境。哈洛的實驗（Harlow, 1950）以讓人滿意的方式充分證明了這一點。

二、人類歷史有大量事例顯示，很多人雖然要冒著危險（甚至包括生命危險），仍然願意去追求事實和創造解釋。有不可勝數的「無名」的伽利略。

三、對於心理健康者的研究顯示，他們有個重要特徵，那就是會受到神祕、未知、混亂、失序和無法解釋的事物所吸引。這些吸引力看似直接源自事物本身。反觀他們對於熟知的事物會感到索然無味。

四、我們也可以從精神病理學的角度向外推展。強迫性精神官能症顯示，就臨床的觀察而言，患者對於熟悉的事物有一種強迫性和焦慮的執著，害怕不熟悉、混亂、預期之外和不能馴化的事物。另一方面，又有一些現象顯示相反的可能性，包括違抗習俗、反對權威、想要與眾不同等等，所有這些情形都可以在某些精神官能症患者和處於去涵化

5 原注：「然而，人類對於世界、行動、實驗有著與生俱來的興趣。當他們在世界勇敢前進時，他們得到了深切的滿足。他們並不覺得現實對生存是個威脅。有機體，特別是人類，對於世界懷有與生俱來的安全感。只有特殊情況和剝奪才會產生威脅。即使在這種情況下，人類也覺得困難和危險是暫時的，最終會出現一個與世界溝通的新的安全保障。」（Schilder 1942）

（deacculturation）過程[6]的人身上找到。

五、當一個人的認知需求受到阻礙時，多半會產生精神病理學上的影響（Maslow, 1967, 1968c）。以下的臨床現象同樣相關：我看過一些案例，做著愚蠢工作和過著愚蠢生活的聰明人也會出現一些異常狀態，例如厭煩、失去生命熱情、自我厭惡、身體功能失常、智力和判斷力持續惡化等等。[7]至少在其中一個例子，在施以適當的認知療法（恢復業餘學習，找一份要用腦的工作）之後，症狀獲得消除。我看過很多聰明、有錢、無所事事的女性逐漸發展出同樣的知能失調症狀。那些聽從建議做些用腦事情的人，症狀常常可以獲得改善或治癒，所以我相信認知需求是真的存在。在那些資訊被封鎖、官方理論與事實明顯牴觸的國家，至少有些人是採取犬儒的態度回應，不信任所有價值、不抱任何希望、懷疑不言可喻的事情、人與人的關係瓦解。有些人採取更消極的方式：死氣沉沉、順從、失去能力、失去主動性、退縮。

六、認知需求可以在嬰幼兒晚期和兒童期被觀察到，甚至比成年時期更強烈。此外，這看來是成熟的自發性產物，不是來自學習。小孩子的好奇心是不必教的。不過他們卻有可能會被教育制度教得失去好奇心。

七、認知衝動的滿足是一種主觀的滿足，提供目的的體驗（end-experience）。雖然洞察力和理解力向來受到忽略，但不可否認的是，這樣的能力常常會讓人感到快樂和振奮，甚至是人生的一個高點。克服障礙、受挫時會出現異常狀態、具有普遍性（跨物種和跨文化）、持續堅持、其滿足是充分發揮人類潛能的先決條件、會自動出現在個人生涯早期——這一切全指向一種基本的認知需求。

然而這樣的假設是不夠的。就算對事物有了理解以後，我們一方面仍然想要知道得更細微，另一方面也想要追求宇宙哲學和神學等更大的領域。有些人把這個過程稱為意義的追尋。所以我們可以假設有一種追求理解、體系化、組織化、分析、關係和意義，以及建構一個價值體系的欲望。

一旦這些欲望被接受與討論，我們會發現它們同樣自成階級體系，其中知的欲望比理解的欲望更基本。上面提過的層級體系的所有特徵皆適用於這個層級體系。

我們必須提醒自己不要輕易將這些欲望和基本需求分而待之，也就是將認知需求和基本需求一刀切。知的欲望和理解的欲望本身是意動性的（conative，帶有一種努力去爭取的特質），和我們討論過的基本需求一樣是一種人格需求。此外，這兩個層級體系是互相關聯而非截然兩立，如下所述，它們是協作而非對立。

6 編按：涵化（acculturation）是指文化適應和同化的過程。

7 原注：這種疾症與里波特（Ribot, 1896）和邁爾森（Myerson, 1925）所稱的「缺樂症」（anhedonia）非常相似，不過他們把「缺樂症」歸咎於別的原因。

對美的需求

我們對美的需求所知甚少，但歷史、人文學科和美學家的證據讓我們無法略過這個領域。根據個案的臨床人格特徵來研究這個現象，至少可以看出對**某些人**來說確實有基本的美學需求。醜（ugliness）會讓他們生病（以特別的方式），美的環境能讓他們痊癒；他們熱切**渴望**，只有美能夠滿足他們的渴望。（Maslow, 1967）這種需求幾乎見諸所有健康的小孩。證據顯示這樣的渴望不分文化和時代，還可以上溯至穴居人。

由於基本需求和認知需求有不少重疊之處，難以嚴格區分。對秩序、平衡、終局、完成行動、系統和結構的需求，也許可以同時是認知需求、基本需求和美學需求，甚至是精神官能的需求。

基本需求的特徵

需求層級中的例外

到目前為止，我們說得好像基本需求的層級是固定的，但事實上沒有這麼嚴格。確實，我們研究的大多數人的基本需求似乎都是按照這樣的次序排列，但也有不少例外。

一、有些人的自尊需求比愛更重要。這種最常見的層級顛倒往往是因為當事人認為：最有可能獲得愛的人，是強壯或有權力的人，又或是自信或具野心的人，他們會讓人敬畏。所以那些缺乏愛且尋求愛的人，可能竭力表現得具有侵略性和充滿自信。然而事實上，他們追求的自尊及其行為表現，更多是一種手段而不是目的本身；他們追求自我肯定是為了愛，而不是自尊。

二、有些天生具有創造性的人，他們的創造性驅力看來比任何其他的反決定因素（counterdeterminant）更重要。他們的創造性不是為了伴隨基本滿足而來的自我實現，而是缺乏基本滿足。

三、對某些人來說，抱負水平（level of aspiration）可能永遠降低或低落。也就是說，非基本的目標已經消失，所以那些生活在低水平的人（例如長期失業）或許只要有足夠的食物，餘生就已足夠。

四、所謂的病態人格是永遠喪失愛的需求的另一個例子。解釋這種人格功能異常的一個方式，是指一個人在生命最早幾個月強烈缺乏愛，以致後來喪失了愛和被愛的欲望和能力（就像動物出生後若未盡快發揮吸或啄食的能力，就會失去這些能力）。

五、另一個層級顛倒的原因，是當一種需求被滿足了一段很長時間，也許就會被低估。沒有經歷過長期飢餓的人很容易會低估飢餓的影響，從而輕忽了食物。如果他們受到一個較高階需求的支配，這個需求就會被視為是最重要的，有時候為了它，他們會忍受更基本的需求被剝奪。所以一個人原本也許會為了自尊而寧願失去工作，但當他餓肚子半年之後，也許就願意以自尊為代價把工作找回來。

六、對於層級顛倒的另一個解釋是：我們向來是從有意識的渴望或欲望的角度，而不是從行為的角度來討論需求層次。觀察行為本身可能會給我們錯誤印象。我們說當一個人的兩種需求都被剝奪時，他會想要滿足更基本的那個，但這並不必然表示他會按照這種欲望行事。再一次強調，除了需求和欲望，行為還有很多其他決定因素。

七、在所有這些例外中，最重要的大概是那些涉及理念、社會標準和價值觀之類的情況。秉持這些價值的人會願意當殉道者，會為特定的理念或價值放棄一切。在某種程度上，我們可以根據一個基本概念（或者假設）來理解，也就是：早期的滿足會增加挫折容忍力（frustration tolerance）。生活中的基本需求持續得到滿足的人，特別是在早期就得到滿足，似乎發展出一種可以忍受這些需求在目前或未來受折的力量，因為他們具有因基本滿足而來的健康和穩定的性格。他們是堅強的人，對於不同意見或對立觀點泰然處之，能夠橫眉冷對千夫指，願意為堅持真理而付出代價。那些愛和被愛得夠的人，還有那些友誼充足的人，撐得過仇恨、拒絕和迫害。

話雖如此，對挫折容忍力的完整探討免不了涉及習慣的問題。例如，那些習慣長期處於半飢餓狀態的人更能夠忍受食物的匱乏。是習慣還是過去的滿足更能夠讓人有更大的挫折容忍力仍待進一步討論。目前來看，我們可以假定它們並行不悖，因為兩者並沒有矛盾。在挫折容忍力這個現象上，最重要的滿足看來是來自人生最早的幾年。換言之，那些在生命早期被培養成有安全感和健全的人，往後面對任何威脅時會持續有安全感且堅強。

滿足的程度

到目前為止，我們的理論性探討會讓人覺得，上述五種需求（生理、安全、歸屬感、尊重和自我實現）是根據以下模式：當一種需求獲得滿足後，另一種需求才會出現。這種說法會讓人誤以為，唯有當一種需求獲得百分百滿足之後，下一種需求才會出現。事實上，大部分人的基本需求通常都是部分獲得滿足，部分未獲滿足。更合乎實際的畫面是隨著層級上升，滿足的比例會下降，例如一般公民的生理需求得到百分之八十五的滿足，安全需求得到百分之七十的滿足，愛的需求得到百分之五十滿足，自尊需求百分之四十，自我實現百分之十。

我們不應該把需求的出現視為一個突然的、跳躍的現象，而是緩慢地從無逐漸到有的過程。例如，如果基本需求A只獲得百分之十滿足，那麼需求B也許毫無蹤影，而當需求A得到百分之二十五的滿足後，需求B可能就會浮現百分之五，又當需求A獲得百分之七十五的滿足後，需求B就會浮現百分之五十，以此類推。

無意識的需求

這些需求既不必然是有意識的，也不必然是無意識的。總的來說，對一般人而言，它們更常是無意識多於有意識的。目前我們並不需要提出可證明無意識動機最重要的大量證據。我們所說的基本需求通常是無意識的，雖然透過適當的方法和人的複雜性，它們會變成有意識的。

文化特殊性

基本需求的分類法可以讓不同文化中看似不同的欲望有了一定程度的一致性。一個文化裡某個人的有意識動機的內容，與另一個社會裡另一個人的有意識的動機內容，往往大異其趣。不過人類學家發現，隨著我們對文化差異愈來愈了解，會發現它們有愈來愈多共通處。我們可以辨識得出來一些最引人注目的差異（例如髮型或衣著或食物品味）只是表面性而非根本的。這套基本需求分類法企圖解釋不同文化的表面分歧背後的一致性。但它並不是放諸四海皆準，適用於所有文化。我們主張的只是，它比表象的有意識欲望較為終極、較為普遍和較為基本，讓我們更能看見人類共同的特徵。基本需求比表象的欲望或行為更具有人類共通性。

行為的多重動機

這些需求不應該被理解為某些行為的唯一或單一決定因素。任何看似是由生理性動機驅動的行為都是例證，例如吃東西和性愛等等。臨床心理學家很早就知道，任何行為都有可能是多種不同衝動的發洩管道。換一種方式說，大部分行為都是多重決定（overdetermined）或多重促動（multmotivated）的。在動機的決定因素中，任何行為往往同時由好幾個或所有基本需求所決定，而非單一決定；後者多屬特例。吃東西部分是為了填飽肚子，部分是為了得到慰藉和改善其他需求。一個人可能只是為了解決性慾而做愛，也可能是為了表現男性雄風或贏得感情。我們有可能（至少在理論上）對單一行為進行分析後，發現它同時是生理需求、安全需求、愛的需求、自尊需求和自我實現需求的表現。這和較為天真的特質心理學（trait psychology）形成鮮明對比，他們主張一種特徵或一個動機只能解釋一種行為，例如將侵略性行為完全歸因於某種具侵略性的人格特徵。

無動機行為

表現行為和因應行為（coping behavior，追求達成目標）之間有個基本差異。表現的行為不會設法做什麼，它只是人格的反映。一個蠢材會表現出愚蠢，不是因為他想要這樣做、或設法這樣做、或有動機這樣做，而只是表現出他本來的樣子。我說話聲音低沉而非高亢，道理也是如此。一個健康的孩子漫不經心的舉動、一個快樂女人的笑臉、一個健康的人走路時腳步輕快且姿態挺立，這些都是表現性的、非功能性的行為。此外，一個人言談舉止的風格，無論是否帶有動機，幾乎總是表現性的。（Allport and Vernon,1933; Wolff, 1943）

所以我們也許可以問：所有行為都是表現性的，或者說反映性格結構嗎？答案是「非也」。生搬硬套的、習慣性的、機械性的或隨波逐流的行為可能是表現性的，也可能不是。同樣道理也適用於大部分由刺激所引發的行為。

最後必須強調，行為的表現性和行為的目的性並不是相互排斥的。一般的行為通常兩者兼是（第六章對此有較詳細的討論）。

動物中心和人類中心

這個理論奠基於人類而不是任何較低等或較簡單的動物。太多透過動物研究獲得的資料被證明只適用於動物而非人類。我們沒有理由藉由動物來研究人類動機。這種普遍的謬誤，或者說不合邏輯，已經被哲學家、邏輯學家和各個領域的科學家駁斥過。研究人類之前不是非得先研究動物，就好像研究地質學或心理學或生物學之前不用非得研究過數學。

動機和病狀

日常生活中有意識的動機內容的重要性，視乎它們和基本目標的關係。對冰淇淋的渴望也許間接表達了對愛的渴望。真若如此，對冰淇淋的渴望就會成為極重要的動機。但如果冰淇淋只是作為爽口之物，或它僅僅是偶然的欲望，相對來說就不重要。日常有意識的欲望可以被當作是症狀，是**更基本的需求的表面信號**。如果我們只看這些欲望的表面意義就會陷入混亂無解，因為我們將只能處理症狀而無法解決症狀背後的東西。

不重要的欲望受阻不會產生心理病態的結果，但基本需求受挫則會。所以任何精神病理機制的理論都必須奠基於完整的動機理論。衝突或挫折不必然會致病，只有基本需求受到威脅或阻礙，或者和基本需求密切相關的部分需求受到威脅才會如此。

滿足的角色

前面指出，只有在較基本的需求獲得滿足之後，其他需求才會出現。所以滿足在動機理論中具有舉足輕重的影響。需求一旦獲得滿足，就不再扮演積極的決定因素或驅動的角色。

一個基本上都獲得滿足的人不會再有自尊、愛、安全感等等需求。對他來說這些需求變成形而上的，就像飽食者談飢餓或滿瓶說空。如果我們討論的問題是當下的動機，而不是過去的、未來的或可能的動機，那麼已經滿足的需求就不算在內。出於實際考慮，必須把它看成不存在，或者已經消失。這一點必須強調，因為它在別的動機理論中被略過或否認。完全健康的、正常的、幸運的人並沒有性、飢餓、安全感、愛、威信和自尊的需求，只有在面臨意外的短暫威脅時，它們才會出現。如果一定要說有，那麼我們也可以說人人都有各種病理反射（例如巴式反射[8]），因為只要神經系統受損，這些反射就會出現。

基於這些考量，我提出一個大膽假設：若一個人的任何基本需求受阻，我們都有理由把他看成是生病或至少不是完整的人。這和我們說缺乏維生素或礦物質的人會生病是一樣道理。誰說缺乏愛不像缺乏維生素一樣嚴重呢？由於我們知道愛的匱乏會致病，誰又能說我們訴諸價值問題的方式比診斷和治療糙皮病或壞血病的醫生更不科學或不正當呢？

如果這樣的方法行得通，那麼我們可以說健康的人的主要動機是發展和實現他們的潛能和能力。如果一個人有任何基本需求未獲滿足，他就是不健康的，就像一個人對鹽或鈣突然產生強烈需求那樣是生病的。如果我們在這種意義上使用「生病」一詞，那麼就應正視人與社會的關係。我們的定義有一個清晰的意涵：既然一個基本需求受阻的人被看作病人，又既然這種基本需求受阻是個人之外的力量所造成的，那麼個人的生病歸根究柢是源於社會的生病。因此，所謂良好或健康的社會，就是通過滿足其成員的所有基本需求，而讓個人的最高目的得以實現。

如果這個主張看似不尋常或弔詭，請記得這只是修正我們看待深層動機的方法時會出現的眾多弔詭之一。當我們問人想從生活中獲得什麼的時候，我們就觸及了人的本質。

功能自主

經過長期的滿足後，高階的基本需求也許會變得不受先決條件與適當滿足所支配。[9]

例如，一個在早年獲得愛的滿足的成人，會比一般人更不受安全感、歸屬和愛的滿足所影響。堅強、健康、自主的人最能夠面對失去愛和聲望。不過在我們的社會中，這種堅強和健康通常是源於安全感、歸屬和自尊的需求在早年得到長期滿足。也就是說，這種人的這些層面會變得功能自主，獨立於創造出它們的滿足本身。我們毋寧視性格結構是心理學中功能自主的最重要例子。

8 編按：Babinski reflex，又稱足底反射，指腳底被鈍器或抓騷刺激時所引起的反射動作，用以判斷成人脊髓和大腦疾病，也可作為檢視嬰兒的原始反射。

9 原注：奧爾波特（Gordon Allport, 1960, 1961）已經詳述並且總結此原理：達到目的的手段可能最終成為滿足本身，與最初的起源只剩歷史連結。它們可能最終成為需求本身。這個有關在動機生活中學習與變化的重要性的論點很複雜。這兩套心理學原理並不矛盾，而是互補的。需求是否可以根據目前的標準而被視為是基本需求，有待進一步研究。

第三章
基本需求的滿足

病狀來說，具有一種積極和健康的平衡作用。

上一章探討研究人類動機的方法，本章進而檢視其理論性後果，對於僅僅強調挫折和病狀來說，具有一種積極和健康的平衡作用。

如我們所見，人類動機的主要組織原則是基本需求依照優先順序排列。驅動這個組織的主要動力原則是：對健康者來說，較重要的需求一經滿足，較不重要的需求便會浮現。當生理需求未得到滿足時便會支配有機體，迫使所有功能為其服務，並組織這些功能以達到最高效率。當需求得到相對的滿足之後就會平息，讓較高階的需求得以出現、支配和組織個人，讓人不在汲汲於溫飽，轉而尋求安全感。同樣道理亦適用於其他需求層級（愛、尊重和自我實現）。

然而，較高階的需求可能不是在低階需求獲得滿足後才出現，而是來自較低階的需求和滿足被迫或自願地被剝奪或壓抑，例如禁慾、昇華、鍛鍊、迫害、孤立等等。這種現象和本書所論並不牴觸，因為我們並未主張「滿足」是力量或其他心理渴求的唯一源頭。

滿足理論顯然是一種特殊的、有侷限性和不完全的理論，無法獨立存在或生效。它至少要結合以下理論才能獲得有效性：一、挫折理論；二、學習理論；三、精神官能症理論；四、心理健康理論；五、價值理論；六、紀律、意志、責任等等的理論。行為、生命主體、性格結構的心理決定因素是個複雜的網絡，本章企圖探究其中一縷絲線。為了讓想像更周延，我們可以假定除了基本需求的滿足，還有其他決定因素。基本需求的滿足也許是必要條件，但絕非充分條件。滿足和剝奪同樣皆有好和不好的後果，在重要層面上，基本需求的滿足不同於精神官能需求的滿足。

一個基本需求被滿足後

滿足任何需求的最基本結果就是這種需求會消失，新的和更高階的需求取而代之。[1]其他後果都是這個基本事實的附帶現象。這些次要後果的例子如下：

一、對舊的滿足物和目標對象無動於衷，還有某種程度的輕蔑，轉向原本被忽略、不想要和只是偶爾想要的目標。這種新舊替換牽涉到很多後果。興趣跟著起了變化。也就是說一些現象首次變得有趣，舊現象則變得乏味，甚至令人厭惡。這不啻人的價值觀發生了變化。一般而言，往往會出現這些情況：高估可用來滿足未獲滿足之需求的強效滿足物；低估可用來滿足未獲滿足之需求的次要滿足物；低估、甚至輕蔑已獲滿足之需求的滿足物（以及這些需求的力量）。作為一個獨立的現象，這種價值的轉換涉及重建未來、烏托邦、天堂和地獄、美好人生的哲學。簡言之，我們傾向將已有的事物視為理所當然，特別是不用我們努力或奮力爭取來的。如果我們從來不缺食物、安全感、愛和自由，那麼我們

1原注：這種說法只適用於基本需求。

往往不會注意到它們，甚至會輕視、嘲笑和摧毀它們。這種身在福中不知福的現象當然不符現實，也可以被視為一種病症。在大部分情形，要治療這種症狀非常容易，只要讓當事人體驗被剝奪或匱乏（疼痛、飢餓、貧窮、孤單、被拒絕或不公義）。這種後滿足（postgratification）的遺忘和貶低現象相對受到忽視，卻有相當的潛在重要性和力量。在《優心態管理筆記》（*Eupsychian Management: A Journal*）的〈論低級牢騷、高級牢騷和超級牢騷〉一章對此有進一步探討（Maslow, 1965b）。我們無法解釋為什麼富足（經濟和心理富裕）既可讓人性較崇高的層次成長，也可能帶來上述的各種價值扭曲。很久以前，阿德勒在他的很多作品中（Alder, 1939, 1964; Ansbacher and Ansbacher, 1956）就提到「放縱的生活風格」（pampered style of life），或許我們應以此來區分致病的滿足和健康的滿足。

二、隨著價值改變，認知能力亦會改變。因為人一旦有了新的興趣和價值，注意力、知覺、學習、記憶、遺忘、思考都會循著一個大體可預測的方向改變。

三、這些新的興趣、滿足物和需求不只是新的，某種意義上還更高階（見第五章）。當安全需求獲得滿足，就有餘裕追求愛、獨立、被尊重和自尊等等需求。最容易讓一個人擺脫較低階、較自私的需求的方法，就是滿足它們（當然還有其他方法）。

四、滿足任何需求，只要是真正的滿足（即基本的滿足而非精神官能需求或說偽需求的滿足），都有助於決定性格形成。此外，任何真正的需求滿足往往會改善和強化個人，讓個人得到健康發展。也就是說，任何基本需求的滿足都是朝著健康的方向移動，與精神官能症反方向。戈德斯坦說任何特定需求的滿足長遠來看都是朝向自我實現邁進，正是此意。

五、除了上述的一般性後果，基本需求的滿足還會帶來特定後果。例如，倘若其他因素不變，安全需求的滿足會讓當事人睡得更熟、降低危機感，以及變得更大膽和勇敢。

學習與滿足

探討需求滿足的效果必然會讓人對聯結式學習（associative learning）的作用被支持者過度膨脹感到不滿。

一般來說，滿足的現象（例如吃飽後沒胃口，安全需求滿足後防衛的量和質都會改變）會隨練習（或重複、使用、實作）的增加而**消失**，也會隨獎勵（或滿足、增強）的增加而**消失**。此外，不只列在本章末的那些滿足現象違背了聯結律（laws of association），儘管它們需要改變適應；甚且，研究顯示，任意聯結是無用的，除非在次要的層面。因此，如果對學習的定義只強調刺激和反應之間的改變，必然不夠充分。

需求滿足的效果幾乎僅侷限在本質相符的滿足物。長期來看，沒有偶然或任意的選擇，除非不是基本需求。對渴望愛的人來說，長期而言只有一種真正的滿足物：真誠且令人滿意的情感。對渴望性、食物或水的人來說，終究只有性、食物或水才有用。在這裡，沒有任何偶然的搭配或任意的並置可以起作用。與滿足物有關的信號或警告一樣沒有用。（G. Murphy, 1947）只有滿足物本身能夠滿足需求。

聯結式學習理論的最大弊病是它完全把有機體的目的視為理所當然。它只處理手段操作。與此相反，在此呈現的基本需求理論是一種目的理論，歸根究柢和人的價值有關。這些目的是內在的，對人來說是寶貴的。為了達成這些目的，可以採取任何必要手段，哪怕是實驗者設定的愚蠢學習程序。當這些方法不再能夠帶來內在滿足（或內在增強）時，當然是可以被棄置的。

顯然第五章所列的行為和個人主觀改變不是連結學習的法則能夠解釋得了。事實上，它們可能只扮演次要角色。當一個母親常常親吻小孩，驅力本身就會消失，小孩將學會**不再**渴求親吻。（Levy, 1944）大部分當代論人格、特徵、態度和個人興趣的作家都把它們說成是習慣的集合，是透過聯結學習的法則獲得。現在看來這種主張大有問題。

即便是在獲得知識和理解（完形學習）這種更值得捍衛的意義上，性格特徵也不能被認為是學習的結果。這種更廣泛、完形的學習方法在某種程度上由於對心理分析的主張較為無感，從而太侷限於對外在世界的本質結構的理性認識。我們要在意動過程和情感過程之間建立更強的聯結，而這是聯結式學習或完形學習都做不到的。（參見Lewin, 1935，對解決此問題大有幫助。）

我們不打算在此詳細討論，只是試圖提出可稱為**性格學習**（character learning）或**內**

在學習（intrinsic learning）的概念，以性格結構的變化為中心，而不是行為。其主要內容：一、獨特性（非重複性的）和深刻體驗的教育作用；二、由重複的體驗引起的情感變化；三、由滿足與挫折的體驗引起的意動變化；四、由某幾種早期體驗引起的態度、期望、甚至人生觀的轉變（Levy, 1938）；五、個人對任何體驗的選擇性同化中不同變數的影響。

這類考量指向了學習概念和性格形成之間更和睦的關係，我相信將典型的學習定義為**個人發展和性格結構上的變化**，即走向自我實現及超越的行動，對心理學家來說是富有成效的。（Maslow, 1969a, 1969b, 1969c）

滿足和性格形成

有些先驗的主張把需求滿足和一些、甚或許多性格特徵的發展強烈連結在一起。這種立場與挫折和精神病症之間根深柢固的關係互為表裡。

如果我們很容易就接受說基本需求受挫是產生敵意的一個決定因素，那麼我們也同樣容易就接受挫折的反面（即基本需求滿足）是敵意的反面（友善）的一個決定因素。精神分析學的證據強烈支持兩者。儘管至今缺少明確的理論主張，但心理治療的實務卻接受這樣的假設，他們強調保證、支持、寬容、贊成和接納，也就是想辦法滿足個案對安全感、愛、保護、尊重的基本需求。這對孩子來說尤其為真，在治療渴望愛、獨立和安全感的孩童時，通常不用大費周章，只要給予愛、獨立和安全感即可見效。

可惜這方面的實驗材料不多。不過有些實驗仍然令人印象深刻，其一是李維所進行的（Levy, 1934a, b, 1937, 1938, 1944,1951）。一般操作模式是讓剛出生的動物經歷需求（例如吸奶）的滿足或部分受挫。

這類實驗研究了小雞啄食、人類嬰兒吸奶和不同動物物種的活動。在所有案例中，一種需求如果獲得完全滿足之後，要不是完全消失，要不就維持在低水平。需求受挫的動物會形成各種不同的「類病狀」的現象，其中與我們最相關的是，需求在經過了正常會消失的時間後繼續存在，並且活躍程度增強。

童年滿足（childhood gratification）和成年性格的相關性尤其受到李維的研究所證實。（Levy, 1943, 1944）顯然健康成人的很多性格特徵，例如既能愛人又能保持獨立、能夠承受失去愛、既能愛人又能維持自主性等等，都是愛的需求在童年獲得滿足的正面結果。

如果做母親的給孩子足夠的愛，就會減少孩子在往後人生對愛的需求。想要教孩子千方百計追求愛和不停渴望愛，有個方法就是吝於對他付出愛。（Levy, 1944）這是功能自主原則的例子，讓奧爾波特從而懷疑當代的學習理論。

談到孩童的基本需求滿足或自由選擇實驗時，所有心理學老師都會把性格特徵視為是學習的結果。「如果孩子從睡夢中哭醒你就把他抱起來，那麼他不就學會了想要人抱時就哭喊嗎？」「假如孩子要吃什麼你就給什麼，難道他不會被寵壞嗎？」「如果你注意孩子的滑稽舉動，他不就學會用這招來吸引你的注意？」「如果你遷就孩子，他不就會一味要任性？」這些問題不能單靠學習理論來回答，還必須要搭配滿足理論和功能自主理論，畫面才會變得完整。

另一種支持需求滿足和性格形成有關的證據，來自對滿足效應的臨床觀察。這類資料是每個直接和病人打交道者都可以得到，也可預期會出現在每一個治療接觸。

最容易說服我們相信這一點的，是檢視基本需求滿足的直接效應，就從最基本的需求滿足開始。對於生理需求，我們的文化不會把飽足視為性格特徵，但其他文化卻有可能如此。不過即使在這個生理層次，仍然可以為我們的論點找到一些例證。如果我們談到休息和睡眠的需求，那麼也可以談到它們的受挫和影響（想睡、疲倦、精神不濟、萎靡不振、懶惰和嗜睡等等），以及談它們的滿足（敏捷、活力、熱情等等）。這些都是簡單的需求滿足的直接效果；倘若它們不是性格特徵，至少也會讓研究性格的學者感興趣。雖然我們不習慣這樣思考，但同樣情形在性需求上亦成立，也就是性成癮和性滿足的範疇。

不管如何，當我們談到安全需求時，立基點就更穩固了。害怕、恐懼、焦慮、緊張、神經兮兮、戰戰兢兢，這些全都是安全需求受挫的結果。臨床觀察也顯示了，安全需求獲得滿足的相應效果，例如不焦慮、不緊張、放鬆、對未來有信心、自信、有安全感等等。

不管使用什麼字眼，感到安全的人和感覺如履薄冰的人，明顯有著性格差異。

對於其他基本的情感需求（歸屬、愛、被尊重和自尊）也是一樣。這些需求的滿足讓情感豐沛、自尊、自信和有安全感等性格得以出現。

在這些需求滿足所帶來的直接性格後果之外，是一般的性格特徵，例如仁慈、慷慨、無私、大方、沉著、快樂和滿足等等。它們看起來是結果的結果，是一般需求滿足的副產品，也就是心理條件逐漸改善、有餘裕、充足和富足之後的結果。

顯然學習在這些和其他性格特徵的生成上扮演重要角色，不論狹義或廣義的學習。根據現有的資料，我們尚且無法斷定它是不是一個更有力的決定因素，而這個問題也不重要。然而，若只強調兩者之一，後果將有明顯差異，所以我們必須至少要知覺到這個問題的存在。對於下述這些問題，性格形成理論與教育理論的看法迥異：性格教育是否可以在教室學到？書本、課程、教義是不是性格教育的最好工具？講道和主日學是否可以讓人變得更好，還是好命可以讓人變好？愛、溫暖、友誼、尊重和善待對孩子往後的性格是否更重要？

滿足與健康

假設甲在一個危險的叢林裡生活了好幾個星期，只靠著偶然找到的食物和水維生。假設乙也是一樣處境，但他不只活著，還有一把來福槍和一個隱蔽的山洞藏身。假設丙除了這些，還有兩個和他處得來的同伴。而丁除了有食物、槍、同伴和山洞，還有一個他很愛的夥伴。最後，戊也住在同一個叢林，他除了擁有上述一切，還是備受尊敬的群體領袖。為了簡單說明，我們把這幾個人分別稱為：勉強維持生存者、安全需求滿足者、歸屬需求滿足者、愛的需求滿足者、尊重需求滿足者。

但這不僅是一系列漸增的基本需求滿足，還是**一系列漸增的心理健康程度**。[2]清楚可見，如果其他因素不變，一個擁有安全感、歸屬感和被愛的人將會比擁有安全感和歸屬感但不被愛的人健康。如果這個人還贏得尊敬和佩服，並因此培養出自尊，他就會**更加**健康，**更能夠**自我實現，是個更完整的人。

看來基本需求滿足的程度和心理健康的程度呈正相關。我們能夠進一步主張說，基本需求的完全滿足等同於最理想的健康狀態嗎？滿足理論至少顯示有這種可能性。（參見Maslow, 1969b）雖然答案仍有待進一步研究，但就算這個假設本身也讓我們注意到以前一直被忽略的事實，讓我們再一次提出那些尚未被回答的老問題。

例如，我們當然必須承認還有別的道路可以通往健康。當我們為孩子選擇人生道路

2 原注：有人進一步指出，這種需求滿足程度不斷增加的連續體，也可作為人格分類的基礎。是成熟或邁向自我實現的個人成長的步驟或階段，貫穿個體的一生，提供一個發展理論的圖式，相當於佛洛伊德和艾瑞克森的發展體系。（Erikson, 1959; Freud, 1920）

時，仍有理由追問，**滿足健康**（gratification health）和**挫折健康**（frustration health）的頻率各是多少？也就是說，有多少時候健康是透克制欲望、放棄基本需求、管教、挫折、悲劇和不快樂來達成？

這個理論讓我們面對「自私」這個棘手的問題：是不是所有的需求就其本身來說都是自私和自我中心的？沒錯，戈德斯坦和本書都是以高度個人主義的方式來定義自我實現這種終極的需求，但對於非常健康者的經驗研究顯示，他們同時能夠極度個人和自私，又極度具有同情心和利他。關於這點，十一章會再詳談。

當我們提出**滿足健康**或**幸福健康**（happiness health）的概念時，意味著我們與戈德斯坦、榮格、阿德勒、安吉亞爾（Andras Angyal）、荷妮、弗洛姆、羅洛梅（Rollo May）、布勒（C. Buhler）、羅傑斯以及愈來愈多人站在同一陣線。這些作者都假設人有一種朝向更完整發展的積極傾向。

如果我們認為一個典型健康的人在基本需求得到滿足後會開始追求自我實現，不啻認定這個人是依據如柏格森派（Bergsonian）所謂內在的發展傾向而從內開始發展，而非環境決定論的行為主義下之外部發展。精神官能症患者缺乏的是只能由他人提供的基本需求滿足。因此他們更依賴他人，較少自主和自我決定——更受環境性質的影響，較少是由內在本質形塑。健康的人固然相對獨立於環境，並不表示他們與環境全無交流，只是在這些交流中，人的**目的**和本性是主要的決定因素，環境不過是達到自我實現這個目的的手段。

這才是真正的心理自由。(Riesman, 1950)

滿足與病態

近年來的生活無疑讓我們看到由於物質富裕所導致的各種病態，包括厭煩、自私自利、自以為是、自我優越感、不成熟、社群感毀壞等等。顯然物質生活或低層次需求並不能帶來長久的滿足。

然而，現在我們又看到了一種由心理富裕（psychological affluence）所導致的新病態，起因是患者得到無微不至的愛護、關懷、寵愛、崇拜、歡迎，彷彿站在舞臺中央，擁有忠誠的追隨者，各種欲望隨時隨地都能得到滿足，甚至成為別人自我犧牲的對象。

確實我們對這種新現象所知有限，當然更談不上有任何的科學研究。我們根據的是強烈的懷疑、普遍的臨床印象，以及兒童心理學家和教育家逐漸強化的觀點：對孩童來說，單純的基本需求滿足是不夠的，還必須經驗堅強、韌性、挫折、管教和限制。換個說法，基本需求的滿足最好要被定義得再更謹慎一點，否則很容易被誤以為是無限度的溺愛、自我犧牲、無條件的縱容、過分保護和迎合。對孩童的愛和尊重至少必須結合家長和成人對自己的愛和尊重。孩童當然是人，卻是沒有經驗的人。他們對很多事情不夠聰明，有時候也很愚蠢。

由滿足引起的病態有可能是所謂「後設病態」（metapathology）的一部分，也就是指生活中缺乏價值感、意義感和充實感。很多人本主義和存在主義心理學家認為（但還沒有足夠的證據讓他們相信），所有基本需求的滿足並不會自動解決認同、價值體系、使命感和生命意義的問題。至少對某些人來說（特別是年輕人），除了基本需求的滿足，人生還有其他不同的使命。

最後再次提醒一個很少被理解的事實：人類似乎從來不會感受到永遠的滿足，而且傾向身在福中不知福，把所享的福視為理所當然，甚至不再珍惜。對很多人來說，就連最高的愉悅都有可能走味，失去了新鮮感。（Wilson, 1969）這時候也許**必須**經歷失去幸福的滋味，才能再次珍惜幸福。

滿足理論的意涵

以下列出滿足理論較重要的一些假設，其他則會擺在下一節討論。

心理治療

應該可以這麼說，在實際治療或改善的動力學中，基本需求的滿足很重要。顯然至少必須承認它是一個重要因素，而且特別重要，因為它迄今仍被忽視。這一點在第九章會有深入討論。

態度、興趣、品味和價值

我們已經舉出一些例子顯示興趣是如何由需求的滿足和挫折所決定。（參見Maier, 1949）更深入研究這個問題是可能的，最終必然包括對於道德、價值、倫理的討論，就此而言其範圍超越禮儀、禮貌以及其他社會風俗。目前常見的做法是將態度、品味、興趣和任何種類的價值觀視為與地方文化聯結學習的結果，彷彿它們完全是由環境力量所決定。然而，如我們所見，內在需求和滿足個體需求也同樣起作用。

人格的分類

如果我們把基本情感需求的層級視為一個線性連續體，就有了一種分類人格類型的有用工具，儘管是不完美的工具。如果大多數人都有相似的基本需求，我們就可以把每個人的需求滿足程度拿來比較。這是一個整體的原則，因為它在單一連續體上將所有人做分類，而非就多重且不相關的連續體比較部分的人或不同的部分。

厭煩和興趣

過度滿足除了會產生厭煩又會如何？在這裡，我們同樣會看到一些未解和未被察覺到的問題。為什麼反覆接觸畫作A、朋友A或音樂A會讓人厭煩，但反覆接觸畫作B、朋友B或音樂B卻可以增強興趣和樂趣？

快樂、愉快、滿足、欣喜和狂喜

需求滿足在產生正面情緒上扮演什麼角色？情感的研究者把目光侷限在負面的情感效果太久了。

社會效果

下一節會列出滿足帶來良好社會效果的不同方式。換言之，它提出一個可進一步探討的論點：滿足一個人的基本需求（這是假設其他因素不變，也略去剝奪和管教的有益效果）不只可以改變他的性格結構，還可以改善他作為國家和國際公民與周圍的關係。這一點對政治理論、經濟理論、教育理論、歷史理論和社會理論的意涵是重大且無庸置疑的。（Aronoff, 1967; Davies, 1963; Myerson, 1925; Wootton, 1967）

挫折水平

雖然看來矛盾，但在某種意義上，需求滿足是需求受挫的一個決定因素，因為在較低階和較基本的需求獲得滿足前，較高階的需求甚至不會出現在我們的意識中。就此而言，在需求尚未出現之前，無所謂的挫折。一個勉強維持生存的人不會為生活中較高階的事物費心，幾何學研究、選舉權、公民的自豪感和尊重等等都不會成為他的煩惱，他主要關心的是更基本的物質。唯有當一定量的低階需求獲得滿足後，他有了餘裕才會對更多的個人、社會和智識的問題感受到挫折。

因此我們可以認為，雖然大部分人都會渴望他們沒有的東西，但是努力讓所有人獲得更大的滿足還是有用的。所以我們學會了不把厚望寄予任何單一的社會改革（例如婦女投票權、自由教育、無記名投票、工會、基本保障），但也不會低估緩慢進步的好處。

如果一個人必然會感到挫折或焦慮，對社會來說，擔心戰爭發生會比擔心飢寒要來得好。提高挫折的層次（這是假定我們可以把挫折分高低）顯然不只有著個人後果，還有社會後果。罪惡感和羞恥感的情形大致亦如此。

有趣、無目的性和隨機的行為

哲學家、藝術家和詩人長久以來在這方面都有好表現，但這整個行為領域卻奇怪地受到身為科學家的心理學家所忽略。這可能是因為一個廣為接受的教條作怪：所有行為都是有動機的。我現在不打算反駁這個錯誤，但毫無疑問的，人在飽足之後，自然會放棄壓力、緊張、緊迫、危急之感，允許自己變得懶散、放鬆、被動，讓自己享受陽光、玩耍嬉戲、觀察微不足道的事物，遇事漫不經心，而且往往是在無意中學習而不是有意識地追求，換言之就是不帶動機地行動。需求的滿足導致了無動機的行為的出現（第六章對此有較詳細討論）。

高階需求的自主性

雖然在低階需求獲得滿足後，一般都會往較高階的需求移動，但值得指出的是，一旦到達較高階的需求層次以及與之齊來的價值與品味，它們也許會變得不受低階需求滿足的影響。這樣的人也許會鄙視和拒絕讓他們得以過上「更高階生活」的低階需求的滿足。就如同富裕人家的第三代有時會以第一代的財富為恥，或是受過高等教育的移民子女以他們目不識丁的父母為恥。

需求滿足的影響

以下列出的現象是由基本需求的滿足所決定。

一、意動與情感層面

- 身體充分滿足的感覺，包括食物、性、睡眠等方面，以及一些副產品，如幸福、健康、精力充沛、陶醉、愜意感。
- 安全感、平靜感、受保護感，不存在危險和威脅感。

- 歸屬感、群體感、對群體的目標和勝利的認同感、被接納感、參與感。
- 愛人和被愛、值得被愛、愛的認同感。
- 自我信賴、自尊、自重、自信、能力、成就、成功、自我強度、值得被尊重、聲望、領導、獨立。
- 自我實現、自我充實、自我發揮、愈來愈能夠發揮潛能，以及隨此而來的成長感、成熟感、健康和自主。
- 好奇心獲得滿足、學習感，所知愈來愈多。
- 理解滿足、哲學滿足、接觸涵蓋愈來愈廣的哲學或宗教、對關聯性和關係更加認識、敬畏、價值信奉。
- 美的需求獲得滿足、悸動、感官震撼、高興、狂喜、對稱感、適合感、條理感和完善感。
- 高階需求的出現。
- 暫時或長期地依賴和獨立於各種滿足物、愈來愈不受低階需求和低階滿足所影響，甚至瞧不起。
- 反感和渴望。
- 煩悶和興趣。
- 價值觀改善、品味提升、更佳的選擇。

- 更常出現愉快興奮、高興、歡樂、幸福、滿意、平靜、安詳、狂喜，且強度更強；感情生活更加豐富、健康。
- 更常出現狂喜、高峰體驗、高潮情緒和神祕經驗。
- 抱負水平的改變。
- 挫折水平的改變。
- 朝向後設動機（metamotivation）和存在價值移動。

二、認知層面

- 更敏銳、更有效和更合乎現實的認知；更佳的現實檢驗（reality testing）。
- 改善直覺能力，更多準確的預感。
- 帶有啟發和洞察的神祕經驗。
- 更加現實導向、目標導向和問題導向；較少投射和自我中心；更多超越個人和超越人類的認知。
- 精進世界觀和哲學（更符合真實和現實、對自我和他人較少破壞性、較全面、較整合和完整等等）。
- 更有創造性，更多藝術、詩歌、音樂、智慧和科學。
- 較少刻板習慣；較少強迫性的範疇化（見第十七章）；較能穿透人為的範疇，知覺到個體的獨特性；減少二分法。

- 更基本且更深刻的態度（對所有人類抱持民主和基本的尊重；對不同年紀、性別、種族的人有愛和尊敬）。
- 較不需要熟悉感，特別是在重要的事物上；不害怕新奇和不熟悉的事物。
- 更容易進行隨機或潛在的學習。
- 更能以複雜事物為樂。

三、性格特徵

- 更沉著、鎮定、平靜、內心安寧（有別於緊張、憂急、不快樂和悲慘感）。
- 仁慈、厚道、有同理心、不自私（有別於殘忍）。
- 慷慨大方。
- 泱泱大道（有別於小氣、卑鄙、小心眼）。
- 自賴、自尊、自重、自信。
- 感覺安全、平和，沒有危機感。
- 友善（有別於敵意性格）。
- 較大的挫折忍受度。
- 能夠容忍、感興趣和認同個體差異性，也因此沒有偏見和敵意（但並未失去判斷力）；更加有人類一家之感。

- 更加勇敢，更少恐懼。
- 擁有心理健康及其所有副產品；遠離精神官能症、病態人格和精神疾患。
- 有強烈傾向民主（對於民主大眾懷抱切實的尊重且不畏懼）。
- 放鬆；少一些緊繃。
- 更加忠實、坦誠、直率，較少裝腔作勢。
- 有較強的意志力，較能享受責任。

四、人際層面

- 更好的公民、鄰居、父母、朋友和情人。
- 政治、經濟、宗教、教育的成長和開放。
- 尊重孩子、僱員、少數民族和其他弱勢群體。
- 心態較民主，較不獨裁。
- 少一些沒有根據的敵意和多一些友善；對他人更感興趣；較易認同他人。
- 對人有更好的判斷能力，更善於選擇，包括選擇朋友、伴侶和領袖。
- 好親近，更有吸引力，更美好。
- 更好的心理治療師。

五、其他方面

- 對天堂、地獄、烏托邦、美好生活、成敗等等有不同的想像。
- 邁向更高階的價值，更高階的「精神生活」。
- 改變所有表現的行為，例如微笑、大笑、臉部表情、走路姿勢和寫字風格；做出更多表現的行為，較少因應的行為。
- 精力變化、疲倦、睡眠、安靜、休息、警覺。
- 充滿希望，對未來感興趣（有別於喪氣、冷漠和失樂症）。
- 夢境、想像和早期記憶的改變。（Allport, 1959）
- 從性格而來的道德、倫理和價值觀的改變。
- 遠離非輸即贏、零和式的生活方式。

第四章

重新檢視「本能論」

重新檢視的必要性

前幾章勾勒的基本需求理論建議、甚至呼籲我們重新檢視本能論，哪怕只是因為有必要區分較基本和較不基本的需求、較健康和較不健康的需求，以及較自然和較不自然的需求。

還有好些其他理論、臨床和實驗的意見指向同一方向，要求我們重新評估本能論，乃至於以某種方式讓它重回舞臺。他們對當前的心理學家、社會學家和人類學家獨獨強調人類的可塑性、韌性、適應性和學習能力的主張表示懷疑。人類看來遠比當前的心理學理論所認為的要自主和獨立得多。

當代研究者強烈主張人比一般以為的更值得信賴、更自我保護、更自我導向、更自主。（Cannon, 1932; goldstein, 1939; Levy, 1951; Rogers, 1954; and others）此外，各種新近發展顯示，假定個人有某種積極成長或自我實現的內在傾向，具有理論上的必要性，那不同於自我保存、自我平衡或體內平衡的傾向，也不同於回應外界的刺激。亞里斯多德、柏格森和很多其他哲學家曾經以各種隱約的方式假定這種自我實現傾向的存在。精神病學家、精神分析學家和心理學家如戈德斯坦、布勒、榮格、荷妮、弗洛姆和羅傑斯也都認為有必要做此假設。

不過最讓人覺得有必要重新檢視本能論者，是心理治療師（特別是精神分析學家）的經驗。在這個領域，事實的邏輯明確無疑。治療師向來不得不區分較基本和較不基本的欲望、需求或衝動，理由很簡單：有些需求受挫會產生病態，有些卻不會。這些需求的滿足會讓人健康起來，其他則否。這些需求是不可思議的頑強。它們拒絕所有討好、取代、賄賂和替代選項，非要得到適當和真正的滿足。人們總是自覺或不自覺地追求這些需求的滿足。他們的行為就像堅定、不可化約、無法分析的事實，必須被視為不容質疑的起點。不管精神病學、精神分析學、臨床心理學、社會工作和兒童治療各學派在其他方面有多麼意見分歧，都不得不假設有一些**類本能的需求**（instinctlike needs）存在。

無可避免的，這類經驗會讓我們想到物種特徵、結構和遺傳，而非表面且容易操控的習慣。當必須在兩難間做出選擇時，治療師幾乎總是選擇本能而非制約反應或習慣作為構成要素。這當然不是好事，因為我們將會看見，還有其他中庸且更有效的替代選項。兩難並不一定只有兩個選擇。

然而，從一般動力理論的角度觀之，本能論，特別是麥獨孤（W. McDougall）和佛洛伊德所提出者，其優點在問世時未受到充分理解，這大概是因為其錯誤要更明顯之故。本能論認為人是自動者（self-mover）；人的本性就像環境一樣可以決定行為；人的本性提供了現成的目的或價值框架；在大多數情況下，人們渴求的東西就是對他們來說有益的東西，是可以讓他們避免生病的東西；所有人類構成一個單一生物物種；除非我們了解行為的動機和目的，否則行為是沒有意義的；總的來說，依賴於自身資源的有機體經常展現出一種生物效率或智慧，而這種現象有待解釋。

對傳統本能論的批判

我們認為，本能論者的很多錯誤雖然嚴重且應予否定，但這些錯誤絕不是本質的和不可避免的。此外，有些錯誤同樣出現在本能論的批判者身上。

化約主義

大部分反本能論者，例如伯納德（Bernard）、華生（Watson）和郭任遠，在一九二〇和三〇年代年批判本能論時，所持理由都是本能無法透過刺激和反應的方式來描述。這個指控相當於說本能不符合行為主義。這是事實，本能論確實不符行為主義的要求。不過這個批評今日並未被動力心理學家和人本主義心理學家認真看待，因為他們都認為任何重要的人類特質或活動都無法僅僅以「刺激和反應」的方式來定義。

這樣的批評只會造成混淆。典型例子是混淆反射和典型的低等動物本能；前者是純粹的機械動作，後者除了是機械動作，還有很多其他性質：預先決定的衝動、表現的行為、因應的行為、目標對象和效果。

不全則無的取徑

我們沒必要在全部本能和無本能之間做取捨。為什麼不可能存在一些本能的殘餘（instinct remnant）、一些衝動或行為的類本能面向、一些不同程度的部分本能呢？

有太多作者不加區別地使用「本能」一詞涵蓋需求、目標、能力、行為、知覺、價值和情緒伴隨物　結果形成了鬆散的大雜燴，幾乎每種已知的人類反應都被這個或那個作者定義為本能性；馬莫爾（Marmor, 1942）和伯納德（Bernard, 1924）即指出過這種現象。

我們的主要假設是，人類的**衝動**或**基本需求**至少在某種程度上是天生的。與此有關的行為和能力，還有認知需求或情感需求，則不必是天生，而是可以習得的或表現性的。（當然，人類許多能力主要是由遺傳決定，好比色覺，但這不是我們目前要探討的。）也就是說，可以把基本需求的遺傳成分視為簡單的意動性缺乏（conative lack），與任何固有的追求目標的行為無關，就像佛洛伊德所說的本我衝動那樣，是盲目和無方向的需求。（我們將會在下面看到，這些基本需求的滿足物看來也可以被定義為固有的。）必須學習的行為是目標取向的行為，也就是因應的行為。

本能論者及其反對者同時犯了非黑即白的錯誤，不知道事情有時候可以有程度的差異。我們又怎能說，一組複雜的反應要不是完全受到遺傳決定，就是完全不受遺傳決定？沒有任何結構，無論如何簡單，是單單由基因所決定，更遑論是完整的反應。另一極端，同樣明顯的是，由於人類是一個物種，所以沒有什麼可以完全不受遺傳的影響。

這種二分法的一個後果，就是讓人往往只要能夠證明一種活動有任何習得的成分，就將其定義為非本能性；反之亦然，只要能夠證明有一丁點遺傳影響，就將其定義為本能性。由於要證明大多數衝動、能力或情緒有學習或遺傳成分都很容易，爭論必然沒完沒了。

壓倒性的力量

本能論者的範本是動物本能。這導致了各式各樣的錯誤，例如未尋找人類獨有的本能。不過我們從低等動物所學到的最具誤導性的一課是，本能是強有力、不可改、不可控和不可壓抑的。這對龜、青蛙和旅鼠來說也許為真，但對人來說卻不是事實。

我們覺得基本需求有著可見的遺傳基礎，但假若僅用肉眼去尋找本能，並且只有當一種本能顯然且確實不受環境影響，而且比所有環境力量更強大時，才認為它是本能，那麼我們可能就大錯特錯了。為什麼就不能有雖然是類本能卻容易受到壓抑或控制的需求呢？為什麼不能有易於被習慣、意見、文化壓力、愧疚感等掩飾、改變、甚至抑制的需求（愛的需求似乎如此）？也就是說，為什麼基本需求不能只是一種**弱**本能（weak instinct）？

文化主義者會攻擊本能論，主要理由可能是錯誤地把本能等同於壓倒性的力量。所有民族學家的經驗都否定這樣的假設。但如果我們同時關照文化和生物層面，如果我們認為文化是比本能需求更強大的力量，那麼以下的說法就不會是弔詭而是理所當然：若不想被強大的文化壓倒，就應該保護我們纖弱的本能需求，而非反其道行之。然而，本能需求在另一層意義下又很強烈，它們會堅持不懈要求滿足，遇到阻礙時會產生嚴重的心理病態後果。

有個弔詭有助說明這一點。我們認為揭露、頓悟[1]和深度療法（這種療法實際上包括除了催眠療法和行為療法之外的所有療法），就某種意義來說是要揭露、恢復和加強那些被削弱和失去的類本能傾向和本能殘餘，要揭露、恢復和加強那些被遮蓋了的動物性自我。這個最終目的在所謂的「個人成長工作坊」（personal growth workshops）赤裸呈現。這些療法是昂貴的、讓人痛苦的且需要漫長的努力，最終可能需要一輩子的掙扎、耐心和堅持，甚至可能會失敗。但有多少貓狗是需要別人幫助才能發現該怎樣當一隻貓和一隻狗？牠們的衝動響亮清晰且明確無疑。反觀我們的衝動卻是聲音微弱、混亂和容易被忽略，需要別人的幫助才能聽得見。

這解釋了何以動物天性（animal naturalness）在自我實現的人身上最能被清楚看見，而在精神官能症患者身上最看不見。我們甚至可以說，生病的原因往往恰恰是因為失去了動物本性。所以物種性和動物性弔詭地最清楚顯現在**最**有靈性和**最**理智的人身上。

1 編按：insight，頓悟療法的假設是，受心理問題困擾的人必須了解引發問題的思維、情緒和動機，通過治療來改變病人混亂的心理過程、思維和感受。

原始衝動

另一個錯誤衍生自把焦點放在動物本能上。出於也許只有思想史家能解釋的不明理由，西方文明一般都相信我們身上的動物是一隻壞動物，而我們最原始的衝動是邪惡、貪婪、自私和帶有敵意的衝動。[2]

神學家稱這種衝動為原罪或魔鬼。佛洛伊德派稱之為「本我」。哲學家、經濟學家和教育學家對它各有不同的稱呼。達爾文對於這種觀點則是如此認同，以至於只看見動物世界裡唯有競爭，完全忽略了同樣常見於動物之間的合作現象；儘管克魯泡特金（Peter Kropotkin）輕易就看出動物的合作性。

這種世界觀的一種表達方式，就是把我們身上的動物類比為狐狸、老虎、豬、禿鷹、蛇，而不是鹿、大象、狗或黑猩猩之類較溫馴的動物。這種對我們內在本性的詮釋也許可稱為壞動物詮釋（bad-animal interpretation）。事實上，如果我們想把動物的情形類推到人類身上，最好是選擇那些和我們最接近的動物：猿類。

本能和理性的二分法

如我們所見，在較低等的物種，本能和對新事物的認知適應往往互斥；在本能的成分愈多的地方，我們就愈不預期會找到認知適應。由於這個重大錯誤，人類的本能衝動和理性被截然二分。很少有人想到，它們也許**都是**類本能性的，更重要的是很少人想到，它們的結果或隱含的目標也許是一樣的，是合作而非敵對。

我們主張，想要理解的衝動也許就像歸屬需求或愛的需求那樣，是意動性的。

在一般的本能和理性的二分法裡，對立的是定義不佳的本能和定義不佳的理性。如果按照現代的知識正確定義，它們就不會顯得對比或對立，甚至不會看起來如此不同。健康的理性和健康的類本能衝動指向同一個方向，在健康的人身上並非對立（不過在不健康者身上**也許**會敵對）。舉例而言，現有的科學資料顯示，對小孩子來說，被保護、被接受、被愛和被尊重是有益的，而這些正是小孩子渴望的（本能的渴望）。正是在這種可以用科學加以測試的具體意義下，我們可以說類本能需求和理性大多是合作而非對立。它們會看似敵對，完全是研究者只關注不健康者所得到的人為結果。如果以上所述正確，就可以讓「本能和理性誰做主」這個年深日久的難題下臺一鞠躬，因為那就好比是問美滿婚姻中丈夫和妻子誰是老大。

本能和社會的對立

類本能的弱衝動有賴一個好的文化讓它們出現、表達和滿足，也很容易受到不好的文

2原注：難道人類本性中原始的、無意識的一面不可能被有效地馴服、甚至徹底改變嗎？果真如此，文明就大禍臨頭了。」（Harding, 1947, p.5）「意識具有訓練有素的道德秩序和良好的意願，但在這體面的表層下，潛藏著生命原始的本能力量，像深淵中的魔鬼一樣無休止地吞噬著、繁殖著、爭鬥著。」（Harding, 1947, p.1）

化環境損害。例如，我們的社會必須有相當的改進，弱遺傳需求才能得到滿足。認為本能和社會、個人利益和社會利益之間必然是敵對的，乃是一種可怕的先入為主之見。這種主張的主要根據在於，對生病的社會和生病的個人來說情況確實如此。但它**不必然**如此。[3]在良好的社會裡它**不可能**如此。在健康的社會環境中，個人利益和社會利益是合作而非敵對。錯誤的二分法持續存在僅僅是因為在不好的個人和社會條件下，自然會對個人和社會利益產生錯誤的認知。

互不相干的本能

本能論和大部分其他動機理論的不足在於，未真切理解各種衝動是在一個層級體系中彼此相關。倘若分別看待各種衝動，很多問題必然無解，從而衍生出很多假議題。例如，動機生活本質上的整體性和一致性會被模糊掉，產生條列動機清單這個根本無法做到的難題。此外，價值或選擇原則也會丟失；正是這種原則讓我們可以說一種需求比另一種高階、一種需求比另一種重要，或一種需求比另一種具有優勢。若單獨看待個別需求，它**唯一**能做的是追求滿足，也就是讓它自己被遺忘。這就打開了通往涅槃、死亡、靜寂、平衡、圓滿的理論大門。

但這麼想忽略一個明顯的事實：任何需求的滿足雖然會讓該需求平息，卻也讓原本被排擠的其他較弱的需求走向前發聲。需求永不止息。一個需求的滿足會開啟另一個需求。

本能的約束

和本能的「壞動物詮釋」配對的一個懸念，認為本能最清楚顯現在精神錯亂者、精神官能症患者、罪犯或心靈疲弱者身上。這種主張顯然來自一個學說：良知、理性和道德不過是習得的門面，性質上完全不同於人的內心，兩者的關係猶如手銬腳鐐之於罪犯。由此而來，文明及其各種制度，不論學校、教會、法庭、立法機關，都被視為是抑制我們身上壞的動物性的力量。

這種錯誤觀點如此強大，充滿悲劇性，其歷史重要性可與相信君權神授、相信宗教排他性、相信地平論、否定演化相提並論。任何讓人不相信自己與彼此並因此對人類可能性過度悲觀的信仰，都必須為每一場戰爭、每一次種族敵對和每一場宗教屠殺負起部分責任。

如果我們能夠承認類本能需求不是壞的，而是中性的或好的，那麼上千個假議題就會迎刃而解，不復存在。

僅舉一例，孩童訓練將會被改革，甚至不再使用「訓練」這個帶有醜陋意涵的字眼。接受正當的動物性需求將會促使我們追求它們的滿足，而非加以阻礙。

在我們的文化裡，一個喪失了部分天真但尚未被徹底涵化的孩子，也就是那些健康的

3 原注：有關合作性社會的描述，見 Benedict（1970）和 Maslow（1964b, 1965b）。

動物性需求尚未被完全剝奪的孩子，總是以他所能創造出的各種方式，持續要求讚許、安全感、自主、愛等等。對此，成人的一般反應是：「喔，他不過是愛現。」或「她只是想要引人注意。」然後把孩子打發走。換言之，這種診斷通常被理解為一種禁令：**不要**給小孩他們想要的，**不要**注意他們，**不要**稱讚他們。

然而，如果我們認為追求被接納、被愛和被讚賞的心態是正當的需求或**權利**，一如小孩有權抱怨飢餓、口渴、寒冷或疼痛，我們就應該自動成為需求滿足者而非需求挫折者。這麼做的一個後果是親子之間會有更多樂趣，更享受彼此相處，也因此更加相愛。

本能論中的基本需求

前述所有考量都鼓勵我們假設，基本需求在某個意義下是由人的本質或遺傳所決定。這個假設尚且無法被直接證明，因為基因技術或腦神經科學的發展還不足夠。

以下我們會列舉能支持基本人類需求是類本能性質這個假設的資料和理論主張。

人類獨有的本能

要對本能論有完整的理解，必須認知到人類和其他動物物種的巨大差異，以及人類與動物世界的連續性。雖然經證明，所有同時在人和其他動物身上發現的衝動或需求（例如進食或呼吸）都是本能性的，但亦不能否認有些本能衝動只會出現在人類身上。既然黑猩猩、信鴿、鮭魚和貓各有獨特的本能，為什麼人類不能有自己專屬的本能？

挫折是致病的

基本需求在性質上屬於類本能的另一個原因，是這些需求的挫折會引起心理疾症。所有臨床醫生都同意這一點。而精神官能需求、習慣、成癮和偏好受挫時卻不會如此。

如果是社會創造和孕育出所有價值，那為什麼只有部分價值受挫時會致病？我們學會一日三餐、說謝謝、使用刀叉和桌椅。我們被迫穿衣服和鞋子、晚上睡在床上和說母語。我們吃牛肉羊肉但不吃貓狗肉。我們保持清潔，為成績競爭，追逐金錢。但所有這些強有力的習慣在受到挫折時都不會引起傷害，偶爾甚至還有益。在特定情況下，例如在划獨木舟和露營的時候，我們輕舒一口氣，拋開這一切，體認到這些均非本質。但我們永遠不會用這種態度對待愛、安全感或尊重。

所以，基本需求顯然有著特殊的心理學和生物學地位。它們有些不同。它們**必須**獲得滿足，否則我們就會生病。

滿足是健康的

基本需求的滿足會導致各種結果，產生有益的、良好的、健康的、自我實現的效應。

「有益的」和「良好的」這兩個形容詞是就生物學的意義來看，而非先驗的意義，而且具有可操作性。只要條件允許，健康的有機體會傾向於選擇和爭取這些結果。

這些心理和身體的結果我們已經在論基本需求滿足時談過，毋須進一步探討。在此要指出的是，這個判準完全沒有高深莫測或不科學的成分，而是輕易可以在實驗或工程學的基礎上加以檢驗，問題就和怎樣為一輛車添加正確的汽油無甚差別。哪種汽油會讓一輛車運作得更好，就是更好的汽油。而臨床證據普遍顯示，當人獲得了安全感、愛和尊重，就會運作得更好，也就是說有更好的知覺能力、更能夠思考出正確結論、更有效地消化食物和不易生各種疾病等等。

必需性

基本需求的滿足物是必需的，不同於所有其他需求的滿足物。人本質上就會知道滿足物的固有範圍，而那是不能由其他滿足物替代的；但在習慣性需求和很多精神官能的需求，這種替代是可能的。

心理治療

心理治療的效果對我們的目的相當有用。看來所有主要類型的心理治療都可以促進、鼓勵和強化我們所說的本能需求，還可以弱化或徹底消除所謂的精神官能需求。

特別是對那些明確主張目的是要恢復病人內在本性的療法，如羅傑斯、榮格和荷妮的療法，這是一個重要事實，因為它透露出人格有它自己的本質。這個本質不是由治療師創造出來的，而是按它自己的方式成長和發展。如果頓悟療法和壓抑消解會讓一個反應消失，那麼我們就有理由認為這個反應是外來而非內在的。如果頓悟療法會讓反應變得更強，我們就應該把它視為內在的。另外，正如荷妮所主張，如果焦慮的釋放導致病人情感增加和敵意減少，這不就表示情感對人類本質來說是基本的，而敵意不是？

所以心理治療是一個可供以下理論挖掘的資料金礦：動機理論、自我實現理論、價值理論、學習理論、一般認知理論、人際關係理論、涵化和反涵化理論。

鼓勵本能

基本需求的類本能性質讓我們重新思考文化和人格之間的關係，以便給予內有機體力量（intraorganismic forces）更大的決定作用。當一個人的基本需求在成長過程中沒有被照顧好，他確實不會因此骨折，也不會出現明顯或即時的狀況。不過病態遲早一定會出現，哪怕是以幽微的形式。罔顧有機體內在需求的一個例子，是成年的精神官能症患者。

因此，一個人為了自身的完整性和內在本性而對文化適應所作的抵抗，是心理學和社會科學一個可敬的研究領域。一個亟欲屈服於文化扭曲力量的人，亦即一個適應良好的人，有時也許會不如一個罪犯或者精神官能症患者來得健康；後者以反應證明了他們敢於折斷自己的心理脊梁而進行抵抗。

另外，基於同樣的考量，會得出一個乍看弔詭的結論。在大部分的詮釋裡，教育、文明、理性、宗教、法律和政府主要被認為是一種用來拘束本能的力量，但如果我們的主張正確，那麼情況有可能是反過來：教育、法律和宗教等等力量至少有一個功能是守衛、促進和鼓勵本能需求的表現和滿足。

消解二分法

基本需求的類本能性質有助於解決和超越很多哲學矛盾，例如生理與文化、先天與後天、主觀與客觀、獨特與普遍。這是因為揭露療法、自我探索療法、個人成長和自我反省的方法，也是一條發現自己客觀生物本性、動物性和物種性的路徑；換言之，就是發現一個人的存有（Being）的路徑。

不管是哪個學派，大多數精神治療師都認為，當他們穿越精神官能症，深入到那個向來都存在但被病態的表層所覆蓋、掩藏和抑制的核心時，他們是在揭露或釋放某種更基本的、更真實的人格。對此荷妮（Horney, 1950）解釋得更清楚，她談到了穿過偽自我（pseudoself）去到真自我（Real Self）。關於自我實現的論述也強調把一個人本來存在著的東西變為真實或實在。追求認同與「成為真正的自己」也是同樣的意思。使自己成為「機能健全的人」、「完整的人」、獨一無二的人或真實的自己，含義也是如此（Grof,

1975）。

顯然我們主要的任務是察覺到作為一個特殊的物種，一個人在生物上、氣質上和本質上是什麼。這正是各派別的心理分析所要做的事，幫助人們意識到自己的需求、衝動、情感、快樂和痛苦。但這是一種個人內在的生物性、動物性和人類種性的現象學，它通過**體驗**生物性而去發現生物性，而我們可以把這種生物性稱為主觀生物性、內省的生物性、體驗到的生物性，諸如此類。

這不啻是對客觀性（人類物種的人性特徵）的主觀發現。它相當於個體對一般性和普遍性的發現、個人對非個人或超個人（甚至是超人類）的發現。換言之，我們可以**同時**透過自我反省和科學家的外部觀察法去研究類本能，亦即同時從主觀和客觀兩方面進行研究。生物學不只是一門客觀的科學，同時是一門主觀的科學。

借用麥克利什（Archibald MacLeish）的詩句，我們可以說：

> 一個人並不表示：
> 他是他。

第五章

需求的層級體系

高階需求和低階需求有著不同的性質，但有一點相同：兩者都必然含括在基本需求和人類本性的範疇裡。它們和人性並無不同或有所牴觸，它們是人性的一部分。這種說法對心理學和哲學理論的意涵是革命性的。大部分文明，連同其政治理論、教育理論、宗教理論等等，都奠基在和這種主張恰恰相反的信念。整體來說，它們假定人性中的動物性和類本能是嚴格侷限在生理需求的範圍內，例如食物、性需求等等。對於真理、愛和美的高層次衝動則被認為本質上即不同於上述的動物性需求。再者，這兩種不同的需求被視為是敵對和互斥的，雙方為了爭奪主控權而持續處於衝突狀態。從這種觀點來看，所有文化及其所有工具都是站在高階需求的一邊，對抗著低階需求；所以它們必然是抑制者或阻礙者，充其量是一種令人遺憾的必需品。

高階需求和低階需求的差異

各種基本需求按照強度高低形成一個頗為固定的層級體系。安全需求比愛的需求強，因為當兩種需求都受挫時，安全需求會以各種可證明的方式支配著個人。在這個意義下，生理需求（它們自成一個亞層級體系）比安全需求強烈，後者又比愛的需求強烈。再弱一些的是尊重需求，然後是發展獨特性的需求（我們稱之為自我實現的需求）。

這是一個選擇或偏好的次序，同時也是下列各種意義下，由低至高的順序排列。

一、高階需求是一種較新的種類或演化發展。人類和所有物種都需要食物，也和猿類一樣有愛的需求，但沒有任何其他動物物動像人類一樣具有自我實現的需求。一個需求愈是高階，就愈屬於人類所獨有。

二、高階需求是個體發展的產物。任何個人在出生時都會表現出生理需求，也會以非常不完整的方式表現出安全需求。幾個月之後，嬰兒會表現出與人親近和選擇性情感的跡象。更後來我們也許會明確看出他要求自主、獨立、成就、尊重、讚美、父母的愛。至於自我實現的需求，即便是莫札特都必須等到三或四歲才會出現。

三、一種需求愈高階，對維持生存的必要性就愈低，其滿足可以延後，也更容易永遠消失。高階需求較無法去支配、組織和強迫自動反應和有機體的其他功能去為它們服務。例如，一個人可以不計代價追求安全感，但較不會以此方式追求尊重。高階需求被剝奪並不會產生低階需求被剝奪時那種極端的防衛和緊急反應。與食物和安全感相比，尊重是一種可捨棄的奢侈。

四、生活在高階需求的層次意味有更高的生物效率、更長壽、少疾病、睡眠較好和食慾較佳等等。身心醫學研究者一再證實，焦慮、恐懼、缺乏愛、被控制等等除了會帶來不可逆的心理後果，往往還會造成不可逆的生理後果。高階需求的滿足同時具有生存價值和成長價值。

五、高階需求在主觀上較不急迫。它們較難察覺、較不那麼確定無疑、較容易經由暗示、模仿、誤解或錯誤習性而和其他需求混淆。能夠認知自己的需求是一種相當高的心理成就，對高階需求來說尤其如此。

六、高階需求的滿足會產生更令人滿意的主觀後果，也就是會帶來更強烈的快樂、平靜感與內心生活的富足感。安全需求的滿足頂多讓人有種解脫和放鬆的感覺。不管怎樣，它都不能像愛的需求的滿足那樣，帶來狂喜、高峰體驗或心醉神迷。

七、高階需求的追求和滿足代表一種健康的傾向，一種遠離心理病態的傾向。這個主張的證據已經顯示在第三章。

八、高階需求有更多先決條件。主要是因為高階需求的滿足必然比低階需求的滿足來得晚。所以，愛比安全需要更多的滿足才會出現在意識中。在更普遍的意義下，我們也許可以說，高階需求層次的生活更複雜。追尋尊重和地位比追尋愛牽涉到更多的人、更大的舞臺、更長的時間、更多的手段，以及更多從屬步驟和預備步驟。同樣道理也適用於愛的需求和安全需求的對比。

九、高階需求的出現需要有較佳的外部環境。要讓人們除了不自相殘殺之外還能愛著彼此，需要有更好的環境條件（家庭、經濟、政治和教育條件等等）。要讓自我實現的需求出現，需要非常好的環境。

十、高階需求和低階需求都獲得滿足的人，通常會認為高階需求更有價值。這樣的人會為了得到高階滿足而犧牲更多，也更能夠忍受低階需求被剝奪。例如他們比較能夠過著禁慾的生活，為維護原則而甘冒危險，為自我實現而放棄金錢和聲望。那些同時填飽肚子和得到自尊的人，總是把自尊視為比填飽肚子更有價值的主觀經驗。

十一、需求層次愈高，愛的認同（love identification）的圈子就愈大：愛的認同者愈多，愛的認同程度也愈高。我們可以把愛的認同定義為將兩個或兩個以上的人的需求融合在單一個層級體系中。兩個深愛彼此的人會對對方和自己的需求做出無差別性的反應。這時對方的需求就是自己的需求

十二、高階需求的追求和滿足可以帶來有利於公眾和社會的後果。在某種程度上，一種需求愈高階，自私的成分必然愈少。飢餓乃是高度自我中心的，唯一能滿足它的方式就是滿足自己。但追尋愛和尊重必然涉及他人和他人的滿足。那些已得到足夠基本滿足進而追求愛和尊重的人，往往能夠發展出忠誠、友善和公民意識之類特質，成為更好的父母、配偶、老師和公僕等等。

十三、高階需求的滿足比低階需求的滿足較接近自我實現。如果自我實現的理論被接受，這是一個重要差異，它意味著在處於高階需求層次的人身上，我們可以找到自我實現者的特質。

十四、高階需求的追求和滿足會導向更大、更強和更真實的個人主義。這種說法聽來也許和前面提到高階需求層次意味著更高的愛的認同相互矛盾，但無論它看起來是否合乎邏輯，都是一個經驗事實。處於自我實現層次的人同時也是最愛人類且個人特質發展得最

充分的人。這完全支持了弗洛姆所主張的，自愛（或說自尊）和愛他人是協同而非敵對。他對個體性、自發性和機械人化（Robotization）的討論同樣相關。（Fromma, 1941）

十五、需求層次愈高，心理治療就愈容易且愈有效。在最低的需求層次，心理治療幾乎無效。飢餓是不能靠心理治療止息的。

十六、低階需求遠比高階需求局部性、明確和有限。飢餓和口渴要比愛的需求更為身體性，愛的需求又比尊敬的需求更為身體性。此外，低階需求的滿足要比高階需求的滿足具體和可觀察。再者，它們更有限，因為只需要較少量的滿足物就可以滿足。人能夠吃的食物就那麼一點，但愛、尊敬和認知的滿足幾乎是無止境的。

需求層級體系的意涵

高階需求性質上類似本能，而且和對食物的需求一樣是生物性的。這一點有很多意涵，以下僅舉出一些。

一、最重要的大概是，它讓我們意識到認知和意動的二分法是錯的，必須加以打破。對知識、理解、人生哲學、參考的理論框架、價值體系的需求，這些都是我們原始動物本性（我們是非常特殊的動物）的意動性或衝動性部分。由於我們知道需求不是盲目的，可以被文化、現實和可能性修正，從而可以推論出，認知在需求的發展中扮演了相當重要的角色。杜威首先指出，一種需求的存在和定義是以對現實的認知為前提，是以認識到滿足的可能或不可能為前提。

二、很多年深日久的哲學問題必須以全新的眼光加以檢視。有些問題甚至會被視為假議題，是因為我們對人類動機的錯誤理解而起，包括對自私和無私的區分。好比說，如果根據我們的類本能衝動，當我們看著子女吃美食時會比自己吃美食時享有更多「自私」的愉快，那我們又要怎樣定義「自私」，如何把它和「無私」做區分？如果對真理的需求和對食物的需求一樣是動物性的，我們又怎麼能說那些為真理而甘冒生命危險的人比那些為食物冒險的人較不自私？顯然，如果食物需求、性需求、真理需求、美的需求、愛的需求和尊重需求的滿足都能帶來動物性快感、自私快感和個人快感，那麼享樂主義理論就必須要重鑄了。這表示高階需求的享樂主義得以成立，而低階需求的享樂主義會失去立基。浪漫主義和古典主義的對立，酒神和日神的對立，當然也必須修正。它至少有部分表現形式是奠基於一種不公平的二分法：把低階需求視為動物性的，把高階需求視為非動物性或反動物性的。需要修正的還有理性概念和非理性概念、理性和衝動、理性生活和本能生活的二分法。

三、倫理哲學家可以從檢視人類動機生活中學到許多。如果我們最高貴的衝動不是被視為馬韁而是被視為馬本身，又如果我們的動物性需求被視為與最高階需求性質相同，那麼將它們嚴格區分的二分法何以為繼？我們怎能夠繼續相信它們是出自不同源頭？再者，如果我們清楚並完整認識到這些高貴和良好的衝動之所以出現，主要是更迫切的動物性需求獲得滿足之後的結果，那麼我們當然就應該更少談論自我控制、壓抑和管教等等，更常談到自發性、滿足和自我選擇。嚴格的責任要求和鼓勵快樂的呼籲，兩者之間的對立看來比我們以為的少。在最高階的生活層次（即「存有」的層次），責任就是快樂，一個人會愛他的工作，工作和休閒沒有分別。

四、文化及其與人的關係的概念必須朝潘乃德（R. Benedict, 1970）稱之為「和諧」（synergy）的方向改變。文化可以是滿足基本需求而非抑制基本需求。（Maslow, 1967, 1969）再者，文化不只是為了人類需求而創造，還是被人類需求所創造。文化與個人的二分法必須重新檢視，不應一味強調它們的對立，更應注意它們合作與和諧的可能。

五、認識到人類最美好的衝動很大程度是固有的而非偶然或相對的，必然對價值理論具有重大意涵。其一是我們毋須冀望透過邏輯演繹出價值或設法從權威或啟示中尋找價值。我們需要的只是觀察和研究。人性本身就具有以下問題的解答：我要怎樣才能變好？我要怎樣才能快樂？我要怎樣才能變有用？人會因為有些價值被剝奪了而生病，因為某些價值獲得滿足而成長，從而我們得知我們需要的是什麼、珍視的又是什麼。

六、對基本需求的研究顯示，它們在性質上雖然類似本能，但在很多方面又和我們在低等動物身上看到的本能不同。最重要的是，人類的基本需求不像傳統對本能的假設那樣，是強烈、令人厭惡和不可改變的。我們的基本需求都是微弱的。能夠意識到自己的衝動，知道自己確切希望得到和需要的是愛、尊重、知識、哲學和自我實現等等，是一項難得的心理成就。愈高階的需求就愈是微弱，愈是容易被改變和壓抑。最後，它們不是壞的，而是中性或好的。我們的人類本能是如此微弱，必須加以保護以防止被文化、教育或學習給壓垮。

七、我們對心理治療的目標的理解必須大幅調整，對教育和養育小孩的目的亦然。在很多人看來，心理治療仍然意味著對內在衝動的壓抑和控制。管教、控制和壓抑是這種方法的關鍵字。但如果治療意味著一股打破控制和抑制的力量，那麼我們的關鍵字就必須改為自發、釋放、自然性、自我接納、衝動察覺、滿足和自我選擇。如果我們把內在衝動理解為值得讚美而不是可憎的，我們當然會希望讓它們可以自由做出最充分的表達，而不是用緊身衣來束縛它們。

八、如果本能是微弱的，而高階需求有著類本能的特徵；如果文化比衝動更強而有力；又如果基本需求是好而不是壞，那麼改善人性的目的就可以透過促進類本能傾向和透過社會進步來達成。事實上，改善文化的目的就在於讓我們內在的生物傾向有更好的機會實現自身。

九、生活在高階需求層次有時可以相對不受低階需求滿足的影響，明白這一點，就有望為神學家們長久以來面對的一個兩難找到解決辦法。他們總是覺得有必要設法調和肉體與精神、天使與魔鬼（即人類有機體中高貴和低賤的部分），卻從來沒有找到一個讓人滿意的解答。高階需求的功能自主看來是答案的一部分。高階發展必須要以低階需求為基礎，但最終當高階需求確立以後，也許可以**相對**獨立於低階需求的滿足。（Allport, 1955）

十、除了達爾文的生存價值，我們現在還可以提出「成長價值」（growth values）。生存固然是好事，但邁向完滿的人性、潛能的實現、更強烈的快樂、和平寧靜、高峰體驗、對現實有更豐富和正確的認知等等，同樣是好事。我們毋須光靠生存來證明貧窮、戰爭、支配和殘忍是惡而非善。我們認為它們不好，是因為它們有損生活、人格、意識和智慧的品質。

第六章
無動機的行為

本章將進一步探討追求（striving）（作為、因應、努力、目的性）和「存有／生成」（being-becoming）（存在、表現、成長、自我實現）之間具科學實用性的區別。這種區別當然是東方文化和宗教所熟悉的，也為我們文化中一些哲學家、神學家、美學家、神祕主義研究者和愈來愈多的「人本主義心理學家」及存在主義心理學家所熟悉。

西方文化大體上奠基於猶太教與基督教神學。美國特別受到清教徒精神和實用主義精神影響。這種精神強調工作、奮鬥、進取、節制和認真，最重要的是強調目的性。[1]就像其他社會制度一樣，科學（包括心理學）深受這種文化氛圍所感染。所以美國的心理學表現出過度的實用化、清教徒主義和目的性的特徵，這不只顯見於它的效果和目的中，亦可見於它的缺失和所忽略的事物。沒有任何心理學教科書有專章談論樂趣、閒暇、沉思、遊蕩、無目的的活動、美學創造或無動機的活動。也就是說，心理學僅針對人生的一半，卻忽略了另外一大半，可能也是更重要的一半。

從價值的角度來看，這種情形也許可以說是太過在乎手段，排除了對目的的關注。這種哲學隱含在幾乎所有美國心理學（包括正統和修正主義的精神分析學），他們向來忽略活動本身和目的的經驗（這種經驗是沒有要完成什麼的），偏好有用的因應性、改變性、目的的性活動。這種哲學的高峰可以在杜威的《價值理論》（*Theory of Valuation*, 1939）一書中看到清楚表現：目的的可能性形同被否定，它們只是另一些手段的手段，而另一些手段又只是另一些手段的手段，以此類推。（不過杜威在其他著作裡倒是承認目的的存在。）

由於當代心理學太過傾向實用化，而捨棄了一些本來應該關注的領域。他們對實用結果、技術和手段念茲在茲，絕少談及美、藝術、樂趣、遊戲、好奇心、敬畏、喜樂、愛、快樂和其他「無用」的反應及目的經驗。也因此，他們對藝術家、音樂家、詩人、小說家、人文學者、鑑賞家、神學家和其他目的取向或者享樂取向的個人，殊少建樹或毫無建樹。這不啻指控心理學對現代人貢獻甚少，而現代人最迫切需要的是一個自然主義或人本主義的目的體系或價值體系。

表現行為（非工具性）和因應行為（工具性、適應性、功能性和目的性）的區別一直沒有被視為是價值心理學的基礎而加以適當探究。[2]藉由探索和應用兩者之間的差異，亦即「有用」和「無用」行為的差異，也許有助於把心理學的管轄領域往這些方向延伸。

1 原注：「隨意的聯想、多餘的想像、令人陶醉的夢想、漫無目的的探尋，以上這些對人類發展的影響都沒有得到解釋，不管是起源，還是根據經濟原則或任何對有用性的直接期待。在像我們這樣機械性的文化中，這些重要活動要不被低估，要不就被忽視了……

「一旦我們滌除了無意識的機械主義偏見，就必須認識到『多餘的』與經濟的對人類發展同樣重要：例如，美對進化的作用並不亞於實用性，因此我們不能像達爾文那樣把美僅僅看成是求愛或受精的實際手段。總之，我們可以把自然視為一位熟練的技術工人，他試圖節省材料，使收支相抵，把工作幹得既有成效又花費少。但我們同樣也有理由從神話學的意義上把自然看成是一位詩人，工作於隱喻和韻律中。對自然的機械主義的解釋和對它的詩性解釋都同樣主觀，兩者在某種意義上都是有用的。」（Mumford, 1951, p35）

2 原注：我們必須避免非此即彼的二分法。大多數行為既有表現也有因應的成分，例如走路既有風格也有目的。但我們不希望像奧爾波特和弗農（Vernon, 1933）那樣，在理論上排除純粹的表現行為存在的可能性，例如，不是走路而是閒逛；臉紅；動作優雅；舉止難看；吹口哨；兒童的歡笑；私下自娛的、不以交流為目的的藝術活動；純粹的自我實現等等。

本章的第一節會討論表現行為和因應行為的差異，接著會檢視表現行為的一些例子，它們可以被視為**無動機的行為**。

因應行為與表現行為

以下是因應行為（coping behavior）和表現行為（expressive behavior）的差異點概述。

目的性或非目的性：因應就定義來說就具有目的性和動機；表現常常沒有動機。

努力不去努力的弔詭：因應是費力的，表現在大部分情況下是不費力的。藝術表現當然是一種介於中間的特殊個案，因為當事人需要學習自發和表現，就像人可以努力放鬆。

外部和內部的決定因素：因應更加受到外部環境和文化變數的決定，表現基本上由有機體的狀態決定。由此可以得到的一個推論是：表現和深層的性格結構有較高的相關性。所謂的投射測驗（projective test）也許更應該被稱為表現測驗。

習得或非習得：因應行為大多數時候都是習得的，表現行為大多是非習得或釋放或解除壓抑的結果。

控制的可能性：因應的行為比較容易被控制（潛抑、壓抑、抑制或涵化），表現的行為則比較不受控制，有時甚至完全無法控制。

影響環境：因應通常都是為改變環境而發，也常常做到；表現不是為了做任何事，如果它導致環境改變，也不是有意為之。

手段和目的：因應是典型的手段性行為（means behavior），其目的是需求滿足和減少威脅。表現常常是目的本身。

意識和無意識：因應的行為一般都是有意識的（不過也許可以變成無意識），表現的行為更常是無意識的。

目的性和非目的性的行為

因應行為的決定因素通常包括驅力、需求、目標、目的或功能。它是為了做到某件事而出現，例如走路到某個目的地、採購食物、到郵局寄信、組裝書架、為薪酬工作等等。「因應」這個詞本身隱含了設法解決問題或至少是處理問題（Maslow and Mittelman, 1951），因此牽涉到不只行為人本身的某樣東西。它不是自給自足的，可能與直接目標或基本需求有關，可以是目的也可以是手段，可以是追求目標的行為也可以是由挫折引起的行為。

心理學家談到的表現行為一般都是無動機的，儘管它們當然是有原因的，也就是說，雖然表現行為有很多決定因素，但需求滿足不必然是其一。它們只是反映、透露或表現出有機體的一些狀態。事實上，它們大多數時候都是有機體狀態的一部分：蠢材的蠢、健康人的微笑和輕快步伐、美人的美、絕望者的絕望表情和消沉姿態、寫字、走路、手勢、微笑和跳舞的風格等等，這些行為都是沒有目的性。它們不是為了滿足需求而發。[3] 它們只是附帶現象。

努力不去努力的弔詭

儘管上述皆為事實，卻會引起一個乍看弔詭的特殊問題，也就是有動機性的自我表現（motivated self-expression）的概念。精於世故者可以**努力**表現得誠實、得體、仁慈，甚至單純。那些曾經接受過精神分析以及處於最高動機層次的人很了解這是怎麼一回事。

事實上，這是他們最基本的單一問題。自我接納和自發性既是最容易的成就（如對健康的孩童來說），也是最難達成的（例如那些自我懷疑和自我改進的成人，特別是那些曾經是或依然是精神官能症者）。事實上，對某些人來說，它是一項不可能的任務，例如某些種類的精神官能症，當事者是一個沒有自我的行動者，只有一套角色列表可供他選擇扮演。

我們可以用兩個例子（一個簡單、一個複雜）證明有動機、有目的性的自發性概念顯然的矛盾。至少對業餘者來說，最好的舞蹈方式莫過於自發地、流暢地、自動地合著音樂的節拍，應和著舞伴無意識的願望。優秀的舞者能夠恣意忘情地跳舞，成為被音樂塑造和支配的工具。他不需要渴望、批評、指導和意願。從非常真實和實用的意義上來說，他變成被動的，即使跳到精疲力竭時亦然，這種被動的自發性或者由衷的忘我能夠產生一種最大的快樂，就像在岸邊任浪花拍打自己，或任人細心溫柔地照料自己，讓自己接受愛的撫慰，或者就像一位母親，任孩子吸奶、嬉戲，在自己身上爬來爬去。但很少人可以跳得這麼好。大部分人都會努力自我控制，有目的地去跳，仔細傾聽音樂的節奏，有意識地跟上節拍。從旁觀者和他們自己的角度來看，他們是差勁的舞者，因為除非他們最終超越努力而變成自發的，否則他們無法享受舞蹈作為一種忘我和奔放的深刻體驗。

大部分舞者毋須接受訓練就能成為好的舞者。不過教育在此一樣有幫助。但它必須是另一種教育，是自發性和殷切地忘我，講究道家式的自然、無為、無批判性和被動，努力不去努力。為此，我們必須「學會」捨棄抑制、自我意識、意志、控制、涵化和尊嚴。（老子說：「無為則無心，無心則無欲，無欲則無求。」）

檢視自我實現的性質時，我們會碰到更困難的問題。對處於這個動機發展層次的人來說，他們的行動和創造具有高度的自發性、開放性，無掩飾性和無修飾性，從而也具有高度的表現性；我們可以像阿斯銳納（Asrani）那樣，稱之為「自如狀態」（Easy State）。另外，他們的動機在性質上改變很多，不同於對安全感、愛或尊重的一般需求，所以甚至不應該用需求稱之；我曾建議用**後設需求**（metaneeds）一詞來稱呼自我實現者的動機。

3原注：這種說法不受動機理論的任何具體措辭影響。例如，它也適用於單純的享樂主義，於是我們也可以換一種說法：因應行為對表揚和批評、獎勵和懲罰有反應；表現行為通常沒有，至少只要它仍是表現性的就不會有。

如果對愛的渴望是一種需求，那麼自我實現的壓力就應該有別於需求之名，因為它有很多不同的特徵。與這裡所談最相關的一個不同點在於，愛或尊重可以被視為一個人缺乏的外在之物，因此構成一種需求。自我實現卻不是這個意義下的缺乏或匱乏。它不是人為了自身健康所必需，不像樹需要水那樣。自我實現是人原本有的性質的內在增長，或者更確切地說，就是人本身的增長。正如樹需要向外界環境索取養分、陽光和水，人也需要向社會環境索取安全感、愛和尊重。但無論是樹還是人，這只是真正的發展（即個體性的發展）的開始。所有樹木都需要陽光，所有人都需要愛，一旦這種初步需求獲得滿足，每棵樹和每個人就會按照自己獨一無二的方式發展，把這種普遍必要性用於個人目的。換言之，發展會從內而不是從外開始，而弔詭的是，最高階的動機是沒有動機，也不是要追求什麼，也就是完全是表現性的行為。換個說法，自我實現是成長驅動而非匱乏驅動。它是一種「二度天真」（second naivete），一種「自如狀態」。

一個人可以通過滿足層次較低的動機而朝自我實現的方向接近。如此一來，他就是有意識和有目的地追求自發性。因此，在人類發展的最高層次上，因應和表現之間的區分就像很多其他心理學的二分法那樣，被解決和超越了，而努力也成為了一條通往不努力的途徑。[4]

外部和內部的決定因素

因應行為一般都比表現行為更加受外在因素影響。它大多時候都是對於緊急狀態、難題或需求的功能性反應，而問題的解決或需求的滿足來自於物理世界和／或文化世界。最終來說，正如我們所見，那也是一種透過外在滿足物補償內在匱乏的企圖。

表現行為不同於因應行為之處，在於它更加受到性格因素的決定（詳下文）。我們也許可以說，因應行為基本上是性格和非精神世界的互動，透過互相影響而彼此適應。表現在本質上是性格結構本質的附帶現象或副產品。所以在前者，我們也許會觀察到物理世界的法則和內在性格的法則同時作用；但在後者，我們會看到的主要是生理學或性格學的法則。一個例子是表象藝術和非表象藝術的對比。

由此得出以下幾個推論。一、想要了解性格結構，最佳方法是研究表現行為而不是因應行為。這一點受到今日被廣泛採用的投射測驗（表現測驗）支持。二、探究何謂心理學，以及什麼是心理學的最佳學習取徑，顯然適應性的、有目的的、有動機的因應行為並非唯一的行為類型。三、我們所做的區分也許對心理學與其他科學的連續性或不連續性有所影響。原則上，對自然世界的研究應該有助於我們理解因應行為，但可能無助於理解表現行為。後者看來更是純粹心理上的，大多有其規則和法則，所以最好是直接研究而不是

4 原注：奧爾波特強烈且正確地強調，「存有」與努力追求一樣，是費力和積極的。他的主張讓本應相對的兩造變成是「努力滿足匱乏」和「努力追求實現自我」，而不是「努力追求」和「存有」。這項修正還消除了一個常見的印象，即認為「存有」、無動機反應和無目的性的活動比因應問題的行為更容易、更不積極和更不費力。這個對自我實現的詮釋具有誤導性，這一點可輕易從貝多芬為自我發展而苦苦掙扎獲得證明。

透過物理和自然科學。

習得和非習得的行為

典型的因應行為是習得的，典型的表現行為是非習得的。我們不需要學習怎樣感覺無助、氣色好、愚蠢或憤怒，但我們通常都要學習才會懂得怎樣組裝書架、騎單車或挑選衣服。這種對比清楚見於成就測驗和羅夏測驗（Rorschach test）。此外，因應行為在沒有獎勵的情況下通常難以為繼，但表現行為經常在沒有獎賞或強化的情況下持續。前者是滿足取向，後者不是。

控制的可能性

內在和外在因素的不同決定作用，也會呈現在對有意識或無意識的控制（抑制、克制、壓抑）的感受度。自發性表現很難用任何方式加以操縱、改變、隱藏或影響。事實上，控制和表現就定義來說是對立的。這道理甚且適用於上面提到的有動機的自我表現，因為那是努力學習怎樣不去控制的產物。

控制寫字、舞蹈、唱歌、講話或情緒反應的方式充其量只能維持一段短時間。監視和批評自己的反應是無法持久的。這種控制遲早都會因為疲勞、分心、注意力轉移或分散而停止，這時更深層、更不自覺、更機械化和性格化的決定性因素會取而代之。（Allport,

1961）嚴格來說，表現不是自願的行為。表現與因應的區別還呈現在前者毋須費力，後者原則上需要做出努力（藝術家是特例）。

不過在此要加上警語。我們很容易犯的一個錯誤是，把自發性和表現性視為是好的，把任何控制都視為是壞的和令人厭惡的。當然，很多時候表現性的行為都讓人感覺更好、更有趣、更充實和更不費力，所以在這個意義下，表現性對於當事人及其人際關係都是有益的，如喬哈德所言（Jourard, 1968）。然而，自我控制或抑制有許多意義，其中一些相當有益和健康。控制未必都意味著阻撓或放棄基本需求滿足。例如，我稱之為「日神化的控制」（Apollonizing controls）就完全不會質疑需求的滿足；它們是通過各種手段使人們享受到更大的滿足，好比說適當的延遲（如性活動）、動作的優雅（如跳舞和游泳）、美學的品味（如選擇食物和飲料）、獨特的風格（如十四行詩），通過儀式化、神聖感和莊嚴感，以及把事情做得完美無瑕而非敷衍了事。

必須重申的是，健康的人並不只是表現性的。他們必須要能夠在想要表現時能夠表現。他們必須要能放開自己。他們必須要能夠甩掉控制、抑制和防衛——每當他們覺得這樣做是對的時候。同樣的，他們必須有能力控制自己、延遲快感來到的時間、彬彬有禮、避免傷害別人、閉上嘴巴和勒住衝動。他們必須能夠表現出酒神的狂歡，也能表現出日神的莊重。他既能耐得住斯多噶式的禁欲，又能沉溺於伊比鳩魯式的享樂。他既能表現，又能因應。他既能克制，又能放任。他既能自我暴露，又能自我隱藏。他既能尋歡作樂，又能放棄歡樂。他既能考慮現在，也能考慮未來。健康或自我實現的人本質上多才多藝。他們比一般人少失去一些人類的能力。他們有一個更大的反應武器庫，向著完滿人性的境界推進。也就是說，它們具備**所有的**人類能力。

對環境的作用

因應行為一般都是出於想要改變世界，通常也會取得或多或少的成功。反觀表現性的行為通常對環境沒有影響；如果產生影響，那並非有計畫或有目的，而是出於無心。

我們可以用一個談話中的人為例。談話是有目的的，例如他是一個銷售員，想要推銷什麼，而他的談話是有意識的為了這個目的而發。但他的談話也許會不自覺地表現出敵意、勢利或傲慢的風格，因此導致他推銷不成。所以，行為的表現層面也許會對環境產生影響，但這種影響不是當事人想要的。他沒有想要讓人覺得他傲慢，甚至沒有意識到自己給人這種印象。當表現產生環境影響力，它們不是有動機和有目的的，只是一種附帶的現象。

手段和目的

因應行為總是工具性的，是一個目的的手段。反過來說，任何手段與目的性的行為（means-end behavior）都必然是因應行為；例外情況是上面討論過的主動放棄因應。

與此相反，各種不同形式的表現行為若非無關手段或目的（例如寫字風格），就是近乎目的自身的行為（唱歌、繪畫或即興演奏）。[5]

有意識或無意識的行為

在最純粹的形式中，表現是無意識的，或至少是沒有充分意識到的。我們通常不會察覺到自己走路、站立、微笑或大笑的方式。當然我們也許會在錄影、錄音或別人的模仿中注意到，但這些都是特殊情況。反觀因應行為，像是挑選衣服、傢俱和髮型等等，一般都是充分有意識的，無意識的情形反而是特例或不尋常。

表現行為的特徵

表現必然相對是無動機和無目的的，不像因應那樣有動機和有目的。較無目的的行為有很多例子，我們會扼要討論。值得指出的是，它們全是相對受到忽略的心理學領域。這

5 原注：在過度實用主義的文化中，工具性的態度甚至能壓倒目的經驗：愛（「那是一般都要做的事情」）；運動（「有助於消化」、「可促進睡眠」）；好天氣（「有利於做生意」）；閱讀（「我應該要跟上時代」）；情感（「難道你想讓孩子發瘋嗎？」）；科學（「國家防禦」）；藝術（「無疑改善了廣告業」）；仁慈（「如果你不仁慈，他們就會使壞」）。

正好說明了眼光受限的科學研究者會創造出一個受限的世界。對一個只是木匠的木匠來說，世界是由木頭構成的。

存有

表現行為通常出現在以下的情況：當人成長和成熟、不汲汲營營、不努力爭取什麼、不忙著改變自己的時候。[6] 作為思考存有的一個出發點，**等待**（waiting）這個概念很有用。曬太陽的貓就像樹木一樣，並不等待什麼。等待往往被認為是浪費時間，這是一種太過手段取向的人生態度的副產品。然而那通常是一種愚蠢、沒有效率和浪費的反應，因為：一、即使從效率的觀點來看，沒有耐性往往也沒有什麼好處；二、即使是手段經驗（means experiences）和手段行為（means behavior）一樣可以讓人享受、品味和欣賞，還不額外收費。旅遊是一個絕佳的例子，這段時間可以被用來作為目的經驗而享受或完全被浪費。教育是另一個例子，一般的人際關係也是如此。

這裡還涉及對浪費時間的概念的某種倒置。對用途取向和有目的性的人來說，一段什麼也沒有達成的時間就是一段浪費掉的時間。雖然這是一個完全正當的用法，但我們也許可以建議另一個同樣正當的用法，那就是把不帶目的經驗和最終沒有被享受到的時間稱為浪費掉的時間。「你樂於浪費的時間並不是浪費掉的時間。」「不是必要的東西反而可能是重要的。」

對於我們的文化無法直接看待目的經驗這一點，一個很好的說明是我們對待漫步、划獨木舟和打高爾夫球等活動的態度。一般來說，這些活動會受到讚美是因為它們被認為可以讓人接近大自然、沐浴在陽光下或走入美麗的環境。本質上，這些都是把無動機活動和目的經驗塞進一個有目的性和實用性的架構，以安撫我們西方人的良知。

藝術

藝術創作多少可以是有目的的（當它尋求溝通、喚起感情或影響他人時），也可以是沒有目的的（當它是表現性而非溝通性，是個人內在的而非人際性的）。表現有時會產生不能預見的人際效果，但這不在我們的討論範圍。

不過以下這個問題卻攸關緊要：有**表現的需求**存在嗎？如果有，那麼藝術表現，連同宣洩和釋放的現象，都像尋求食物和尋求愛那樣是動機所驅動的。我們在前幾章不同地方指出過，證據很快就會逼得我們承認，每當衝動出現時，就會有行動表現的需求。這會導致一個弔詭：**任何**需求或**任何**能力都是一種衝動，也因此會尋求表現。那麼我們是該稱它為一種獨立的需求或衝動，還是視之為**任何**衝動的普遍特徵？

目前我們毋須在這兩個選項中做取捨，因為我們的目的只是要顯示它們都被忽略了。

6 原注：本書第十一章〈自我實現的人〉對此有所描述和分析。

不管何者被證明是最有成效的，我們都得正視無動機的範疇，或是重鑄所有動機理論。

對精於世故者，美學經驗的問題同樣重要。這種經驗是如此豐富且有價值，以致任何否定或忽略它的心理學理論，不管持什麼科學理由，都會被很多人嗤之以鼻。科學必須解釋**所有**現實，不只是解釋它貧瘠和冷酷的部分。美學反應是無用和無目的的，我們對它的動機一無所知，這些事實都只顯示出我們的心理學有多麼貧乏。

從認知的角度來說，即使是美學知覺，和一般認知比起來也是比較沒有動機的。[7]對一個現象的多面向式、非功利性知覺（特別是涉及產生目的經驗的功效而非實用性）是美學知覺的一個特徵。[8]

欣賞

除了美學經驗，還有很多其他經驗是個人被動地接受和享受的。這種享受本身很難說是有動機的，如果一定要說和動機有關，那就是動機活動的目的，是需求滿足的附帶現象。

神祕、敬畏、驚奇和崇拜的經驗，所有這些都是同樣豐富、被動和帶有美學性質的經驗。這些經驗像音樂那樣湧向個人，使他沉浸其中。它們也是目的經驗，是終極性而不是工具性的，完全不會改變世界。如果我們對閒暇（leisure）定義得當，也是同樣情形。（Pieper, 1964）

在這裡可以指出兩種終極的快感。一種是機能快感（function pleasure），一種是活著本身的快感。我們特別能夠在剛剛學會一種新技能並反覆不斷練習的孩子身上看到機能快感，那是一種來自能夠良好發揮身體機能的快樂。至於活著本身的快感，任何病痛纏身的人都可以證實這種終極生物性快感的存在。那是活著和健康所帶來的自動的、未被追尋的和沒有動機的副產品。

遊戲

從遊戲療法和遊戲診斷的文獻，我們已經清楚看到，遊戲既可以是因應性或表達性，也可以兩者兼具。很有可能這個一般性的結論將取代過去提出有關遊戲的各種功能性、目

7 原注：本書第十七章會討論到，範疇化知覺充其量是片面的，不能算是檢視一個目標的全部屬性，只是根據那些對我們來說有用、與我們利益攸關、能滿足需求或是會威脅需求的少數屬性進行歸類。

8 原注：「大腦能夠使人做出選擇：它能夠實現那些有用的記憶，把那些無用的記憶保留在意識的較底層。知覺也是這樣。為了幫助我們採取行動，它把我們感興趣的那部分現實單獨拉出來，它向我們展現的主要不是事物本身，而是事物對我們的用處。它事先進行分類，給它們貼上標籤，我們幾乎不去觀察，只要知道它屬於哪一個範疇就夠了。但是時常十分幸運、十分偶然地會出現這樣一些人，他們的感官或意識不那麼依附於生活，造物主似乎忘記把他們的知覺官能連結到行動官能。當他們觀察事物時，他們看見的是事物本身，完全無涉個人利害。他們進行知覺的目的並不純粹是為了行動，他們是為知覺而知覺，並不想得到什麼，只是為了從中取得樂趣。在他們本性的某方面（不管是意識還是感官），他們生來就是超越的，不論是感官或意識。就此而言，他們是畫家、雕塑家、音樂家或詩人。因此，我們在各種不同藝術中看到的是一幅更為直接的現實圖景。正因為藝術家不那麼熱中於利用他的知覺，所以他能比一般人知覺到更多東西。」（Bergson, 1944, pp.162-163）

的性和動機性的理論。由於沒有什麼可以阻止我們對動物採取因應和表現的二分法，我們同樣可以合理期待對動物的遊戲會出現更有用和更實際的詮釋。我們要做的只是打開這個新的研究領域，承認遊戲有可能是無用和無目的的，是一種存有的現象而不是要努力追求什麼，是目的而非手段。同樣情形也適用於笑、歡鬧、娛樂、嬉戲、狂喜和幸福感等等。

知性表現

知性表現（意識形態、哲學、神學、認知等等）是另一個抗拒官方心理學工具的領域。部分是因為自從達爾文和杜威之後，思想一般被認為是用來解決問題，亦即是功能性和動機性的。但是過著美好生活的健康人，他們的思考也許就像知覺一樣，是自發和被動地接收或產生，是有機體的本質和存在的一種無動機、不費力和快樂的表現，是讓事情自己發生而不是導致它們發生，一如花朵的香氣和樹上的蘋果那樣。

第二部

心理病態和正常狀態

PSYCHOPATHOLOGY AND NORMALITY

第七章

病態的起源

迄今所勾勒的動機概念包含一些理解心理病態起源的重要線索，也可以幫助我們理解挫折、衝突和威脅的性質。

幾乎所有致力於解釋心理病態如何發生以及如何持續的理論都極為仰賴挫折和衝突的概念。有些挫折會導致病態，有些卻不會；有些衝突會導致病態，有些卻不會。為了解開這個謎團，我們有必要訴諸基本需求理論。

剝奪與威脅

在討論挫折的時候，很容易陷入把一個人分成不同部分來看的錯誤；有人會論及受挫的嘴、受挫的胃或受挫的需求。千萬要記得，會受挫的總是作為一個整體的人，而非人的某個部分。

有了這個概念，一個重要區分就昭然可見，那就是**剝奪**和**對人格的威脅**兩者的差別。挫折的一般定義是得不到想要的東西，一種渴望或一種需求受到妨礙。這種定義未能區分對有機體來說不重要的剝奪（很容易被取代、沒有嚴重後果的）以及對人格來說是種威脅的剝奪，也就是說會威脅到當事人的人生目標、防衛系統和自尊及自我實現等基本需求。我們主張，只有威脅性的剝奪才具有往往被歸因於挫折的多種後果，通常都是令人不快的後果。

一個目標物對個人也許具有兩種意義。首先它有著內在意義，再者則是象徵價值。所以，對某個被剝奪去他想要的蛋捲冰淇淋的小孩，他只是失去了一個蛋捲冰淇淋；但對另一個被剝奪去蛋捲冰淇淋的小孩，他感受到的不只是失去口慾滿足，還有被剝奪了母親的愛，因為她拒絕買冰淇淋給他。對後者而言，冰淇淋不只具有內在價值，還承載著心理價值。被拿走冰淇淋對健康的人來說無關痛癢，說他受到了挫折不免讓人懷疑，因為挫折應該指的是更有威脅性的剝奪。唯有當代表愛、尊重和其他基本需求的目標物受到剝奪時，才會產生一般被歸因於挫折的不好後果。

我們可以在某些動物群體和某些情境中，清楚證明一個目標物具有雙重意涵。例如，證據顯示，當兩隻猴子處於主從關係時，食物除了是充飢物，也是地位的象徵。所以當地位較低的猴子企圖撿起食物，馬上會被地位高的猴子攻擊。然而，如果牠能夠解除食物所象徵的支配價值，支配者就會允許牠吃。這一點很容易從順服的姿態看得出來，好比說表現出性服從，彷彿是說：「我只是想吃飽填肚子，不想挑戰你的地位，我樂意服從你的支配。」同樣的，我們也許會以兩種不同方式對待朋友的批評。遇到批評，一般人會覺得受到攻擊和威脅（這不無道理，因為批評往往是一種攻擊），以憤怒的方式做出回應。但如果他確定對方的批評不是一種攻擊，他不只會聆聽，甚至會表示感激。如果有足夠證據證明朋友愛他和尊重他，批評就只會代表批評，不代表攻擊或者威脅。（Maslow, 1936, 1940b）

忽略這種區別在精神病學圈引起了許多不必要的混亂。一個反覆出現的問題就是：性剝奪必然會引起全部或部分的挫折效果（例如侵略性和昇華[1]）？現在我們都知道很多例子顯示，獨身不會造成心理病態的後果。不過在其他不少例子中，卻有不好的效果。是什麼因素決定了會不會出現不好的結果呢？對非精神官能症病患所做的臨床研究顯示，唯有當性剝奪對當事人來說代表被異性拒絕、自卑、缺乏價值和尊重，以及其他基本需求受挫，才會產生嚴重的心理病態。對於不認為性剝奪具上述意涵的人來說，這種剝奪相當容易忍受。

童年時期不可避免的剝奪，一般也被認為是挫折性的。斷奶、排便控制、學習走路和幾乎每一個新的適應，都是透過強迫而達成。但是剝奪和對人格的威脅之區分提醒我們要謹慎以對。觀察那些完全相信父母愛他們且尊重他們的小孩，有時會發現他們對剝奪、管教和懲罰相當處之泰然。如果孩子不認為這些剝奪會威脅到他們的基本人格、人生目標或需求，就很少會帶來挫折的效果。

由此觀之，威脅性的挫折現象更關乎威脅性的情境，而非剝奪。挫折的典型效應也經常在其他種類的威脅中出現，包括創傷、衝突、大腦皮質受損、嚴重疾病、人身威脅、死亡迫近、羞辱或劇烈痛楚。

這些考量帶我們來到最後一個假設，那就是挫折作為單一概念的效用不及以下兩個交錯的概念：一、非基本需求被剝奪；二、對人格的威脅，也就是對基本需求或與之相關的因應系統的威脅。剝奪的含義比挫折的一般概念少很多，而威脅的含義又更多。剝奪不是心理病態成因，威脅是。

衝突與威脅

正如同挫折的概念，衝突的概念可以用威脅的概念來解釋。我們會看到好幾種不同類型的衝突。

「不過就是選擇的問題」是最簡單意義下的衝突。每個人的日常生活中都充滿這類選擇，這類選擇和下一類要討論的選擇有一個分別，前者是指選擇通往同一個目標的不同道路，而這個目標對個人來說相對不重要。對這類選擇的心理反應幾乎從來不會是病態性的。事實上，大多數時候當事人在主觀上完全沒有衝突感可言。

另一類衝突是這樣的：目標本身是重要的，有不同的方法可以達到目標。目標本身並沒有受到危害。目標的重要性當然是由每個人所決定，對一個人來說重要的目標，對另一個人來說也許不重要。當決定做成，衝突感顯然就會消失。不過當目標極為重要時，在選擇路徑上的衝突也許會很激烈。

1 編按：sublimation，指將不被社會接受的動機、慾望加以改變，以更好、更正向、更符合社會標準的方式表現出來。

所謂的威脅性衝突，本質上不同於上述兩類衝突。它仍然是一個選擇的情境，但要取捨的是兩個同樣重要的目標。這時候做出選擇往往無法擺平衝突，因為選擇意味著放棄一個幾乎和被選擇者一樣必要的目標。放棄一個必要的目標或一種需求滿足是具有威脅性的，就算做出選擇以後威脅效應還是會持續存在。簡言之，這種選擇只會導致一個基本需求長期受挫。而這是致病性的。

災難性衝突（catastrophic conflict）也許更適合稱為沒有替代選項或選擇可能性的純粹威脅。就此而言，所有選擇就其效果來說同樣都是災難性或威脅性的。在這種情境下，只有延伸衝突一詞的意義，才可以稱為衝突的情境。這種情形可見諸於幾分鐘內將要被處決的人，或者面對無處可逃或無法反擊而不得不做出對自己不利選擇的動物，就像各種動物神經實驗中可以看到的情況。（Maslow, 1939）

從心理病態的角度出發，我們必然會得到與分析挫折同樣的結論：一般而言，有兩種衝突情境或衝突反應，一種沒有威脅性，一種有威脅性；前者較不重要，因為它們一般不會致病，但威脅性衝突則相當重要，因為它們常常會致病。[2]再一次，與其說是衝突感引發了症狀，不如說是威脅或威脅性衝突，因為某些種類的衝突並不會引起症狀，還有一些衝突事實上會強化有機體。

接著我們就可以對心理病因的各種概念重新進行分類。首先討論剝奪，接著討論選擇，再想想它們的非致病性，所以對心理病態的研究來說並非重要概念。重要的不是衝突或挫折，而是兩者本質上的致病特徵，也就是對有機體的基本需求和自我實現的挫折威脅或實際阻礙。

威脅的個別定義

動力理論和各種具體實驗結果都顯示，有必要個別定義威脅，不能只是根據整個物種的基本需求來定義一個情境或一種威脅，而是要考量個人面對的特定問題。挫折和衝突常常都是根據外在環境的情況來定義，不是以個人對於這些外在環境的內在反應或知覺來定義。再一次必須指出，創傷性的情境不同於創傷的感覺，前者也許具有心理上的威脅性，但**不必然**如此；如果處理得當，它甚至對個人具有教育性和強化性。

我們怎麼知道某個情況是不是會被視為一種威脅？對人類來說，任何足以描述整體人格的方式（例如精神分析）都能夠輕易做出判定。這些方法讓我們知道一個人需要什麼、缺少什麼，以及什麼讓他感到害怕。健康的成人比一般人或患有精神官能症的成人較少感受到外在環境的威脅。必須記住，雖然健全的成人是源自童年時期不受威脅或成功克服威

2原注：威脅並不總是致病的：對於威脅，有健康的因應方式，亦有精神官能症或思覺失調的解決方法。另外，一個看似威脅的處境並不一定會讓個人產生心理威脅的感覺。一次轟炸或一個生命威脅也許並不比十公里外一個陌生人所受到的不公對待更有威脅性。此外，威脅有時會有強化效果。

脅，但隨著時間推移，他對威脅也會愈來愈有免疫力，例如，要打擊一個充滿自信的人很難；對一個感受到足夠的愛且覺得自己值得被愛的人，失去愛不是重大威脅。功能自主的原理再次適用於此。

從動力理論必然會導出的最後一點是，威脅的感覺本身是對其他反應的一種動力刺激。要對威脅有完整的理解，我們必須知道威脅感會導致什麼、它會讓當事人做什麼、當事人會對威脅產生什麼反應。在精神官能症的理論中，理解威脅感的性質和個人對這種感受的反應是絕對必要的。

創傷和疾病作為一種威脅

威脅的概念包括一些既不屬於衝突也不屬於威脅的現象；這裡是指一般意義下的衝突和威脅。某些嚴重的疾病可能導致心理病態。一個患有嚴重心臟病的人常常會表現得彷彿備受威脅。對小孩來說，生病和住院除了是剝奪，還經常構成直接的威脅。

我們還可以把常見且嚴重的精神創傷的效應，納入既非衝突亦非挫折的威脅效應清單。經歷嚴重意外的人也許會認為自己不是命運的主人，死亡總是近在咫尺。面對如此難以掌控且具有威脅性的世界，有些人會對自己的能力（甚至是最簡單的能力）失去信心。其他較輕微的精神創傷當然威脅性比較低。我們有理由預期這類反應會更常出現在性格結構更容易感受到威脅的人。

死亡迫近，不管是出於任何原因，同樣會（但不一定如此）讓我們陷入一種備受威脅的狀態，因為我們可能會喪失了基本自信。當我們覺得無法處理問題，當環境令人難以承受，當我們不能主宰自己的命運，當整個世界或自己已然失控，我們當然會感受到威脅。「無計可施」的各種情況偶爾也會讓人備感威脅。劇烈的疼痛大概也屬於這個範疇，因為似乎怎麼做都沒有用。

我們可以擴大這個概念，包含一般被歸類在另一個不同範疇的現象。例如，突如其來的強烈刺激、無預感的墜落、失足、任何無法解釋或不熟悉的事物、生活常規或節奏被打亂，這些情形不只會引起孩童的情緒反應，還會讓他們有被威脅感。

當然也必須談到威脅的最核心，也就是基本需求的剝奪、受挫或危害（羞辱、排斥、孤立、失去威望、失去力量）。這些全都是直接的威脅。此外，能力的誤用或不使用也會直接威脅到自我實現。最後，對後設需求或存有價值的危害會威脅到高度成熟的人。

自我實現受限作為一種威脅

我們可以像戈德斯坦那樣（Goldstein, 1939,1940），把大部分人的威脅經驗理解為會抑制或行將抑制我們邁向終極自我實現的情境。這種強調對現狀的破壞、乃至對未來的破壞，會產生很多嚴重的後果。舉例而言，我們可以引用弗洛姆的革命性概念「人本良心」（humanistic conscience）：知覺到自己偏離了成長或自我實現的道路。這個概念凸顯了佛洛伊德派的超我概念的不足以及相對主義。

我們應該注意，**把威脅等同於抑制成長**的做法創造出一種可能性，也就是此刻在主觀上不具威脅性的一個情況，在未來會有威脅性或抑制成長。孩童現在渴望那些可以讓他們愉悅、平靜和感激的滿足，但這些滿足將來卻會抑制成長。一個例子是，對孩子千依百順的父母養成心理偏差的孩子。

病態的起源

把心理病態的原因等同於不良發育所產生的另一個問題源自其一元論特性。我們向來以為所有或大部分的疾病都是來自單一源頭，也就是說病態的原因是一元而非多元的。那麼個別的症狀從何而來？大概不只是病因，就連精神病學都是單一的。正如荷妮所主張的，我們根據醫學模型談論的不同個別症狀，只是深層的普遍疾病的表象和個人獨特的反應。（Horney, 1937）針對安全感所進行的S-I測驗（Maslow, 1952）就是奠基於這樣的基本假設，而且迄今看來都算成功，能夠分辨出患有一般心理疾患的人，而非僅是癔病、疑病症或焦慮精神官能症者。

由於我們的目的只是指出這個病因理論產生的問題和假設，所以尚且未針對這些假設做進一步探討。僅僅要強調其一元和簡化的可能性。

總的來說，以下的情形皆具有威脅性：基本需求和後設需求（包括自我實現）受挫的威脅或實際受挫；這些需求的條件受挫；生命本身受到威脅；有機體的整合受到威脅；對世界的基本掌控受到威脅；終極價值受到威脅。

不管我們如何定義威脅，有一個面向必然不能忽略：一個終極的定義，不管它包括什麼，都必須論及人的基本目標、價值和需求。這表示任何心理病態成因的理論都必須奠基於動機理論。

第八章

破壞性是一種本能嗎？

從表面上看，基本需求（動機、衝動、驅力）並非不好的或罪惡的。一個人渴望獲得食物、安全感、歸屬感、愛、社會認同、自我肯定和自我實現原本無可厚非。事實上，大部分文化中的大部分人都會認為這些需求（表現為不同的外在形式）是值得追求與可貴的。即使採取最嚴謹的科學立場，我們仍然必須說它們是中性而非有害。類似情形亦適用於人類物種獨有的多數或所有能力，像是抽象思考、使用語法、建構哲學的能力等等。至於渴求卓越、真理、美、規律性、簡單性之類的後設需求，在已知的大部分文化中幾乎不可能被認為是不好的。

因此，人性和人類的物種性本身並無法解釋大量出現在我們世界、人類歷史或內在於我們個別性格中大量的惡。確實，就我們所知，我們已經能夠把許多我們稱之為惡的事物歸咎於身體的疾病、人格、無知和愚蠢、不成熟，以及糟糕的社會和制度性安排。但我們不敢說我們知道的究竟有多少。我們知道惡是可以透過健康和治療、知識和智慧、年齡和心理的成熟、良好的政治經濟和其他社會制度而改善與減少。但是可以減少多少？這些手段有可能把惡減到零嗎？現有的知識已足夠讓我們主張說，人性在根本上和生物學上並非惡的、有罪的、歹毒的、凶暴的或殘忍的。但我們不敢說人類完全沒有做壞事的類本能傾向，顯然目前沒有足夠的已知去做出這種論斷，而且至少有一些牴觸這種主張的證據存在。不管如何，同樣清楚的是，這類知識是可得的，而這類問題可以透過適當擴充的人本主義科學來加以解答。（Maslow, 1966; Polanyi, 1958）

本章以經驗取徑探討所謂善惡的一個重要問題。雖然並未試圖做出定論，卻提醒我們有關破壞性（destructiveness）的知識儘管尚未有最終解答，業已進展可期。

動物

首先，我們確實可以在一些動物身上觀察到原始侵略性；不是所有動物，甚至也不是很多動物。有些動物看似為殺戮而殺戮，牠們表現的侵略性沒有可見的外在原因。闖進雞舍的狐狸會殺死超過牠所能吃下肚的雞隻，貓愛捉弄牠們抓到的老鼠更是出了名。公鹿和其他處於發情期的有蹄類動物會主動挑釁，有時甚至不惜拋棄伴侶。在很多動物身上（哪怕是較高等者），顯然本質上隨著年齡增長就會讓牠們變得較為邪惡，本來溫和的動物會無緣無故發動攻擊。對許多不同物種來說，殺戮都不只是為了得到食物。

一個研究白老鼠的知名實驗顯示，有可能培育出具有侵略性和凶殘的老鼠。凶殘的傾向（至少在這個物種身上）可以主要是由遺傳決定的行為。讓其更可信的是，研究者發現，野性凶殘的老鼠的腎上腺要比溫和馴服的老鼠大得多。基因學家也能夠把其他物種培養得更加溫馴。這類例子讓我們可以採用所有可能的解釋中最簡單的一種：我們看見的行為是來自特定種類的動機，是由遺傳驅力所驅動的。

然而，有很多其他乍看是原始的惡，經過仔細分析後會發現並非如此。對動物和人類皆然，侵略性可以由很多方式、在很多情境中被激起。舉例而言，一個稱為「地盤性」（territoriality）的決定因素可以透過築巢的雀鳥來說明。（Ardrey, 1966）當牠們選擇好養育後代的地點之後，就會攻擊任何進入巢穴範圍內的鳥。但牠們只會攻擊闖入者，不會攻擊其他鳥類。也有些動物會攻擊所有其他動物，連同類也不例外，只要對方沒有「我群」的氣味和外觀。例如，吼猴之間會形成緊密的合作關係，想要加入群體的任何其他吼猴都會被攻擊，不過如果牠逗留的時間夠久，最後就會成為群體的一員，反過來再攻擊其他外來者。

研究發現，愈是高等的動物，牠的攻擊性愈是和支配的動機有關。這些研究過於複雜無法在此詳述，但值得一提的是，這種支配性和侵略性具有功能價值或生存價值。一隻動物在一個層級結構中的地位，是由牠表現出來的侵略性所決定，而這個地位又決定了牠能夠得到多少食物，以及會不會有配偶和其他生物性滿足。牠們表現出的凶殘幾乎都是為了證明自己的支配地位或推翻其他同伴的地位。這個道理在多少程度上適用於其他物種尚無定論，但我頗為相信，地盤性、攻擊外來者、對雌性的壟斷性保護、攻擊弱病者，以及其他經常是透過內在侵略性來解釋的現象，更多是以支配為動機，而不是本來就有的侵略性使然。這樣的侵略性也許是一種手段行為，而非目的行為。

對猿類的研究顯示，牠們的侵略性愈來愈不原始，愈來愈是衍生性、反應性和功能性的，愈來愈是針對整體動機、社會力量和直接環境因素的可理解的反應。研究最接近人類的動物黑猩猩時，人們更是發現牠們沒有任何行為是為了凶殘而凶殘。牠們討人喜愛、合作又友善，在某些群體中甚至完全不見出於任何理由的殘忍侵略性。大猩猩的情形與此類似。

當然，我們對於用動物來推論人類的情形總是應該保持戒心。不過如果接受了這個論證，那麼我們就必須承認：當我們觀察最接近人類的動物時，會發現牠們的行為和我們通常以為的相反。如果人類帶有動物的基因，那必然主要是猿類的基因，而猿類的合作本性大於侵略性。

這是偽科學思維的典型例子，可以被稱作「不當的動物中心主義」。要製造這種錯誤，第一步是建構一個理論或者一種偏見，然後從整個演化史中選擇最能夠證明這種理論或偏見的動物。其次，我們必須對於所有不符合理論的動物行為視若無睹。例如當一個人想證明本能的破壞性存在，就必須以狼為例而非兔子。第三，我們必須忘記，如果我們是研究從低到高的整個演化趨勢，而不是挑選自己最喜歡的物種，就會清楚看見一個發展趨勢。例如動物愈是向著高等發展，口味會變得愈來愈重要，純粹的飢餓變得愈來愈不重要。另外，變異性也會增加，從受精到成年階段的間隔會愈來愈長，也有例外情況。更重要的是，反射、荷爾蒙和本能會變成愈來愈不重要的決定因素，逐漸受到智力、學習和社會決定所取代。

我們可以把從動物而來的證據總結如下。首先，用動物的情況來推論人的情況總是一件危險的工作，必須十分小心謹慎。其次，原始和遺傳的破壞性或侵略性傾向確實可以在一些物種身上看到，不過數量比多數人以為的要來得少，在某些物種身上甚至找不到侵略性。第三，分析動物的侵略性行為以後，會發現它們常常是針對不同決定因素的繼發性、衍生性反應，不是侵略性本能的表現。第四，動物愈是往高等發展和愈是接近人類，具有原始侵略本能的證據就越薄弱。到了猿類，這種本能看來完全不見了。第五，如果我們仔細研究人類的近親猿類，幾乎找不到原始侵略性的證據，只有大量友好、合作、甚至利他主義的證據。現在研究動物行為的學者普遍同意，大部分的肉食性動物殺死獵物只是為了取得食物而不是嗜殺成性，就像我們殺牛只是為了牛排而不是好殺。這一切最終意味著，從今以後，對於任何主張人是因為動物性的驅使而進行侵略或破壞的演化論觀點，我們都必須加以懷疑或拒絕。

兒童

對兒童的觀察和實驗研究有時看似一種投射法，一種可以將成人的敵意投射其中的羅夏墨跡測驗。我們聽到大量有關兒童天生自私和具有破壞性的說法。這方面的論文遠多於談合作、善良和同情心的文章。此外，後者雖然在數量上本來就比較少，普遍來說還是會被忽略。心理學家和精神分析學家往往把嬰兒看成小惡魔，與生俱來原罪和心懷惡意。這樣的想像當然是錯的。可惜這個領域缺乏科學材料。我的論證只是奠基於幾個卓越的研究，特別是墨菲（L. Murphy）對兒童同情心的研究。（Murphy 1937）不過即使證據有限，看來也足以讓人懷疑以下這個說法：兒童是具有原始破壞性、侵略性和敵意的小動物，必須靠管教和懲罰才能把少許的善性灌注到他們身上。

實驗的和觀察到的事實顯示，正常的小孩確實像人們所說的，常常有著原始的敵意、破壞性和自私心理。不過更多時候他們也會表現出慷慨、願意合作和不自私的態度。決定兩種行為相對頻率的主要原則似乎是，當兒童缺乏安全感，當愛、歸屬和自尊的需求受到根本性阻礙和威脅時，他就會更常表現出自私、仇恨、侵略性和破壞性。反觀那些受到父母愛護和尊重的小孩，破壞性應該也比較少；證據也顯示確實如此。這表示他們的敵意是反應性、工具性和防衛性的，而不是本能的。

當我們觀察一個健康和備受關愛的孩子，比方說一歲大的嬰孩，我們很難看見他身上有著可以稱為邪惡、原罪、施虐癖、惡毒、以傷害為樂、破壞性和蓄意殘忍的成分。相反的，長期觀察會看到不同事實。我們在自我實現者身上找到的每個人格特質都可以在這樣的嬰兒身上看到，當然知識、經驗和智慧除外。嬰兒會那麼討人喜愛，原因即在於此。他們在人生的頭一兩年沒有可見的邪惡、仇恨或惡毒。

至於破壞性，我非常懷疑在正常的孩童身上，它會是一種破壞性驅力的直接表達。一個又一個看似是破壞性的案例，經過仔細檢視之後都發現另有蹊蹺。如果一個小孩拆開了鬧鐘，在他眼中他並不是在破壞鬧鐘而是在檢查鬧鐘。如果我們硬要說有什麼原始驅力驅使他這麼做，那應該是好奇心而不是破壞性。在一個抓狂的媽媽眼中很多屬於破壞性的行為，其實除了是好奇心的表現，有時還是活動、遊戲、能力和技能的練習，甚至是創造性的發揮，例如一個小孩把父親寫好的稿子剪成漂亮的碎片。我不太相信孩子會為了找樂子而蓄意破壞。可能的例外是病態的例子，例如癲癇和腦炎後遺症的患者，但即便是在這些所謂的病態個案，我們也不確定其破壞性是否是對某種威脅的回應。

手足敵意（sibling rivalry）是一個特別且有時讓人困惑的情況。一個兩歲小孩可能會對剛出生的弟弟充滿危險的侵略性。有時這種敵意會以非常童稚和直接的方式表達出來。一個合理的解釋是，兩歲小孩無法明白母親可以同時愛兩個小孩；他不是為傷害而傷害，而是為了留住母親的愛。

另一個特殊例子是心理病態人格，他們的侵略性常常看來是沒有動機的，也就是說看來是為了傷害而傷害。在此必須借助潘乃德提出的一項原則，用以解釋為什麼安全的社會會投入戰爭。（Benedict, 1970）按她的解釋，一群健康和安全的人不會對廣義上是他們兄弟的另一群人懷有敵意或侵略性，但如果某一群人不被看成是人類，那麼健康、有愛心和善良的人們一樣可以毫無內疚地殺死他們，就像是殺死惱人的昆蟲或者為了取得食物而殺死動物。

這有助於理解心理變態者的行為。他們對其他人類沒有愛的認同，因此能夠隨意傷害、甚至殺死對方，就像殺死有害的動物。有些小孩的行為之所以看似殘忍，極有可能同樣是因為他們還沒有成熟得足以進入人際關係，所以缺乏愛的認同。

最後還有頗具重要性的語義學考量。簡單來說就是侵略性、敵意和破壞性都是成人的字眼，其意義只和成人有關而無關乎小孩，不應未經修正或重新定義就套用在小孩身上。

例如，兩歲的孩子們可以在同一個地方各自玩耍而沒有互動。即使他們確實發生自私或侵略性的互動，其性質也和十歲小孩之間的關係不同。他們也許只是沒有意識到對方的存在。如果其中一個小孩強行把一件玩具從另一個小孩手上搶走，他有可能只是覺得自己是把玩具從一個東西裝得滿滿的箱子裡拔出來，而非成人的自私侵略性。

一個正在喝奶的嬰兒因為媽媽把奶頭從他嘴巴拔出來而大哭，一個三歲小孩打媽媽，一個五歲小孩尖聲高喊說：「我希望你死掉！」一個兩歲的小孩不斷用拳頭打剛出生的弟弟——在所有這些情況中，我們都不應該把小孩當成大人，不應該把他們的反應詮釋為大人的反應。

大部分這類行為若放在孩童的觀點去看，必須被視為反應性的。也就是說，它們有可能是出於失望、被拒絕、孤單、害怕、不被尊重或害怕失去保護（基本需求受挫或受挫之虞），而非出自仇恨或傷害的遺傳驅力。至於這種反應性解釋能否說明所有破壞性行為，目前所知尚且難以回答。

人類學

探討比較性的資料或可藉由民俗學而獲得強化。即使對民俗學的材料只是匆匆一瞥，我們也會發現在現存的所有原始文化中，侵略性或破壞性的比例未定，從零到百分百不等。例如阿拉佩什人（Arapesh）就非常溫和友好，沒有侵略性，有時必須用盡方法才找到一個足夠自信的人來組織儀式慶典。但在另一個極端上，我們也可以看到楚科奇人（Chukchi）和多布人（Dobu）之類的人種，他們充滿仇恨，讓人不禁懷疑他們怎麼沒有因為自相殘殺而滅絕。當然以上都是就外在觀察到的行為而論。我們仍然懷疑這些行為底下是不是有什麼無意識的動機。若有的話，這些行為就和我們**看見**的不一樣。

顯然人類的侵略性或破壞性水平不必然向一般美國社會看齊，更遑論和世界其他地方一樣。人類學的證據讓我們完全有理由認為，見於人類身上的破壞性和殘忍是基本需求受挫或受威脅的一種繼發性和反應性後果。

臨床經驗

心理治療的一般經驗顯示，暴力、憤怒、仇恨、破壞性欲望和報復衝動大量存在於幾乎每個人身上，儘管有時候不是明顯可見，而是潛伏在表象下。有經驗的治療師不會相信那些聲稱自己沒有感受過仇恨的人的說法，他們會假定當事人只是把仇恨壓抑下來。他們預期在每個人身上都找得到仇恨。

然而，從一般治療經驗中亦可見，讓一個人暢談自己的暴力衝動具有宣洩作用，可以減低它們的出現頻率，去除極端焦慮、不符現實的成分。通常所謂成功治療（或成長和成熟）的結果，是讓當事人可以更接近自我實現者的狀態：一、敵意、仇恨、暴力、破壞性和侵略性的次數遠少於一般人；二、他們**沒有**失去憤怒或侵略性，但這些情緒會轉化為對剝削的反抗，對不公義的義憤，換言之是從不健康的侵略性變成健康的侵略性；三、更健康的人看來較不害怕自己的憤怒和侵略性，所以表現時更為完整。暴力有兩種對立面：可以是暴力和少一點暴力、控制暴力或努力變得不暴力；也可以是健康的暴力和不健康的暴力。

不過這些「資料」並未解決我們的問題。佛洛伊德和他的忠實追隨者主張暴力是本能性的，而弗洛姆、荷妮和其他非佛洛伊德派則認為暴力完全不是本能的。

內分泌學和遺傳學

任何想要完整了解暴力起源的人，亦必須查閱內分泌學家累積的資料。在內分泌學的素材中，低等動物的情形同樣比較簡單。性荷爾蒙、腎上腺激素和腦垂體激素毫無疑問是侵略性、支配性、被動性和野性的決定因素。但因為所有內分泌腺都是相互影響的，所以這些資料有時非常複雜，需要專門知識才能弄懂。人類的情形尤其如此，資料更加複雜，但是萬萬不可忽視。這些資料再次證明了，男性荷爾蒙與自我肯定、戰鬥的意願和能力有關。有些證據顯示，不同人分泌不同比例的腎上腺素和非腎上腺素，而這些化學物質決定了個人傾向於戰鬥還是逃跑。心理內分泌學，一門新興的跨學科科學，毫無疑問將會帶給我們更多有關這方面的知識。

來自遺傳學的資料，即有關染色體和基因的資料，顯然具有特殊的相關性。例如，研究發現，具有雙重男性染色體（雙重男性遺傳基因）的男人大多無法控制自己的狂暴，這讓純粹的環境決定論無法成立。換言之，即使在最和平的社會，有最完美的社會和經濟條件，有些人仍然會因為自己的遺傳構成而十分暴力。這個發現當然會引出那個受到很多討論但尚未有最後解答的問題：雄性，特別是青春期的雄性，是否需要一些暴力，需要和別人戰鬥？有些證據顯示確實如此；不只成人如此，嬰兒也是，甚至連小猴子也是。這種情況有多少程度是本質因素或非本質因素，必須等待未來的研究來論定。

理論考量

正如我們所見，普遍認為破壞性乃是一種繼發性或衍生性的行為，而非原始的動機。

在人類，這意味著破壞性行為幾乎總是另有原因的，是對於其他事態的一個回應，是一種產物而不是根本來源。與此相反的觀點則認為，破壞性行為整個或部分是某種破壞性本能的直接和原始的產物。

在任何這類討論中，最重要的區分是動機和行為。行為由很多力量決定，內在動機只是其一。簡言之，任何行為決定因素的理論都必須至少包含對以下三者的研究：性格結構、文化壓力、直接情境。換言之，內在動機只是研究行為決定因素的三個主要領域之一。理解這一點之後，就可以把我的問題重新表述如下：破壞性行為是怎樣被決定的？破壞性行為的唯一決定因素是某種遺傳的、預定的、特定的動機嗎？這些問題當然可以在先驗的基礎上得到回答：所有可能的動機加在一起，更遑論某種特殊的本能，都無法決定侵略性或破壞性的出現。文化必然牽涉其中，行為所存在的直接情境也必須被考慮進來。

還有另一種方式可以陳述這個問題。人的破壞性行為顯然有許多源頭，所以談論某種單一的破壞性驅力是荒謬的。我可以舉幾個例子來說明。

破壞性也許偶爾會出現在一個人清除通往目標的障礙物時。當一個小孩賣力取得某件位於遠處的玩具時，不太會注意到自己踩壞了其他玩具。

破壞性可以作為對基本威脅的伴隨性反應。所以當基本需求受到威脅，當防衛或因應系統受到威脅，人就很容易會以焦慮和敵意做出反應。這表示我們可以預期敵意、侵略性或破壞性行為會常見於這類反應中。這是一種終極的防衛性行為，是為了反擊，而不是為攻擊而攻擊。

對有機體的任何損害或知覺到功能退化，都會在沒有安全感的人身上激起類似的被威脅感，因此我們有理由預期他們會表現出破壞性行為。很多腦傷的案例就是如此。病患設法透過各種非常手段來維持自己搖搖欲墜的自尊。

引起侵略性行為的另一個原因常常被忽略，要不就是表述得不夠精確，那就是當事人對生活採取獨斷的態度。如果一個人**真的**生活在叢林裡，那叢林裡所有動物必然分為兩類：一類是他能夠吃的，另一類是他不能吃的。這時候做出侵略性的行為就會成為一件聰明和合邏輯的事。那些被形容為獨裁主義者的人必然常常不自覺地把世界視為一座叢林。對他們來說，最好的防衛就是攻擊，所以他們傾向在無明顯理由下發動攻擊。他們的整個反應都是沒道理的，除非你了解他是因為預期別人會對他做出攻擊。還有其他很多眾所周知的防衛性敵意的形式。

施虐和受虐的反應已經有了很好的分析，讓我們明白看起來簡單的侵略性行為背後事實上有著非常複雜的動力因素。這些因素讓那些訴諸某種敵意本能的解釋顯得過於簡化。同樣道理也適用於想要支配別人的強大驅力。荷妮的分析清楚顯示，在這個問題上訴諸本能解釋沒有必要。（Horney, 1939）第二次世界大戰告訴我們，幫派匪徒的攻擊和義憤之士的防衛[1]從心理學上來說是不一樣的。

這份清單很容易再作擴充。上述幾個例子只是為了說明破壞性行為常常是一種症狀，是由很多不同因素導致。如果想要真正理解其中的關係，就必須警覺到這些行為雖然看起來一樣，事實上卻是源自不同的來源。動力心理學家不是照相機或錄音機，他除了想知道發生了什麼事，還有興趣知道事情為什麼會發生。

破壞性：發自本能還是習得的？

我們還可以引用歷史學、社會學、管理研究、語義學、醫學病理學等等的資料，以及政治學、神話學、心理藥理學和其他來源的資料。但有一點無庸置疑，我們在本章一開始提出的那些問題是經驗性的問題，也因此可預期它們可以透過進一步的研究獲得解答。當然，整合來自很多不同領域的資料讓團隊研究變得可能，甚至是必要。無論如何，上述的資料取樣已經足以讓我明白，應該拒絕那種非黑即白的兩極化，不要把破壞性完全歸因於本能、遺傳和生物命運，也不是完全由環境、社會力量和學習所決定。遺傳決定論和環境決定論的爭執早就應該結束了，但迄今尚未平息。破壞性的決定因素是多元的。即使是現在，顯然在這些決定因素中還必須納入文化、學習和環境。較不確定的則是生物決定因素是否也扮演重要角色。至少，我們必須接受暴力是不可避免的，是人類本質的一部分，哪

1 譯按：分別指軸心國和同盟國。

怕這只是因為基本需求有時注定會受到挫折；而我們知道，按照人類的心理構成，暴力、憤怒和報復是這類挫折常見的後果。

我們不必在全部本能和全部文化之間取捨。本章的立場超越這種二分法。遺傳或其他生物決定因素並非全有或全無。它們的作用是程度的問題，是多一點或少一點的問題。證據顯示，人類的暴力行為同樣有著生物和遺傳性因素，但在大部分個人身上，它們的作用大多相當微弱，往往會被習得的文化力量給壓制。它們不只微弱，還是破碎，不是在低等動物身上看到的那種完全的本能。人類並沒有本能，但他們確實有著本能殘餘、類本能需求，以及固有的能力和潛能。再者，臨床和人格研究都顯示，這些微弱的類本能傾向是好的、有益的和健康的，值得我們花氣力保存下來。事實上，這正是任何可被稱之為好的文化的一大功能。

第九章
心理治療作為一種良好的人際關係

實驗生理學家尚未挖掘心理治療這座金礦實在令人訝異。成功的心理治療可以讓人以不同的方式去知覺、思考和學習，動機和情緒都會跟著改變。那是揭露相對於表象人格的深層本質的最佳技巧。透過心理治療，一個人的人際關係和對社會的態度都會有所轉化，性格（或人格）不論表層和深層都會改變。甚至有證據顯示，他的外表也會因此蛻變，身體變得更健康，在有些情況下連智商也提高了。然而，心理治療這個用詞甚且沒有出現在大部分有關學習、知覺、思考、動機、社會心理學和生理心理學的著作中。

茲舉一例。毫無疑問，不管內容為何，學習理論必定可以從對婚姻、友誼、自由聯想、抵抗分析（resistence analysis）、職涯發展等等治療的學習效果中獲益，更不要提悲劇、創傷衝突和痛苦的治療。

把心理治療關係作為社會或人際關係的一個具體個案來研究，會讓一個未解但同樣重要的問題浮現出來。我們知道患者和治療師之間至少有三種可能的互動關係：獨裁型、民主型和自由放任型，三種關係在不同狀況下各有用處。不過這三種關係也可見於兒童俱樂部的社交氛圍、催眠的類型、政治理論、母子關係（Maslow, 1957）和靈長類動物的社會組織中（Maslow, 1940a）。

對治療目的和目標的任何透徹研究必然會暴露出人格理論的缺失，讓人質疑那些視價值於無物的基本科學教條，並揭露了健康、疾病、治療和藥物的醫學概念的侷限性，同時清楚顯示我們的文化仍然缺乏有用的價值體系。難怪人們會害怕這個問題。還有很多其他例子可以證明心理治療是普通心理學的一個重要部門。

心理治療以七種主要方式呈現：一、透過表現（行動的完成、釋放和宣洩）；二、透過基本需求的滿足（給予支持、保護、愛和尊重）；三、透過移除威脅（保護、良好的社會、政治和經濟條件）；四、透過提高洞察、知識和理解；五、透過主張或權威；六、透過直接處理症狀，例如各種行為療法；七、透過積極的自我實現、個體化或成長。對於人格理論的一般目的而言，也包含了讓人格朝向文化和精神病學所認同的方向轉變的各種方法。

在此我們尤其要探究心理治療的資料和本書呈現的動機理論之間的關係。我們將會看到，基本需求的滿足是通向所有治療的終極目標（即自我實現）的重要一步，大概也是最重要的一步。

必須指出，這些基本需求大部分都是**只能透過他人**來得到滿足，因此治療必然大多是發生在人際基礎上。這些基本需求的滿足所需的基本治療處方只能透過他人而取得，例如安全感、歸屬感、愛和尊敬。

我個人的經驗幾乎侷限於比較短暫的療法。那些主要針對精神分析療法（較深入的療法）的人更有可能認為，心理頓悟（insight）而非需求滿足才是重要的解藥。這是因為病得嚴重的人是沒有能力接受或吸收基本需求的滿足，除非他能夠放下對自我和他人的幼稚詮釋，如實地知覺和接受個人和人際的真實。

我們也可以說，頓悟療法的目的是讓人可以接受良好的人際關係以及隨之而來的需求滿足。頓悟之所以有效，是因為動機改變了。然而，簡單的需求滿足療法和較深入、較長久和較費力的頓悟療法，兩者之間的粗糙區分深具啟發價值。正如我們所見，需求滿足在很多非技術性的情況是可能的，例如婚姻、友誼、合作和教導。這對所有非專業的治療師來說，不啻打開了一條理論道路，通往更廣闊的治療技術。目前來說，頓悟療法絕對是技術性的，它需要很多訓練。而持續探究非技術療法和技術療法的理論後果是有用的。

我們還可以大膽提出一個論點：雖然較深度的頓悟療法包含很多其他原則，但如果我們以挫折和滿足人類基本需求的後果作為研究的出發點，對這些原理會有最好的理解。這樣的解釋不同於目前實務上從研究各種精神分析（或其他頓悟療法）而來的對短期療法的解釋。後者的副產品之一是讓心理治療和個人成長的研究成為心理學理論的一個孤立領域，或多或少自給自足，受到只適用於此領域的特殊法則所支配。本章明確反對這種情況，主張心理治療並沒有特殊的法則。人們之所以相信有特殊法則存在，除了因為大部分專業治療師受的都是醫學訓練而不是心理學訓練，也因為實驗心理學家就心理治療對其人性觀點的影響視若無睹。簡言之，我們不只主張心理治療最終必須奠基於完整的心理學理論，心理學理論也必須擴充自己以承擔這個責任。因此我們首先會處理較簡單的治療現象，把頓悟的問題留待本章稍後再作討論。

心理治療和需求滿足

各種事實交錯會讓心理治療理論不可能完全是認知性的，也不可能完全是非個人化的。但心理治療理論和需求滿足理論相容，也和一種對治療和成長的人際取向相容。

薩滿治療 Shamanic Healing

只要有社會的地方，就有心理治療的存在。薩滿師、巫師、智慧耆老、教士、古魯（guru）和較近期西方文明中的醫生，向來能夠在我們今日稱為心理治療的一些個案中取得成效。事實上，一些偉大的宗教領袖和組織之所以受到推崇，正是由於他們不只能夠治癒一些嚴重的心理病態，還能夠矯正陰暗性格和價值紊亂。這些人對他們的成就的解釋並無太多共通之處，我們也不必認真看待。他們雖然創造了奇蹟，卻不知道自己是怎樣把奇蹟創造出來的。

理論和結果之間的分歧

理論和實務的分歧至今仍然存在。不同的心理治療學派各持己見，有時候還爭執得非常激烈。然而，一個從事臨床工作的生理學家在工作一段夠長時間之後，必定會碰到被不同學派所治癒的病人。這些病人自然成為治癒他們的學派的支持者。不過治療失敗的例子一樣很多。讓事態更加混亂的是，我曾經碰到一些病患是被未受過心理治療訓練的醫生或精神病學家給治好的。身為教師、牧師、護士、牙醫或社會工作者，但又能治癒心理疾患的病人，為數者不少。

我們當然可以根據經驗和科學基礎批評不同的理論學派，按照相對的有效性排出一個大概的高低等級。我們或許也可以預期，未來將會有足夠的統計數據可以顯示一種理論會比另一種理論更能夠產生療效與改善，儘管兩者都有成功和失敗的時候。

不過就目前來看，我們必須接受一個事實：某種程度上治療效果是獨立於理論，甚至和理論全無關係。

不同技術產生不同結果

即便是同一個思想學派（比方說古典的佛洛伊德派精神分析），不同的分析師之間存在極大差異。這種差異不只表現在一般定義下的能力，也表現在治療的效率上。有些傑出的分析師雖然對於教學和寫作有重要貢獻，受到很多人景仰，卻常常無法治癒病患。也有一些分析師從來不寫作，也沒有任何主張，但大多數時候都能夠治癒病人。當然，分析師的傑出能力和他們治癒病人的能力之間還是清楚有著某種程度的正相關，不過例外的情形仍然有待解釋。

治療者的人格

歷史上有很多這樣的事例：某個治療學派的大師擁有不尋常的治療能力，可是經常無法把這種能力傳授給學生。如果心理治療只和理論或知識有關，又如果治療師的人格和治療的效果無關，那麼學生只要和老師一樣聰明又勤奮，他們的表現最終理應可以和老師一樣好，甚至勝過老師。

未經「治療」好轉

我們常常聽聞，治療師和病患第一次見面時只談了一些周邊的事情，例如治療的程序和時數，但到了第二次見面時，病患卻表示自己有明顯好轉。從治療者第一次見面時的言行來看，這種結果實在難以理解。有時候，治療師甚至沒有說半句話，卻一樣會產生治療效果。有一次，一位女大生就個人問題向我尋求忠告，我們相處了一小時，整個過程都是她在說話，我什麼都沒說。談話結束時，她覺得自己的問題已經獲得解決，感謝我一番之後便離開。

人生經驗的治療效果

對於那些年輕且病情輕微的個案，人生的經歷有時同樣可以產生療效。美滿的婚姻、工作勝任、交到好朋友、生兒育女、面對緊急事件和克服困難，我曾經看過這些情形導致個人的性格改變和症狀解除，用不著專業治療師的協助。事實上，我們也許可以說，好的人生際遇是最重要的治療者，而專業治療的用處常常只是讓病人能夠善用這些際遇。很多精神分析學家都注意到，他們的病人在治療之餘持續進步，也在治療結束後持續進展。

未經訓練的治療者的成功治療

最難解釋的現象之一，大概就是今日有大量的個案都是由那些從未受過精神治療訓練或只受過不充分訓練的人所執行。從一九二〇到三〇年代，絕大多數心理學系的畢業生都只受過有限的（有時甚至是不足的）心理治療訓練。現在的情況只是稍微有所改善。很多學生是因為喜歡人也想要了解及幫助別人而選擇心理學系，但入學後卻發現自己大部分時間都是在研究知覺現象、條件反射、無意義的音節和白老鼠走迷宮。除此以外，還學了一些較有用但仍然有哲學侷限性的實驗方法和統計方法。

可是在外行人眼裡，心理學家就是心理學家，他們應該可以解決生活中所有重大問題，他們知道為什麼人會離婚、為什麼仇恨會滋長，以及為什麼有些人會變成精神病患。心理學家常常要殫精竭慮回答問題。這種現象在沒有見過心理病學家或從未聽過精神分析學家的小地方尤其如此。而心理學家的替代人選經常是某個受歡迎的阿姨、家庭醫師或者牧師。這讓未受過心理治療訓練的心理學家良心好過一點，也讓他們能夠在一些必要的訓練方面下功夫。

不過讓這些年輕心理學家感到意外的是，他們的努力往往會起作用。他們對失敗當然早有心理準備，而失敗的時候當然也比成功的時候多，可是又要怎樣解釋他們甚至沒有盼望過的成功結果呢？

在專業的治療師身上較不常看見這種現象。事實上，顯然有些精神病學家根本不想相信有這種事情。但他們輕易可以找到例證，因為這類經驗在心理學家和社會工作者之間稀鬆平常，也散見於牧師、教師和醫生。

要怎麼解釋這些現象？在我看來，唯有藉助一種動機的和人際的理論才能理解。我們必須強調的不是他們有意識說過或做過的事，而是無意識做過和感覺到的事。那些未經訓練的治療師都對病人感興趣、關心他們，而且設法要幫助他們。這讓病人覺得自己至少在他們的眼中是有價值的。由於在所有個案中，治療師都被認為是較有智慧、較年長、較堅強和較健康的一方，病人因此感受到安全和被保護，減少脆弱感和焦慮感。治療師的態度，包括願意聆聽、不取笑、鼓勵坦白、即便聽到不好的事情仍表示接納或肯定、溫和與仁慈，這些都讓病人覺得有人站在他們那邊。所有這些因素加在一起，讓病人無意識地感覺到自己被喜歡、被保護和得到尊重。正如先前指出的，這些全都是基本需求的滿足。

無庸置疑，倘若在眾所周知的治療決定因素（暗示、宣洩、頓悟和行為療法等等）之外，賦予基本需求滿足更大的角色，我們就能解釋得更多——有些治療現象（主要是較輕微的個案）只能以這些滿足來解釋，至於其他必須透過較複雜的治療技術才能充分解釋的個案（較嚴重的個案），我們一樣可以加入基本需求滿足的要件而得到更充分的理解。在良好的人際關係中，這些滿足幾乎都會實現。

良好的人際關係

針對友誼、婚姻等等人際關係的各種基本分析都顯示：一、基本需求**唯有**透過人際關係才能得到滿足；二、這些需求的滿足正是我們所說的基本治療藥物，也就是給予安全感、愛、歸屬感、價值感和自尊。

在分析人際關係的過程中，無可避免必須把關係區分為好的和不好的兩大類。以人際關係帶來的基本滿足程度為基礎，可以有效做出這種區分。但凡一段關係可以支持或改善歸屬感、安全感和自尊，就可以被定義為心理學上的良好關係，反之就是不好的關係。

這些需求不能靠樹木和山水來滿足，甚至不能靠狗來滿足。唯有透過別人，我們才可以獲得對尊重、保護和愛的完整滿足，也只有對別人，我們才能完整地付出這些。這正是好的朋友、伴侶、親子和師生關係能夠帶給彼此的，也是我們從任何類型的良好人際關係中所尋求的滿足。這些需求滿足是產生良好人類（good human beings）的前提，而良好的人又是所有心理治療的直接目的，或者是最終目的。

我們對關係的定義具有廣泛意涵：一、心理治療歸根究柢並不是一種特殊的關係，其基本特質見於所有良好的人際關係中。二、如果這是事實，那麼從人際關係的本質來看，心理治療必須接受更徹底的檢視。[1]就像一段良好友誼的主要價值雖然完全沒有被意識到，卻不會削弱它的價值，治療關係的價值也可以是無意識的，卻依然具有影響力。而倘若能夠察覺到這些性質並有意識地和主動地利用它們，將會大大增加它們的價值。

友誼：愛與被愛

如果把良好的友誼（不管是夫妻、父子或人與人之間）作為良好人際關係的範例並更仔細地加以檢視，我們將會發現它可以帶來比我們已經論及的更多的滿足。相互的坦誠、信賴、忠實和不加防備，所有這些除了原有的價值，還有表達釋放的價值（詳見第六章）。良好的友誼讓人可以表現出適當程度的被動性、鬆懈、幼稚和愚蠢，因為如果不存在危險，而我們又是因為我們自己而非因為所扮演的角色而被愛和被尊重，那我們就可以做真正的自己，在感到脆弱時表現脆弱，在感到困惑時表現困惑，在希望暫且拋開成人責任時表現幼稚。此外，一段良好的關係甚至可以改善佛洛伊德學派所說的頓悟，因為一個

1原注：如果我們暫且侷限在較輕微的個案，即病人可以直接接受愛和尊敬的個案（我相信這些人在我們的人口中占了大多數），那麼這些結論將更容易被接受。精神官能需求的滿足及其後果是很複雜的問題，容後討論。

好的朋友或配偶會不吝於為我們提供類似精神分析的分析。

對於良好人際關係的教育價值，我們所談的遠遠不夠。我們不只渴望安全和被愛，還渴望知道更多、解開每一個謎和打開每一扇門。此外，我們有更深入理解世界和明白其意義的基本哲學衝動。雖然良好的友誼或親子關係可以帶來很多，但良好的治療關係理應可以把這些滿足帶往更高的境界。

最後要提一個顯然被忽略的事實：愛跟被愛一樣會讓人感到莫大愉悅。[2] 就像性衝動和敵意一樣，表達情感的衝動在我們的文化裡極度受到壓抑，甚至比性衝動和敵意猶有過之。（Suttie, 1935）我們只被允許在少得可憐的關係中公開表達情感，大概就是親子、祖孫和夫妻或愛人三種關係。不過即使在這些關係中，也會因為混雜了尷尬、內疚、防衛性、角色扮演和爭奪支配權而變得令人窒息。

心理治療關係容許、甚至鼓勵愛和情感衝動的公開表達。只有在心理治療關係中，以及在不同的「個人成長」團體，情感表達被視為理所當然和可預期的。也只有在這裡，它們才會被有意識地排除不健康的雜質，得到淨化，發揮最好的作用。這些事實無疑要求我們重新評估佛洛伊德所提「移情」（transference）和「反移情」（countertransference）的概念[3]；這些概念產生自對疾病的研究，在處理健康的個案時有很大的侷限性，必須加以擴大以同時涵蓋殘缺和健全的人，非理性和理性的人。

關係：治療的先決條件

人類的關係至少可以區分為三大類：控制與支配、平等、疏離或放任。這些關係出現在各種不同領域，包括治療師和病人的關係。

一個治療師可以把自己視為病人的上司，主動、負責決策、掌管一切；或者他可以把自己和病人視為參與一項共同任務的拍檔；他也可以把自己變成一面不帶情感的鏡子，永不捲入、永不靠近，總是保持超然。最後一種關係是佛洛伊德所推薦，但另外兩類關係要常見得多，儘管對接受治療者表現出任何正常人類的情感可能都會被貼上反移情的標籤，亦即被認為是非理性和病態的。

現在，如果治療師和病患的關係是病人賴以取得必要治療藥物的媒介，一如水是魚找到牠所需一切的媒介，那麼我們就必須思考什麼樣的媒介最適合什麼樣的患者，而不是探究媒介本身的性質。我們必須避免死守一種媒介而排除其他媒介，所有這三種媒介，甚至包括尚未發現的其他類型，都是一個好分析師可以選擇採用的方法。

2 原注：我們特別對兒童心理學文獻中這種難以解釋的忽略感到驚訝。它們往往只提到：「孩子必須被愛」或「為了保住父母的愛，孩子會循規蹈矩」，而沒提到：「孩子必須去愛」或「因為愛父母，孩子會循規蹈矩」。

3 編按：移情是指病患把自己的情感需求轉移到心理治療師身上；反移情則是治療師把內在的慾望與衝突表現在治療工作中。

雖然依上所述，一般病人在溫暖、友好、民主的夥伴關係中最是如魚得水，但對很多其他病人來說，那並不是最好的氛圍，因此不能作為通則。較為嚴重的慢性精神官能障礙尤其如此。

有些獨裁性格的病人會把他人的和善看作軟弱，我們不能讓他們對治療師產生輕視。嚴守分寸和設定界限對病人的最終利益來說是有好處的。蘭克派（Rankeans）在討論醫病關係的界線時，特別強調這一點。

還有些人將情感看成是圈套和陷阱，面對情感時會顯得退縮，唯有保持疏離才能消除他們的焦慮。他們深藏的罪惡感也許讓他們需要感到被懲罰。急躁和有自我摧毀傾向的人可能需要正面的命令以防他們以無可挽回的方式傷害自己。

但毫無例外的是，治療師應盡可能意識到自己和病人之間是何種類型的關係。雖然他們會因為自己的個性而偏好採取某種關係，但為了病人著想，他們應該約束自己的自然傾向，視乎情況的需求做決定。

無論如何，如果醫病關係欠佳，心理治療的任何資源都不容易發生效果，因為醫病關係很快就會破裂。即使病人決定留下來繼續接受自己不喜歡或仇視的治療師治療，往往會採取自我防衛和不配合的態度，以惹惱治療師為主要目標。

總言之，雖然形成良好的關係不是治療的目的而是手段，仍然必須被視為治療的必要條件或高度可欲的先決條件，因為它是把終極的心理藥物帶入所有人類需求的最佳媒介。

治療：關係中的訓練

此一觀點還有另一個有趣的意涵。如果心理治療的終極本質在於提供病人他們本來應該從其他良好人際關係中得到的東西，這等於是把心理上生病的人視為無法和其他人建立足夠良好的關係。這與把病人定義為得不到足夠的愛和尊重的人並不矛盾，因為他們只能夠從別人那裡得到愛和尊重。雖然這些定義看來是套套邏輯，卻會把我們帶往不同的方向，讓我們看見治療的不同面向。

這個定義的一個影響是，讓我們可以從另一個角度看待治療關係。對大部分人來說，心理治療是一種最後手段，又因為進入這種關係的主要是生病的人，所以它漸漸被認為是奇怪的、不正常的和病態的，就像外科手術那樣是一種不幸的必要，就連分析治療師自己也會這樣看。

顯然那些進入有益關係（婚姻、友誼或夥伴）的人不會抱持這種態度。不過，至少就理論而言，心理治療和友誼的相似程度並不亞於它和外科手術的相似程度。因此應該視治療關係為一種健康和值得嚮往的關係，某種程度上甚至是**理想**的人際關係之一。理論上，它應該是一種我們想要進入的關係；這是從前面的考量所得到的推論。不過實際上，我們知道這不是常見的情形。這種矛盾很明顯，卻無法藉由精神官能症患者對病症的執著得到充分解釋。這種矛盾是出於對治療關係的本質的誤解；不只病患有這種誤解，很多治療師也有這種誤解。我們發現，如果用以上方式而非較一般的方式向潛在病人解釋，他們會更願意接受治療。

治療的人際定義使其在某方面可以被視為建立良好人際關係的技術的訓練；這是慢性精神官能症患者若無特殊協助就做不到的事。透過治療讓患者可以與人交流，發現人際關係是一件享受和有益的事。期望病人透過訓練的轉移和別人發展出深厚友誼，想必他會像大部分人那樣，從朋友、子女、配偶和同事那裡獲得所有必要的心理藥物。從這個觀點來看，治療還可以用另一種方式來定義：為病人做好建立良好人際關係的準備。良好的關係是所有人都需要的，比較健康的人會獲得更多他們需要的心理藥物。

根據上述考量我們可以說，病人和治療師理想上應該**選擇**彼此，這種選擇不應該是看名聲、費用和專業訓練技巧等等，而是看彼此是否相處得來。這麼做至少可以縮短治療的必要時間，讓雙方更有可能達到理想的效果，並讓整個治療過程對雙方都更有收穫。兩者的背景、智商、經驗、宗教、政治立場和價值觀等等都更接近為佳。

顯然治療師的人格或性格結構就算不是最重要，也是關鍵考量。他們應該是很容易就進入良好人際關係的人，而且必須對不同類型的人、甚至所有人都可以做到。他們必須溫暖且富同理心，能夠尊重他人。他們本質上應該是民主的，尊重他人生而為獨一無二的人。簡言之，他們在情感上充滿安全感，擁有健康的自尊。此外 他們的生活環境理想上應該足以讓他們不用為自己的問題煩惱。他們應該是快樂的已婚人士、財務無虞、有好朋友、喜歡生活、一般來說都能享受人生。

最後，這一切意味著我們可以重新打開那個早就被精神分析學家關閉了的問題，重新加以檢視：治療師和病人在正式治療過程結束後，甚或在治療進行期間，是否應該有社交接觸？

日常生活作為一種治療

由於我們已經擴大了心理治療的最終目標和產生這些成效的具體藥物，所以就邏輯而言，我們已經拆除那些把心理治療與其他人際關係和生活事物隔開的藩籬。存在於普通生活中、幫助人們朝著專業心理治療最終目標前進的那些事物與關係，稱其具有心理治療的性質並不為過，哪怕它們是發生在診療室外且沒有專業的治療師。由此而論，檢視由良好婚姻、友誼、父母、工作、老師等等所創造的日常奇蹟，亦屬心理治療研究的一部分。從這樣的論述得出的一個法則是：只要病患能夠接受和應付得來，專業的心理治療應當更仰賴這種治療關係。

身為專業人士，我們不用害怕把這些重要的心理治療工具（保護、愛和尊重）交給業餘者，因為這些工具雖然強而有力，卻不危險。我們不可能透過愛和尊重而傷害他人，除非是遇到精神官能症患者，但他們的情況本來就夠糟的了。我們有理由相信關懷、愛和尊重幾乎總是好的力量。

接受了這個觀點，我們必然會相信每個良善的人都是潛在的、不自覺的治療師，我們必須認同、鼓勵和教導這種技巧。至少這些我們稱之為業餘心理治療的基本技術都是從小就可以灌輸給孩子的。公共心理治療（「公共衛生」意義下的「公共」）的一個任務是教導這些事實，讓其廣為傳播，確定每位老師、每位父母和每個人都明白且加以應用。人總是會向他們尊重和愛的人尋求忠告和幫助。這樣的歷史現象沒有理由不加以常態化和語言化，尤其是透過心理學家和宗教家加以弘揚。應該讓每個人清楚意識到，每當他們威脅、羞辱或無端傷害他人時，他們就會成為創造心理病態的力量。同時應該讓他們了解，每個良善、正派、民主、富感情和熱情的人，都是一股心理治療的力量，哪怕只是一股小小的力量。

自我治療

呈現於此的理論有個意涵：自我治療比一般理解的更有可能，但也更加受限。如果所有人都學會知道自己缺乏什麼、有哪些基本欲望、基本欲望無法滿足的症狀，那麼他們就可以有意識的起而設法彌補這些缺乏。大部分人都比他們自己理解的更能夠自癒常見的各種輕微失調。愛、安全感、歸屬感和尊重幾乎是對付情境障礙、甚至是某些輕微的性格障礙的靈丹妙藥。如果一個人明白他應該獲得愛、尊重和自尊等等，他就會自覺地去尋找它們。每個人一定都會同意，自覺的尋求這些需求的滿足，比無意識地設法彌補不足更為有效。

然而，當更多人懷抱希望、覺得有更大的自我治療的可能性時，有些問題卻必須仰賴專業人士才能解決。例如嚴重的性格障礙或存在性精神官能症（existential neuroses），如果患者想要的不只是情況改善，那麼他對產生、誘發和維持這種障礙的動力必須有清楚的認知。因此各種能夠帶來意識頓悟的工具都是必要的。這些工具目前還沒有代替品，只有受過訓練的專業治療師懂得使用。面對嚴重的個案，來自業餘者或智慧人士的幫助對永久療癒而言可能都是無效的。這是自我治療的基本限制。[4]

團體治療

根據本章的心理治療取徑，我們對於團體治療、訓練團體等等應該有更多尊重。我們向來非常強調心理治療和個人成長是一種人際關係，而基於先驗的理由，我們應當認為把兩個人擴大為更大的群組是有益的。如果一般的治療可被視為一個兩人的微型理想社會，那麼團體治療就是十人的微型理想社會。我們有強烈動機去嘗試團體治療，因為這麼做既可以節省金錢和時間，又能夠讓更多病人得到治療的機會。經驗資料顯示，團體治療和訓

4 原注：自從這段文字初版後，荷妮（Horney, 1942）與法羅（Farrow, 1942）分別出版了談自我分析的重要著作。他們的主張是：個人透過自己的努力是可以達到專業分析達到的那種頓悟，但程度不及。這種主張未被多數分析師否定，但被認為是不切實際的，因為要到達那樣的境界，病人要付出許多耐性、勇氣和堅持。我相信類似的情形也適用於很多談個人成長的作品。它們當然是有助益的，但如果沒有一位專業人士或「嚮導」幫助，不太可能帶來巨大轉化。

練團體可以做到一些個人治療做不到的事。已知當一個病人知道小組的其他成員有著和他一樣的內心衝突、不滿足和隱密的衝動，他就會更容易擺脫孤立感、內疚感或罪惡感。這樣一來可以減少那些心理衝突和衝動的致病效果。

另一個預期治療也透過實務得證。在個人的心理治療中，病人學會和至少一個個人（治療師）建立良好的關係。我們會希望他們把這種能力轉移到整個社會生活。他們常常能夠做到，但也有失敗的時候。在團體治療中，他們不只學會怎樣和一個人建立良好的關係，而是在治療師的協助下把這種能力運用於整個團體的其他人。總的來說，已有的實驗結果雖不驚人，但絕對有鼓舞作用。

這類經驗性資料加上理論性推論都讓我們應該對團體治療做出更多的研究。不只因為它是專業的心理治療的展望，更因為它可以教導我們很多有關普通心理學理論的事情，甚至是很多有關社會理論的事情。

同樣道理也適用於訓練團體、「基本會心團體」（basic counter group）、「敏感性訓練」（sensitivity training）和其他現在被歸類為個人成長或情感教育研究的團體。雖然操作程序不同，但有理由認為它們和心理治療有著同樣的遠程目標，也就是讓人可以自我實現、完滿人性、充分利用物種和個人的潛能等等。就像任何心理治療一樣，當它們是由有能力的人主持，有時可能可以創造奇蹟；而當它們受到差勁的管理，有時會是毫無用處且具有傷害性。所以我們需要對它們做出更多研究。這當然不是什麼驚人的結論，同樣情形也見於外科醫生和所有其他專業人士。我們也尚未解決外行人或業餘者要怎樣才能選到一個好的治療師和避免選到不好的治療師的問題。

良好的社會

何謂良好社會？

就像前面討論過的良好人際關係的定義，顯然我們應該把良好的社會定義為能夠讓成員有最大可能成為健全的人和自我實現的人。這就意味著良好的社會建立了一些制度來促進、鼓勵和獎勵良好關係的最大化和不良關係的最小化。從這樣的定義延伸，我們可以說良好的社會相當於心理健康的社會，不良的社會相當於心理生病的社會。前者的基本需求獲得滿足；後者的基本需求受到阻礙，亦即讓人得不到足夠的愛、情感、保護、尊重、信賴和真理，又讓人有太多的敵意、羞辱、恐懼、鄙視和支配。

應該強調的是，社會壓力和制度壓力只會**促進**治療後果或致病後果，也就是讓這些結果更容易出現、更具優勢、更有可能、會帶來更多主要或附帶的收穫。但這些壓力不會讓它們是無可避免的。我們對簡單社會和複雜社會中的人格範圍已經了解得夠多，所以我們懂得尊重人性的可塑性和韌性，也懂得尊重少數異乎尋常的固執性格（這個特性讓他們反抗、甚至無視社會壓力）。人類學家看來總是能夠在殘忍的社會中找到良善的人，在和平的社會找到戰士。我們已經了解得夠多，不會像盧梭（Rousseau）那樣把所有人類問題歸咎於社會安排，也不會奢望所有人類能夠光靠社會改善而得到快樂、健康和聰明。

我們可以從不同的角度去看待我們的社會，而每個觀點都對某個目的有用。例如我們可以用一個平均值去衡量我們的社會或任何其他社會，然後將其分類為比較病態、極端病態等等。不過對我們更有用的是測量和比較助長病態的力量和促進健康的力量，在我們的社會這兩股力量都不算小，時而由其中一種占上風，值得加以量測和進行實驗。

除了這種一般性考量，當我們轉向個體心理學的問題時，首先會碰到的是對文化進行主觀詮釋的事實。從這個角度來看，我們可以說，對精神官能症患者而言，社會是有病的，因為他們看見的世界充滿危險、威脅、攻擊性、自私、羞辱和冷漠。但他們的鄰居望向同一個社會時，卻有可能覺得它是健康的。在心理層面，這兩種看法並不矛盾，可以同時存在。所以每個生病的人主觀上都是生活在一個病態的社會。把這種說法和前述心理治療關係的討論放在一起，就會得到以下結論：心理治療的目的也許可以說是企圖建立一個微型的良好社會；即使一個社會在其大多數成員看來都是有病的時候，這種說法仍然適用。這裡必須小心避免落入太極端的主觀主義——一個對生病的人來說是生病的社會，同樣可以在客觀意義上是不好的，哪怕只是因為它會產生精神官能症病患。

社會如何影響人性？

所以理論上來說，心理治療相當於和一個生病的社會的基本壓力和傾向背道而馳。更概括地說，不管一個社會健康或生病的程度多寡，心理治療相當於在個人的層次上對抗社會的致病力量。它設法要逆轉潮流，從內部進行瓦解，發起革命。每個治療師都是在或應該在小範圍內和社會的致病力量作戰。如果這些力量是基本和重要的話，他們就是和自己的社會在作戰。

顯然如果心理治療可以得到極大的推廣，如果心理治療不只是一年可以處理幾十個病人，而是可以幫助幾百萬個病人，那麼這些對抗社會的小力量將會更容易被看見。如此一來，社會改變乃是勢所必然。改變首先會表現在人際關係變得更熱忱、寬容和友善，而當有足夠的人變得熱忱、寬容和友善，必然會迫使法律、政治、經濟和社會做出相應的改變。（Mumford, 1951）目前迅速增加的訓練團體、會心團體和很多其他各種個人成長團體大概也會對社會產生看得見的影響。

看來再好的社會都無法完全消除疾病。當威脅不是來自其他人類，也總是會來自大自然、死亡、挫折、疾病，甚至來自我們一起生活在一個社會裡的這個事實；雖然我們從團體生活獲益，卻也必須調整滿足欲望的方式。不要忘了，人性本身會產生不少的惡，即便不是源自人性本惡，也會源自無知、愚蠢、恐懼、溝通不良和笨拙等等（見第八章）。

這是一套極為複雜的相互關係，也很容易引起誤解，又或者描述它們的方式很容易引起誤解。不過也許用不著長篇大論就可以加以辯護，方法是請讀者看看我為「烏托邦社會心理學」研討課的學生所寫的一篇文章，強調經驗性的、實際可得的東西，而且以程度為別而非絕對。提綱挈領的問題如下：人性所帶來的社會可以有多好？社會所容許的人性可以有多好？有鑑於人性的侷限性，我們可以指望人性能好到什麼程度？由於社會本質的問題，我們可以指望一個社會能好到什麼程度？

我個人認為，完美的人乃是不可能、甚至無法想像，但人類的可改善性卻遠超乎多數人相信的程度。至於完美的社會，在我看來是無法實現的願望，尤其有鑑於完美的婚姻、友誼或親子關係近乎不可能。如果完美的愛是那麼難於在兩個人、一個家庭或一個團體中達成，那麼要在兩百萬人或三十億人間實現可謂難上加難。不過雖然伴侶、群體和社會不可能完美，但顯然它們是可改善的，有相當程度的好壞之別。

此外，我們現在對於改善伴侶、群體和社會已經有了足夠的理解，不會再相信快速或輕易的解方。改善一個人需要好幾年的治療工作，即便如此，他得到的主要「改善」只是從此可以持續努力改善自己。在一個頓悟或覺醒的時刻達成了自我實現，這種情形確實會發生，但極為罕見，我們不應寄予厚望。精神分析學家早就學會不要只是依靠頓悟，而是強調漫長、緩慢、痛苦和重複的努力。東方的精神導師一般也會教導弟子們，精進自己是一輩子的努力。這樣的觀念現在慢慢被訓練團體、會心團體、個人成長團體、情感教育等等的領導者所接受，他們正處於放棄自我實現的「大爆炸」理論的痛苦過程中。

當然，如以下例子所示，這個領域的所有原則都是程度性的。一、社會愈是健康，個人心理治療的必要性也會減低，因為這樣的社會中較少人生病。二、社會愈是健康，病人愈是有可能在沒有專業治療的介入下獲得幫助或療癒，也就是說靠良好的生活經驗便已足夠。三、社會愈是健康，治療師愈容易治癒病人，因為簡單的滿足療法更有可能被病人所接受。四、社會愈是健康，頓悟療法會更容易發揮效果，因為環境裡有很多支撐性力量，如美好生活經驗和良好關係等等，也較少戰爭、失業、貧困和其他致病性的社會力量。顯然要得出幾十條這種容易測試的原則是可能的。

這些有關個人疾病、個人治療和社會性質之間關係的論述，必然有助於解決那個經常被提及的悲觀弔詭：在一個當初創造出不健康的生病社會，健康或健康的改善是如何可能？當然，這個兩難隱含的悲觀主義被自我實現的人和心理治療所駁斥，他們用自身的存在證明了健康改善的可能性。即便如此，為此尋找一個支持的理論仍然是有益的，即便問題的解答必須訴諸經驗研究。

專業的心理治療

技術

當疾病變得愈來愈嚴重，也會愈來愈無法受益於需求的滿足。在這個連續體中存在一個臨界點：到了某個程度，病人便不再尋求基本需求的滿足，轉向精神官能的滿足，而且即使提供基本需求的滿足，病人也無法利用。給病人情感是沒有用的，因為他會害怕它、不信任它、誤解它，最終拒絕它。

正是如此，專業的療法（頓悟療法）不只是必須，還是無可取代。沒有其他療法能夠派上用場，不管是暗示療法、宣洩療法、症狀療法或需求滿足療法。在此我們可以說是進入了另一個領域，它受自己的法則支配，不再適用本章討論過的所有原則，除非經過修改和限定。

技術療法和業餘療法的差異很大也很重要。本世紀的心理學發展（始於佛洛伊德、阿德勒和其他人的革命性發現）已經把心理治療從一種不自覺的藝術轉化為一種自覺的應用科學。現在有些心理治療工具不是良善的人自然而然會懂得使用的，而是只有具有足夠智識和受過嚴格訓練的人可以使用。它們是人為的技術，不是自發性和無意識的能力。它們是可以被教導的，因為它們在某種程度上獨立於心理學家的性格結構。

在此僅談及這些技術中最重要和最革命性的一種：把洞察力帶給病人，也就是把他們無意識的欲望、衝動、抑制和思想化為有意識（基因分析、性格分析、反抗分析、移情分析）。這項工具讓必須具備良好人格的專業治療師比僅僅具備良好人格但不擁有專業技術的人更占優勢。

頓悟是怎樣被引發的？就目前來說，大部分引出頓悟的技術皆未超出佛洛伊德所建構的內容太多。自由聯想、夢的解析、詮釋行為背後的意義，這些都是治療師幫助病人獲得自覺性頓悟的主要途徑。還有一些其他可能的方法，但沒有那麼重要。放鬆技術和各種導致解離並利用解離的技術並不如所謂的佛洛伊德派技術重要，儘管這些技術也許在以前比今日有用得多。

在一定範圍內，任何能力不錯又願意接受由精神病學機構、精神分析機構和臨床心理學研究所等等提供訓練的人，都可以獲得這些技術。正如我們所預期，這些技術的效力因使用者不同而有所不同。有些頓悟療法的使用者看來有更好的直覺，那些有著良好人格的人會比不具備良好人格的治療師更能有效利用這些技術。所有精神分析機構都對學生設有性格條件要求。

佛洛伊德帶給我們的另一個大發現，就是認識到心理治療師有自我理解的必要。儘管治療師的這種洞察力受到精神分析學家的強調，卻還沒有得到其他學派的心理治療師的正式承認。這是一個錯誤。從上述理論可以得知，任何能夠讓治療師獲得更好人格的力量，都有助他們成為更好的治療師。精神分析或任何其他深度的療法對此都有幫助，即便它們有時無法全然發揮效果，但至少可以讓治療師意識到他們可能面臨什麼威脅、內在有什麼重大的衝突或和挫折。如此一來，當他們和病人打交道時，就可以意識到這些力量，然後修正它們。意識到它們的存在，就能夠以知性加以克服。

在過去，治療師的性格遠比他們秉持的理論重要，甚至比他們使用的技術更重要。不過隨著技術療法愈來愈精深，情況有所改變。在完整的規畫中，治療師的性格結構的重要性逐漸下降（這種情形肯定會持續），而訓練、智能、技術和理論的重要性則穩定增加；我們大概可以預期，它們遲早會變成最重要的。我們會為智慧長者的心理治療技術鼓掌只因一個簡單的理由：在過去，他們是唯一的心理治療師。其次，即便現在和未來，他們在我們稱之為業餘心理治療的領域裡始終重要。然而，現在已經不會有人用擲錢幣的方式決定要去找牧師還是精神分析學家。有才能的專業心理治療師已經遠勝過依靠直覺的幫助者。

可以預期，在不太久的未來，特別是如果社會有所改善的話，那麼專業的心理治療師將不會是為病人鼓勵打氣和提供需求的滿足，因為這些東西是我們可以從其他人那裡得到的。屆時，一個人會尋求心理治療，將不會是為了簡單的滿足療法或釋放療法處理得了的疾病，而是為了只有專業技術應付得了的問題。

弔詭的是，從前述的理論也可以推導出完全相反的結論。如果相對健康的人更容易受到心理治療的影響，那麼很有可能，更多技術療法將留給最健康的人而非最不健康的人，原因是一年改善十個人會勝於一年改善一個人，特別是如果這些少數人是重要的業餘治療者，例如老師、社會工作者或醫生。這種情形已經相當程度發生了。有經驗的精神分析師和存在分析師如今有大部分時間是用來訓練、教導和分析年輕的治療師。現在治療師教導醫生、社會工作者、心理學家、護士、牧師或教師的情形也相當普遍。

頓悟和需求滿足

在離開頓悟療法的話題以前，最好先解決我們的論述中所暗示的頓悟和需求滿足的二分法。純粹的認知或理性的頓悟（冷漠和不帶感情的知識）是一回事，有機體的頓悟（organismic insight）又是另一回事。佛洛伊德派有時會說到「徹底頓悟」（full insight），而這就是承認光有對症狀（以及它們從何而來）的知識常常不具療效，同時還應該有情感的體驗、體驗的真實重現、宣洩和反應。也就是說，徹底頓悟不只是一種認知經驗，還是一種情感經驗。

更微妙的主張是，這種頓悟常常是意動性的、需求滿足的或受挫折的經驗，是確實感覺到被愛、被遺棄、被鄙視或被保護。從而分析者論及的情感最好被視為是對理解的反應，例如：一個人由於生動地重溫了一個二十年前的體驗（迄今一直被壓抑和誤解），意識到父親畢竟是真正愛他的；或者通過實際體驗到真實的情感，一個人突然意識到她恨她的母親，雖然過去她一直以為自己是愛對方的。

對於這種同時有著認知、情感和意動成分的豐富經驗，我們也許可以稱之為有機體的頓悟。然而，如果我們向來主要是在研究情感經驗呢？再一次，我們必須擴大經驗包括意動成分，最終我們會發現我們談論的是有機體的情感或完整的情感。對於意動經驗來說，情形也是如此。它一樣會擴大到涵蓋整個有機體的非機能性的經驗。最後一步將會是意識到，有機體的頓悟、情感和意動並無分別，只是研究者採取的角度不同所致，而原來的二分法顯然是對這個主題採取過於原子主義的研究取徑的人為產物。

第十章

什麼是正常和健康？

正常和**不正常**這兩個詞涵蓋了許多不同的意思，以致沒有什麼區別之用。今日的心理學家和精神病學家傾向以更具體的概念來取代這兩個籠統的詞彙，這正是本章要探討的。

一般來說，人們試圖用統計或文化比較或生物醫學的方法來定義正常。不過這些只是形式上的定義，只是週末定義，不是每天使用的定義。這個用詞的非正式意義就像其專業意義一樣肯定。大部分人問「何謂正常」時，心裡都是想著別的事情。對多數人來說，甚至包括那些沒在工作時的專業人士，這都是一個價值問題，等於是問我們應該珍視什麼、對我們來說什麼是好什麼是壞、我們應該擔憂什麼、我們應該為什麼感到內疚或驕傲？我選擇同時從專業和非專業的意義詮釋本章的標題。我認為此領域的大部分專家都是這樣做的，雖然他們多數時候並不承認。對於「正常」的意義有不少討論，但對於它在普通談話中的意義卻少有人論及。在我的治療工作中，我總是從說話者的脈絡而非技術的脈絡去詮釋「正常」與「不正常」的問題。當一個媽媽問我他的孩子是不是正常的時候，我會認為她是問我她應不應該為孩子擔心、是不是應該努力控制孩子的行為，還是應該放任不管。當人們在演講後問我什麼是正常的性行為、什麼是不正常的性行為時，我也是以相同方式理解，而我的回答常常是建議「需要注意」或「不需要擔心」。

我認為精神分析學家、精神病學家和心理學家會對這個問題再度感興趣，真正原因在於他們覺得這是一個重要的價值問題。例如當弗洛姆談到「正常」的時候，他把它放在善（goodness）、理想性（desirability）和價值的脈絡底下。這個領域的其他許多作家也是如此。古往今來，他們一直明白地要建構一種價值心理學，這種心理學也許最終可以作為一般人的實踐指引，也可以作為哲學教授和其他專家的理論參考架構。

我們甚至可以走得更遠。對很多心理學家來說，這整個努力逐漸被認為是企圖要做宗教想要做卻做不到的事，也就是理解人性與其自身、他人、社會和世界的關係，提供一個讓人知道什麼時候應該愧疚、什麼時候不應該愧疚的參考架構；換言之，就是建構一套科學倫理學。我很樂意讀者把我在本章的論述理解為朝著這個方向努力。

標準概念

在探討這個重要主題之前，讓我們先來看看各種企圖描述和定義「正常」但並不是很成功的嘗試。

統計平均值

對人類行為的統計調查僅能告訴我們實際情況如何，不應帶有價值評斷。幸而，大部分的人，包括科學家在內，都只是無法抵抗對平均值的認同，特別是在我們的文化裡，偏好「一般人」的傾向非常強烈。例如金賽（Kinsey）對性行為的傑出調查所提供的原始材料非常有用。不過金賽博士和其他人就是無法避免想要談論何謂正常（指理想的）。從精神病學的觀點來看，我們社會的人們平均過著一種病態的性生活，但這並不表示它是理想的或健康的，我們必須學會在使用「平均」一詞時就只是意指平均。

另一個例子是格賽爾（A. Gesell）的嬰兒發展量表，這個量表對於科學家和醫生當然有用，但大部分的媽媽往往會擔心她們的小寶寶學會走路和用杯子喝東西的時間高於平均值，好像這樣就是不好的和可怕的。然而，顯然在我們找出平均值之後，仍必須問：「這個平均值是理想的嗎？」

社會成規

「正常」一詞常常被無意識地用作「傳統」、「習慣」和「成規」的同義詞，並且被用來作為支持傳統的理由。我還記得在我念大學的時候，女性抽菸的爭論鬧得沸沸揚揚。當時我們的女性主任說那不是正常的行為，所以加以禁止。那時候女大學生穿寬鬆的褲子或當眾牽手都是不正常的。當然，她的真正意思是女性抽菸有違傳統。這完全是事實。不過她的話裡還暗示：「女性抽菸本質上是病態的。」這卻完全不是事實。幾年後，傳統改變了，她也被解雇了，因為她的方式不再「正常」。

還有一個支持傳統的做法是給傳統披上神學的外衣。所謂的聖典常常被認為是行為規範的根據，但是科學家待其就像對待其他傳統那樣，不太予以理會。

文化規範

最後，文化相關性同樣可以被認為是用來定義正常、良好或健康的過時源頭。人類學家在讓我們意識到自己的種族中心主義上當然是貢獻匪淺。我們曾經把地方性的文化習慣視為是絕對和全物種皆然的標準，例如穿褲子、吃牛肉而不是吃狗肉。更廣泛的民族學知識已經掃除了很多這類見解，人們也普遍認識到種族中心主義是嚴重的危險。現在再也沒有人能夠代表整個人類物種發言，除非他能夠超越自己的文化或站在客觀的距離，也因此更能夠把人類視為一個物種而不是相鄰的群體。

被動適應

這個錯誤的主要變體是「適應良好的人」（well-adjusted person）的觀念。看到心理學家們竟如此敵視這個看似明智和顯然的觀念，非專業的讀者也許會感到困惑。畢竟，每個人都希望自己的子女能夠適應良好、融入群體、受到同儕朋友的歡迎。但問題在於：適應**哪一個**群體？納粹、罪犯、不良少年、癮君子？受到誰的歡迎？在威爾斯（H. G. Wells）的短篇小說〈盲人谷〉（The Valley of the Blind）中，所有人都是瞎子，唯一有視力的那個反而變得適應不良。

適應意味被動地把自己形塑得符合文化和外在環境的要求。但假如那是一個生了病的文化呢？再舉一個例子：我們已經逐漸明白，不應該以精神病學的角度把青少年罪犯看成一定就是壞的和不對的。有時候孩子犯罪、違法或使壞可能只是一種對剝削、不義和不公的正當反抗。

適應是一個被動而不是主動的過程，在缺少個體性也可以很自在的人身上最能夠實現，所以就連瘋子或囚犯一樣可以適應良好。

這種極端的環境決定論假定人類具有無限可塑性和韌性，而現實有著不可改變性，因此它是維護現狀和宿命論的。但事實並非如此，人類的可塑性並不是無限的，而現實是**可能**被改變的。

沒有生病

醫學是一個完全不同的領域，習慣用「正常」一詞來指稱沒有損傷、疾病或明顯機能失常。當一個內科醫生徹底檢查過病人又找不出任何身體毛病時，就會說病人是正常的，哪怕病人繼續感到不舒服。這位醫生的意思其實是：「透過我的技術，我找不到你有什麼毛病。」

接受過心理學訓練的醫生（所謂的身心學家）會懂得多一些，從而比較少用正常這個詞。事實上，很多精神分析學家甚至主張沒有人是正常的，也就是說沒有人是完全沒有病的，沒有人是完美無瑕。這種說法很正確，但對於我們的倫理學探討沒有太大幫助。

新的概念

那麼要用什麼來取代我們已經學會拒絕的這些不同概念？本章要呈現的參考架構仍然處於發展和建構的過程。目前還不能說它已經很明確了，也不能說有無可爭議的證據支持。相反的，應該視之為一種緩慢發展的概念或理論，並且似乎愈來愈有可能成為未來發展的正確方向。

關於正常這個概念的發展前景，我個人的預見或推測是，有關普遍性的、泛人類的心理健康的某種理論，很快將得到發展，適用於整個人類，不論文化和時代背景如何。無論從經驗還是理論來看，這種情況都正在發生。新的事實、新的資料促成了這種新的思想形式的發展。關於這些新的事實和資料，我在後面將要提到。

德魯克（P. Drucker, 1939）曾經主張，自從基督教時代開始以來，西歐受到四個前後相續的、有關如何追求個人幸福的觀念所支配。這四個觀念（或說神話）各別都把某種類型的人奉為理想，認為只要追隨這個理想型的榜樣，個人的快樂和福祉一定得以實現。「屬靈人」（spritual man）在中世紀被奉為理想，「知識人」在文藝復興時代被奉為理想，然後隨著資本主義和馬克思的興起，「經濟人」往往左右了有關理想人物的看法。更近期，特別是在法西斯主義國家，「英雄人」（尼采意義下的英雄）又成為了類似的神話。

現在看來，所有這些神話都已經破滅，代之而起的是一個新的概念。這個概念正緩慢地在最前衛的思想家和研究者的腦袋中成型，很有理由期待它在今後一、二十年內會更加成熟。這個新概念就是心理健康的人或「優心態人」（eupsychic person）。實際上也就是「自然」的人。我預期這個概念將會對我們的時代產生深遠影響，威力不亞於德魯克提過的那些概念。

讓我扼要陳述「心理健康的人」這個概念的本質。首先和最重要的是一個強烈的信念：人類有其基本天性，也就是一個可以和生理結構相提並論的心理結構；此外，人類的需求、能力和傾向部分是源自遺傳，而它們有些是整個物種的特徵、有些是跨文化的、有些是個人獨有的。這些基本需求看起來是美好或中性的，而非邪惡。其次，完全健康和正常意味的是實現天性、發揮潛能，沿著隱約的基本天性所牽引的道路邁向成熟。這是內在的發展，不是受到外界所形塑的過程。其三，我們清楚可見，大部分的心理病態都是否定或堵塞或扭曲基本天性的結果。[1]

根據這個概念，無論任何事物，只要有助於朝著人的內在天性的方向發展，都是好的。反觀任何會堵塞或否定內在天性的事物，都是不好的和不正常的。任何會擾亂或堵塞或扭曲自我實現過程的事物，都會導致心理疾病。任何有助於個人回到自我實現的道路和沿著天性的方向發展的手段，都是心理治療。

我們可能會變成什麼樣子？

如果必須用一句話來說明傳統和新興的正常概念有什麼分別，那就是新概念讓我們不只看見人類是什麼樣子，還可以看見他們也許會變成什麼樣子。也就是說，我們不只可以看到表象和現實，還看得到潛能。我們現在更清楚知道人的內在有什麼，有什麼是被壓抑、被忽略和未被看見的。我們現在可以依據一個人的可能性、潛力和可能達到的最高發展，而不僅是依靠對目前情況的外在觀察，來判斷他的基本天性。來自這種觀點的一個體會是：歷史幾乎總是把人性看扁了。

我們相對於亞里斯多德的另一個優勢是，我們已經從動力心理學家那裡學到，自我實現是不可能單靠智力或理性而達到。在亞里斯多德建立的人類能力層級體系中，理性占有最高地位。這種看法無可避免會帶來一個觀念，那就是理性和人類的情感及本能總是互相

1原注：乍看這個概念讓我們聯想到亞里斯多德主義者和斯賓諾莎主義者的很多觀念。事實上，這個新概念和舊哲學之間有很多共通處。但必須指出，我們對於人類的真實天性比亞里斯多德和斯賓諾莎知道的更多。我們也許可以同意亞里斯多德說的，美好生活就是按照一個人的真實天性過日子，但必須補充，對何謂人類的真實天性，他了解得並不足夠。能夠描繪這種基本天性的方法是觀察它們是什麼樣子，但如果我們只從表面觀察人類（亞里斯多德就是如此），最後得出的只是一個關於人性的靜態概念。亞里斯多德唯一能夠做的，就是按照自己的文化和時代建構他的美好生活概念。在他的美好生活概念裡，他完全接受奴隸制度，並且錯誤假定僅僅因為一個人是奴隸，當奴隸便是他的天性，對他來說也是好的。這顯示根據表面觀察去判斷何謂正常或健康是不夠的。

鬥爭。但我們已經從心理病態和心理治療的研究中學到，必須大幅修正這樣的看法，對理性、情感和我們天性中的驅力給予相等的尊重。另外，根據對健康的人的經驗研究，我們明白人性的這三個面相並不必然是敵對，有時會有合作的可能性。健康的人是一個整合的整體，只有精神官能症患者才會和自己格格不入，理性和感情打架。這種分裂的後果是，不但情感生活和意動生活受到誤解和錯誤界定，就連理性的概念一樣受到誤解。正如弗洛姆所言：「隨著理性變成了看守犯人的守衛，人性變成了階下囚，而人性的兩邊（理性和感性）也變得殘缺。」（Formm, 1947）我們完全同意弗洛姆所說的，自我的實現不能只是靠思考活動，還得靠人格整體的實現，除了包含知性的積極表達，還包含情感能力和類本能力量的積極表達。

一旦我們更加理解人在我們稱之為好的某些條件下可能變成什麼狀態，並且確知唯有當一個人實現了自我、成為他自己時，他才是快樂、平靜、自我認同、坦然、身心一致的，那麼就有可能（也有理由）談論好與壞、對與錯、可欲與不可欲。

專業哲學家也許會反對說：「你要怎樣證明快樂比不快樂更好？」這個問題一樣可以透過經驗來回答，因為如果我們能夠在充分的環境下觀察人類的話，就會發現他們會自發性地選擇快樂而非快樂，選擇舒適而非痛苦，選擇平靜而非焦慮。換言之，如果其他因素不變，人類會選擇健康而不是生病。

這也回答了有關手段和目的價值命題常見的哲學異議。這個眾所熟知的命題是：**如果**

你想要達到目的X，**就應該**採取手段Y：「如果你想要長命，就應該吃維他命。」對這種命題我們現在有不同的回應方式。根據經驗我們知道人類想要的是什麼：愛、安全感、沒有疼痛、快樂、長壽、知識等等。所以我們不會說「如果你想要得到快樂，就應該如何如何」，而是「如果你想成為人類物種健全的一分子，就應該如何如何」。

根據同樣的經驗意涵，我們會說狗喜歡吃肉而不喜歡吃蔬菜、金魚需要水、花在陽光中最能盛放。所以我認為，我們提出的是描述性、科學性的語言，不是純粹規範性的語言。

我們**能夠**變成什麼樣子等於我們應該變成什麼樣子，而且前者是比較好的說法。如果我們採取的是描述和經驗性的態度，那**應該**就更是完全不該出現，就像我們不應該問花朵或動物應該是如何如何。**應該**在這裡能是什麼意思？小貓應該變成什麼樣子？這個問題的答案和所代表的意義同樣適用於人類孩童。

有一種更強有力的方式可以表達這個意思。現在我們有可能在單一時刻區分一個人目前是什麼樣子和他**能夠**成為什麼樣子。我們都知道，人格是一層一層的，有深淺不同的層次。無意識和有意識的層次並存，哪怕是互相矛盾。其中一者存在，另一者同樣存在（存在一個更深的意義下），而且後者可能有朝一日會浮上來變成有意識的，然後在那個意義下繼續存在。

在這個參考框架裡，行為惡劣的人有可能內心深處有愛。如果他們成功實現這種全物種都有的潛能，他們就會變得比較健康，也在這個意義下變得比較正常。

人類和其他生物的一個重要差異在於，他們的需求、偏好和「本能殘餘」微弱又模糊不清，所以容有懷疑、不確定、衝突的空間，可以輕易被文化學習和他人的意見給壓制過去。由於長久以來我們已經習慣把本能視為清楚、明確和有力的（動物的本能就是這樣），所以從未看見「弱本能」的可能性。

我們確實是有一種本性、一個結構、一種類本能的傾向，不過要認識它卻是一項艱鉅任務。要能夠活得自然和自發，要知道自己真正想要什麼，往往需要勇氣和多年的努力，那是一種不常出現且罕見的境界。

固有的人性

讓我們做個總結。我們主張人與生俱來的結構或內在本性不僅限於解剖構造和生理機制，還包括他們最基本的需求、渴望和心理能力。其次，這種內在天性總是不明顯且不容易被看見，相當隱約和微弱。

我們是怎麼知道這些需求或潛能是與生俱來的呢？第四章已列舉了十二項證據和發現的技巧，這裡只會提及其中最重要的四種。首先，這些需求和能力如果受挫，就會引起心理病態，也就是會讓人生病。其二，它們的滿足可以促進健康的性格，反觀精神官能的需求滿足卻沒有這種效果。也就是說，它們會讓人更健康和變得更好。其三，它們顯然是在自由條件下做出的選擇。其四，它們可以在相對健康的人身上被直接觀察到。

如果我們想區別基本和非基本的需求，不能只是察覺有意識的需求，也不能只是描述無意識的需求，因為就現象學而言，精神官能的需求和固有的需求很像。它們同樣追求滿足，同樣追求壟斷意識，而它們的性質差異並未大得足以區分，除非是在人生盡頭回顧的時候（例如托爾斯泰筆下的伊凡·伊里奇）或在特殊的頓悟時刻。

我們必須有另一個能夠與之關聯、共變的外部變量。事實上，這個變量就構成了「從精神官能症到健康」這個連續光譜。我們現在已經相當肯定，侵略性是反應性而不是基本的，是果而不是因，因為當一個人藉由心理治療而變得更健康，他也會變得較不邪惡；而當一個健康的人生病了，他會變得較具敵意、猜忌和惡毒。

此外，我們知道，給予精神官能的需求滿足並不會像給予基本需求滿足那樣帶來健康。給予追求權力的精神官能症患者所有他們想要的權力，並不會讓他們的病情減輕，也不會讓他們對於權力的需求得到滿足。不管餵他們多少權力，他們還是會繼續渴望權力，因為事實上他們想要的是別的東西。一種精神官能的需求是否得到滿足，對健康並不構成差異。但安全感或愛的基本需求卻不一樣。它們的滿足確實會帶來健康，它們是有可能獲得滿足的，而若是受挫則會造成疾病。

同樣道理看來也適用於個人的潛能，例如智能或強烈的活動傾向；我們在這方面只有臨床性資料。這樣的傾向就像一種要求實現的驅力。滿足它，當事人就會獲得良好的發展；阻礙它，各種不同的毛病就會出現。

不過最明顯的方式是直接觀察那些健康的人；我們已經很懂得分辨什麼樣的人是相對健康的人。雖然完美的樣本並不存在，但我們仍然可望透過研究他們而更加了解健康的性質，就像研究相對濃縮的釉會讓我們更了解釉的性質。

在第十一章闡述的研究已經證明，科學家是有可能研究和描述卓越、完美、健康和人類潛能實現意義下的「正常」。

區分固有的與偶發的

被研究得最徹底的基本需求是愛的需求。根據這種研究，我們可以說明上述四種區分人性中固有的需求和偶發的需求的方法。

一、幾乎所有治療師都同意，當我們探尋一種精神官能症的起源時，有很大機率會發現是早期的「愛的剝奪」所造成。好幾個準實驗性質的研究證實了，在嬰兒時期，愛的剝奪具有相當大的危險性，甚至可能危及嬰兒的生命。也就是說，愛的剝奪會導致生病。

二、這些疾病如果還沒有發展到不可挽回的地步，仍然可以透過給予情感和關愛而獲得痊癒，對小孩尤其如此。即使在成人的心理治療和較嚴重個案的分析中，我們也有很好的理由相信，治療的一個效果就是讓病人可以接受和利用具有療癒能力的愛。愈來愈多的證據顯示，充滿愛的童年和健康的成年具有正相關。綜合這些資料讓我們可以說，愛是人類健康發展的基本需求。

三、那些可以自由選擇且尚未受到扭曲的小孩，會偏好選擇情感而非沒有情感。雖然目前還沒有嚴謹的實驗可以證明這一點，但我們擁有大量可以支持這種結論的臨床資料和一些民族學資料。根據觀察，小孩喜歡有感情的老師、父母和朋友，不喜歡帶有敵意和冷漠的老師、父母和朋友。在以峇里人為對象的實驗中，嬰兒用啼哭告訴我們，他們需要感情而非冷漠。成年的峇里人不像美國人那麼需要愛，他們也用嚴格手段訓練小孩不要要求別人的愛，不要指望別人愛。但孩子們並不喜歡這種訓練，所以在接受訓練時哭得厲害。

四、最後，我們在健康的成人身上看到了什麼？他們幾乎全都過著愛的生活，給予和接受愛。另外，他們也正在愛著別人。而弔詭的是，他們對愛的需求比一般人少，顯然是因為他們已經獲得了足夠的愛。

任何其他匱乏症都可以為我們提供完美的佐證，讓我們的論點更有說服力。現在，假定有一隻動物缺鹽。首先，缺鹽會引起病態。其次，攝取額外的鹽分可以減輕或治癒這些病症。第三，當一隻白老鼠或一個人缺鹽，若有選擇機會的話，他們會偏好多鹽的食物，也就是說偏好攝取大量的鹽分。第四，我們發現，健康的有機體，也就是本來已經攝取了足夠鹽分的有機體，並不特別渴望或者需要鹽分。

所以我們可以說，就像有機體需要鹽來保持健康和避免疾病，出於同樣理由，他也需要愛。換言之，我們可以說有機體天生就需要鹽和愛，正如汽車就其設計來說就是需要機油和汽油。

有關良好的條件或可能的範圍我們已經談了很多，也就是那些從事科學工作時往往不可少的特殊觀察條件，相當於說「只有在怎樣怎樣的情況下才能成立」。

好的環境要能提供什麼？

什麼樣的條件下人的本性才得以展現？讓我們看看當代動力心理學的觀點。如果我們主張人有著固有的、輪廓模糊的本性，那麼顯然這種內在本性是非常微弱的，不像在低等動物身上那樣強大。低等動物從來不會懷疑自己是誰、想要什麼和不想要什麼。人類對於愛、知識和某種人生觀的需求是微弱而非明確無疑，是輕聲細語而不是大聲嚷嚷。這種輕柔語調很容易就會被淹沒。

為了發現人類的需求、知道它們是什麼，有必要建立一個特殊的環境去促進這些需求和能力。大體來說，這些條件可以概括為「縱容滿足」和「縱容表達」。我們要怎麼知道對懷孕的白老鼠來說，最好的食物是什麼？方法就是讓牠們有很大的選擇範圍，讓牠們吃任何想吃的東西，讓牠們任何時候想吃都可以吃到，愛吃多少便吃多少。我們知道每個嬰兒斷奶的最佳時間各有不同，要怎樣決定這個時間呢？我們當然無法問嬰兒自己，但我們也學會不去問老派的專家。我們讓嬰兒有所選擇，讓他們自己來決定。我們同時提供他們液態和固態的食物，如果固態食物吸引他們，他們自然就會斷奶。我們已經學會以同樣方式讓兒童告訴我們，他們什麼時候需要愛、保護、尊重和控制。已知這種模式對精神治療最為有利，事實上長遠來說也是唯一有可能成功的。容許當事人在一個大範圍內自由選擇，對形形色色的社會處境都是有用的，例如讓懲教所的被收容人選擇室友、在大學裡讓學生選擇老師和課程、讓轟炸機的機組員自行選擇搭檔等等。（我迴避了有益的挫折和為滿足設限這個棘手但重要的問題。我只是想指出，雖然「縱容」對我們的實驗目的最為有利，但它不足以教導個人為他人著想、知覺自己的需求或什麼對未來發展是必要。）

所以從促進自我實現或健康的角度來看，理論上一個好的環境能夠提供所有必要原料，然後就站到一邊，讓有機體表達需求和做出選擇；但要記得，有機體常常會為了他人的緣故而選擇延遲和克制需求，而其他的人同樣會有要求和欲望。

環境和人格

在努力理解「正常」的新概念及其與環境的關係時，會碰到另一個重要問題。這個概念的一個理論後果是：完美的健康必須以完美的世界為前提才能出現。不過在實際研究中，情況並不完全如此。

我們有可能在遠遠不及完美的社會中找到極為健康的人。這些人當然並不完美，卻是我們此刻能夠想像的最棒的人。因為身處的時代和文化不同，我們無法知道人究竟能夠變得有多完美。

不管怎樣，既有的研究都得到一個重要的發現：人有可能比他們生活在其中的文化更為健康，甚至健康得多。這種情形之所以可能，主要是因為健康的人有能力抽離周遭環境，也就是說他們是按照內在法則而不是外在壓力生活。

我們的文化相當民主和多元，容許人們有相當大的特立獨行的自由，只要他們的行為不是太有威脅性或太嚇人。健康的人通常不是肉眼可以判別。他們沒有不尋常的衣著或行為舉止，是一種內在自由讓他們成為他們。只要他們不在乎別人的肯定或否定，只要他們追尋的是自我肯定，他們就擁有心理的自主性，相對獨立於文化。對品味和意見的自由表現和寬容看來是基本必要條件。

總而言之，既有的研究顯示，雖然好的環境可以促進好的人格，但這種關係遠非完美無缺。另外，好環境的定義也必須加以修正，除了強調物質和經濟力量，還必須強調精神和心理的力量。

心理的烏托邦

我曾經假想一個人人都心理健康的心理烏托邦，我稱之為「優心態國度」（Eupsychia）。根據我們對健康者的所知，我們是否能夠預見，如果有一千個健康家庭移民到一片杳無人跡之地，可以按照自己喜歡的方式發展自己的社群，那麼他們會發展出什麼樣的文化？他們會選擇什麼樣的教育制度、經濟制度、性傾向和宗教？

我對某些事情沒有把握，特別是經濟方面，但對其他事情則非常確定，其中之一是，可以肯定他們一定會形成一個高度無政府主義的群體，一個具道家色彩但又充滿愛的文化，在其中的人比我們現在有更多的選擇自由，他們的基本需求和後設需求受到更大的尊重。人們將不會像我們現在這樣過度地相互干擾，更少傾向於將宗教、人生觀、穿著或飲食的品味強加給別人。換言之，這些「優心態國度」的居民會更具有道家色彩、更不干擾別人、更加願意滿足別人的基本需求、只會在特定情況下阻礙別人，以及允許人有更大的選擇自由。他們比我們少了更多控制慾、暴力、輕視或傲慢。在這樣的環境下，最深層的人性將會更容易表現出來。

必須指出的是，成年的人類是特例。自由選擇的情況並不必然對所有人起作用，只會對完整的人有效。精神官能症患者會做出錯誤選擇，他們不知道自己想要什麼，即使知道也沒有足夠勇氣做出正確選擇。當我們談到人的選擇自由時，我們是指未被扭曲或蒙蔽的健全成人或兒童。大部分有關選擇自由的有效實驗都是以動物為對象。而通過分析心理治療的過程，我們在臨床的層次上對此學到了許多。

「正常」的性質

現在回到我們一開始提出的問題：「正常」的性質。我們幾近把正常界定為我們能夠達到的最佳表現。但這個理想不是遙不可及的目標，事實上它就內在於我們，隱約地存在著，是一種潛能，而不是一種現實。

再者，我所主張的正常概念乃是被發現而不是被發明的，是奠基於經驗研究成果而不是希望或願望。它隱含著一個嚴格的自然主義的價值系統，那是可以透過進一步研究人性而加以擴展的。這類研究應該可以幫助我們回答那些年深日久的問題，例如：「要怎樣才能成為一個好人？」「要怎樣才能過上美好的生活？」「要怎樣才能快樂、有收穫和自己和睦相處？」如果有機體會因為某些需求被剝奪而生病或枯萎，那等於告訴我們它需要什麼、珍視什麼，以及什麼對它是有益處的。

最後一點。在較新的動力心理學裡，關鍵概念是自發性、釋放、自然性、自我選擇、自我接納、衝動自覺，以及基本需求的滿足。而在過去，基本概念是控制、壓抑、管教、訓練和形塑，抱持著人性是危險、邪惡和貪婪的信念。教育、家庭訓練、教養和涵化被認為是把我們內在的黑暗力量加以馴化的過程。

這兩種對人性的不同概念讓我們對於何謂好的社會、好的法律、好的教育和家庭有不同看法——它們在其中一個概念中被視為拘束性和控制性的力量；在另一個概念中則被視為滿足性和實現性的力量。我必須再次強調，拘束和控制分為兩類，一類會阻礙基本需求和害怕基本需求；另一類卻可以擴大基本需求的滿足，例如延遲性高潮、以優雅的方式進食、講究游泳技巧等等。當然，這是一種過分簡化的二分法；這兩種概念不太可能全對或全錯，但理想型的比較有助加深我們的認知。

不管怎樣，如果把「正常」等同於理想健康狀態的概念站得住腳的話，我們就必須改變個體心理學的概念，還必須改變社會理論。

第三部

自我實現

SELF-ACTUALIZATION

第十一章

自我實現的人：心理健康研究

本章所呈現的研究在許多方面來說都是特別的。它不像一般研究是有計畫的；它不是一個社會方案而是私人的計畫，出於我的好奇心，目的是解決各種個人的道德、倫理和科學難題。這個研究只是為了說服和教育我自己，不是要向別人證明什麼。

然而，出乎意料，這些研究對我深具啟發性，充滿令人振奮的意涵，以致雖然有方法上的缺失，仍然值得以某種形式示人。

此外，我認為心理健康的問題相當迫切，**任何**的建議和資料（不管容有多少討論空間）都含有重要的啟發價值。這類研究本質上非常困難，有點像是把自己從自己的規範中拉出來，所以如果我們期待符合常規的可靠材料，可能會遙遙無期。看來我們應該做的是不害怕錯誤，投入其中，盡所能的研究，希望可以從錯誤中學習，從而改正錯誤。目前唯一的選擇是先把懷疑放一邊。因此，不管我們能夠從以下內容得到什麼益處，我都要向那些堅持傳統可靠性、有效性和取樣方式的人表達歉意。

研究取徑

研究對象和研究方法

研究對象是我熟識的人和朋友，還有就是公眾人物和歷史人物。此外，在一開始針對年輕人做的研究，我從三千名大學生中僅篩選出一個研究對象，另有一、二十名也許將來可以作為研究對象（「成長良好的」）。

就此而論，我認為我在較年長的研究對象身上發現的那種自我實現的特質，不大可能存在於我們社會中正在發展的年輕人身上。

因此，在跟羅斯金（E. Raskin）和弗里德曼（D. Freedman）合作的一個研究中，我們找了一群**相對**健康的大學生。我們在所有大學生中隨意挑選最健康的百分之一。這項研究原定進行兩年，卻在完成之前被中斷。儘管如此，它在臨床的意義上仍然頗有教益。

我們原本曾希望小說家或戲劇家創造的人物可以作為例證，結果卻發現在我們的時代和文化中，沒有這樣的人物可以用（這件事本身就發人深省）。

汰選研究對象所依據的第一個臨床定義具有正反意義。消極的判準是沒有精神官能症、病態人格、精神病或這些方面的強烈傾向。可能的身心疾患需要更仔細的檢視和過濾；只要可行，我們都會採用羅夏測驗。而事實證明，這種測驗更有利於揭露隱藏的心理病態而非篩選健康人選。汰選的積極判準是自我實現的正面證據，這是一系列難於精確描述的特徵。為了方便討論，自我實現大概可以形容為是對天賦、能力、潛能等等的充分利用。這些人看來實現了自己，把自己能夠做到的都做到最好，讓人聯想到尼采的呼籲：「成為己之所是！」他們是已經發展成或正在發展成他們所能夠成為的全部自己。他們的潛能也許是個人的，也許是全人類共通的。

這個判準還包含基本需求（安全感、歸屬感、愛、尊重、自尊等）以及認知需求（知識和理解）的滿足，在某些例子裡還包括克服這些需求。也就是說，所有研究對象都感到安全、不焦慮、被接納、被愛、被尊重，確立了自己的哲學、宗教或價值取向。至於基本滿足是自我實現的充分條件抑或只是先決條件，這個問題則有待討論。

總的來說，我們用來汰選研究對象的技術是疊代法（iteration），這個方法先前曾被用於研究自尊和安全感的人格症候群（見本書的第十八章）。簡言之就是：以個人或文化的非專業性的信念為起點，對人格症候群的各種現存的定義和適用方式進行比較，然後再更仔細地加以定義——在定義時仍然採實際的用法（可稱為詞典階段的用法），但排除在一般定義中常見的邏輯和事實的矛盾。

根據修正過的通俗定義，第一批研究對象被挑選出來，其中一組符合程度較高，另一組程度較低。我們盡可能以臨床方法仔細研究這兩組人，然後根據這種經驗研究，進一步修正通俗的定義以符合現有的資料需求。如此一來得出了第一個臨床定義。根據這個新定義，我們又重新篩選研究對象，有一些人被保留下來，有一些人被淘汰，再增加一些新的成員。接著又對這群研究對象進行臨床研究，可能的話還會進行實驗研究和統計研究，得到的結果再一次拿來修正和豐富第一個臨床定義，由此再選出一批新的研究對象。透過這種方式，原本模糊和不科學的通俗概念會變得愈來愈精確，在特徵上愈來愈便於操作，也因此是愈來愈科學的。

當然，一些外在的、理論的和實際的考量也許會介入這個不斷迴旋的自我修正過程。

例如，在研究的早期我們發現通俗用法不切實際，沒有人可能符合它的要求，所以我們必須停止因為一個小缺點、錯誤或與愚蠢就排除一個可能的研究對象；換句話說，我們不能以完全符合作為挑選基礎，因為沒有研究對象是完全符合的。

另一個難題是，在所有個案中，我們都不可能得到臨床研究往往會要求的那種充分且讓人滿意的資訊。當潛在的研究對象知道了研究目的之後，可能會變得不自在或態度冷淡，或是用笑來掩飾努力，或是終止合作關係。基於這樣的經驗，我們對較年長的研究對象都是採取間接的、近乎是偷偷摸摸的研究方式。只有較年輕的人可以進行直接研究。

由於我們不能公布研究對象的姓名，一般科學工作的兩項要求變得難以達成：研究的可重複性，以及作為結論來源的資料的公開性。這個困難透過納入公共和歷史人物而得以克服，還有針對年輕人和兒童所做的補充研究。

研究對象分為以下的範疇：[1]

個案：七個相當確定和兩個高度可能的當代人（訪談）

兩個相當確定的歷史人物（晚年的林肯和傑佛遜）

七個高度可能的公共和歷史人物（愛因斯坦、愛蓮娜・羅斯福、珍・亞當斯、

1原注：Bonner (1961, p.97), Bugental(68, pp. 264-276), the Manual and Bibliography for Shostrom's POI Test of Self-Actualization (1963, 1968).

威廉·詹姆斯、史懷哲、阿道斯·赫胥黎、斯賓諾莎）

部分個案：五個有若干條件不足但仍可以作為研究的當代人[2]

資料的搜集和呈現

這裡的資料與其說是來自搜集特殊的、分散的事實，不如說是緩慢建立起整體和完整的印象，就像我們認識朋友的過程。我們很難設計情境，問較年長的研究對象一些尖銳的問題，或對他們進行測驗（對較年輕的研究對象倒是可能）。我們的接觸是出於偶然和一般的社交。在可能的情況下，我們也會向他們的朋友和親戚打聽。

由於這些原因，也因為研究對象的數量少和資料不完備，任何定量的呈現都是不可能的。我只能提供綜合的印象而無法顧及它們是不是有價值。

觀察結果

對這些總體印象所做的完整分析，得出了自我實現者的以下特徵，可供進一步臨床和實驗研究：對現實的感知、接納、自發性、問題導向、獨處、自主、鑑賞力、高峰體驗、謙卑和尊重、人際關係、倫理學、手段與目的、幽默感、創造性、對濡化的反抗、不完美、價值、二分法的消解。

對現實的感知

引人注意的第一點是，他們分辨虛偽、虛假和不誠實的能力特別高，而且一般來說都能夠正確且有效地判斷別人。在對一群大學生所做的一個非正式實驗中，我們發現相較於沒有安全感的學生，有安全感的學生對他們的教授明顯有更加正確的判斷，也就是說在S-I測驗中得分較高。（Maslow, 1952）

隨著研究進展，我們發現他們的這種感知效率延伸到生活的很多其他領域，事實上是我們觀察的所有領域。在藝術和音樂、知性的事物、科學問題、政治和公共事務上，他們比其他人更能夠快速和正確地看出被隱藏或混淆的事實。一個非正式的調查顯示，他們根據掌握的事實來預測未來時，往往也比較正確，因為他們的預測較少被渴望、焦慮、恐懼或由性格決定的樂觀或悲觀傾向左右。

起初我們把這種表現稱為良好的品味或良好的判斷力，言下之意是它們乃是相對而非絕對。但出於很多理由（有些下面會詳述），愈來愈清楚的是，這種表現應該被稱為對確

2原注：其他人建議或研究的潛在及可能個案包括：G. W. Carver, Eugene V. Debs, Thomas Eakins, Fritz Possible Gasps: Kreisler, Goethe, Pablo Casals, Martin Buber, Danilo Cases suggested Dolci, Arthur E. Morgan, John Keats, David Hubert, Arthur Waley, D. T. Suzuki, Adlai Stevenson, Sholoin others: Aleichem, Robert Browning, Ralph Waldo Emerson, Frederick Douglass, Joseph Schumpeter, Bob Benchley, Ida Tarbell, Harriet Tiibman, George Washington, Karl Muenzinger, Joseph Haydn, Camille Pissarro, Edward Bihring, George William Russell (A. E.), Pierre Renoir, Henry Wadsworth Longfellow, Peter Kropotkin, John Altgeld, Thomas More, Edward Bellamy, Benjamin Franklin, John Muir, Walt Whitman.

實存在的事物（而非想法或意見）的知覺。但願這個結論或假設有朝一日可以透過實驗來檢證。

真若如此，再怎樣強調它的重要性都不為過。英國精神分析師莫迪・凱爾（Money-Kyrle, 1944）指出，他相信精神官能症患者不只是**相對**沒有效率，還是**絕對**沒有效率，原因是他們對真實世界的知覺不若健康的人那麼精確或有效，所以他們不是情緒生病，而是認知錯誤！如果健康和精神官能症分別代表對現實的正確和錯誤知覺，那麼事實問題和價值問題在此就合而為一了，也因此價值命題原則上可以用經驗加以佐證，而不只是品味或見解的問題。深思過這個問題的人將會明白，顯然在此我們為真正的價值科學奠定了部分基礎，從而還有倫理學、社會關係、政治和宗教，諸如此類。

適應不良和嚴重的精神官能症對知覺的干擾程度有可能影響到視覺、觸覺或味覺。不過我們大概也可以證明，這種影響同樣會發生在生理之外的知覺領域。同理，健康的人的願望、欲望和偏見對知覺的影響應該比生病者少得多。先驗的考量支持以下假設：感知現實的優越能力會讓人在推理、理解事實、邏輯思考和認知效率上更勝一籌。

這種優越關係一個尤其重要和具啟發性的層面將在第十三章詳細討論。自我實現者比大多數人更容易區別一般化、抽象化和範疇化的事物與新的、具體的和獨特的事物。他們生活在一個真實的自然世界，而非概念、抽象、預期、信念和刻板印象造就的大雜燴；多數人會把後者當成是世界本身。因此，自我實現者能夠知覺事物的真實，不會被自己的願望、希望、恐懼、焦慮、理論和信念所蒙蔽。他們擁有一雙里德（Herbert Read）所謂的「無邪之眼」（innocent eye）。

和「未知」（the unkown）的關係看來特別有望作為學院心理學和臨床心理學之間的橋梁。不同於一般人，健康的研究對象一般不會對未知感到畏懼。他們接受未知，與之相處自如，而且往往受其吸引更甚於「已知」。他們不只能夠忍受模稜兩可和沒有結構的事物（Frenkel-Brunswik, 1949），還喜歡這種事物。愛因斯坦的話相當適用在這些人身上：

「我們能經驗的最美麗事物就是神祕的事物。它是所有藝術和科學的泉源。」

確實這些人都是知識份子、研究者和科學家，所以這種傾向的主要決定因素大概是知性力量。不過我們知道有很多高智商的科學家因為膽怯、墨守成規、焦慮和其他性格缺陷，所以只看已知的事物，反覆琢磨、整理和分類，為此浪費時間沒有去做他們應該做的發現與探索。

健康的人因為不畏懼未知，所以不會沉溺在空煩惱或想辦法保護自己免於想像的危害。對於未知，他們不會忽略它、否定它、逃避它或假裝未知是已知，也不會貿然將之組織化、二分化和加以分類。他們不會緊抓著熟悉事物不放，他們對真理的追求也不是出於對確定性、安全感和規則秩序的病態需求，這樣的需求我們在戈德斯坦的腦傷病患（Goldstein, 1939）和強迫性精神官能症患者身上可以看到。當客觀環境使然，自我實現者在混亂、鬆散、含糊、懷疑、不肯定、不明確或不精準的狀態（在科學、藝術和人生的某些時刻皆是如此）下同樣可以感到自在。

對多數人而言，懷疑、猶豫、不確定從而導致延遲決定是一種折磨，但對某些人來說卻是令人愉快的刺激挑戰，是生活中的一個高潮。

接納

許多乍看不相干的個人特質，也許可以被理解為是一種更基本的態度的展現或是衍生物；而這種態度就是：相對來說，更不會受到讓人透不過氣的罪惡感、損害身心的羞愧和強烈的焦慮所影響。精神官能症患者則是反例，他們在任何時候都會感到內疚或羞愧或焦慮，使得生活顛仆難行。就連我們文化中的正常人也常常會不必要地對許許多多事情感到內疚或羞愧，或在很多場合出現無謂的焦慮。反觀自我實現者能夠接納自己，不自怨自艾，也不會有太多無謂的擔心。

他們以一種斯多噶派的態度接受人性的所有缺點，相信自己就算不甚完美也沒關係。我們不能說他們是自滿。他們能夠以接受大自然的那種坦然的精神來對待人性中的過失、軟弱和罪惡。我們並不會因為水是濕的、石頭是硬的或樹是綠色的而有所抱怨。自我實現者就像小孩那樣，睜大無邪之眼打量這個世界，不對世界有所批判或想要它變成其他樣子。他們也用同樣的態度看待自己和他人的人性。這和認命當然不一樣，不過在我們的研究對象身上一樣可以看見認命的態度，特別是在他們面對疾病和死亡的時候。

自我實現者對現實的知覺更加清晰，他們如實看待人性，而非根據他們想要看見的樣子。他們沒有戴著會扭曲事物的有色鏡片看待眼前一切。（Bergson, 1944）。

首先和最明顯的接納層次是所謂的動物層次。自我實現者往往是健康的動物，食慾好、生活快活，沒有遺憾或羞愧。他們向來有好胃口，看來也有好睡眠，能夠享受性生活，沒有不必要的壓抑，對所有其他生理衝動也是如此。他們不只能夠在這個低層次上接納自己，也能夠在愛、安全感、歸屬、榮譽和自尊等所有層次上接納自己，因為他們傾向於接受自然的一切，不去批評自然為什麼不把事物造成別的樣子。這表現在他們比一般人更不會對食物嫌東嫌西，不會覺得身體產物、氣味或功能是噁心的。

與自我接納及接納他人密切相關的是：一、他們沒有防衛心、保護色或偽裝；二、他們厭惡別人的假惺惺、詭詐、裝腔作勢、耍花招、以庸俗方式譁眾取寵，這一切都不會出現在他們身上。由於他們甚至對自己的缺點感到自在，以至於到最後，特別是在人生晚期，他們不會把這些缺點看成是弱點，而只是中性的個人特徵。

他們並不是完全缺乏內疚、羞愧、憂傷、焦慮或防衛性。他們只是沒有不必要或神經質的內疚、羞愧、憂傷、焦慮或防衛性。動物性過程，例如性愛、排泄、懷孕、月經和老化等等，是現實的一部分，所以是必須接納的。

會讓健康的人感到內疚或羞慚、焦慮、憂傷、後悔的是：一、可改善的缺點，例如懶惰、發脾氣、傷害別人；二、心理不健康的頑固殘餘，例如偏見、嫉妒、妒忌；三、習慣，雖然它相對獨立於性格結構，但仍然很強烈；四、物種、文化或他們所認同的群體的缺失。總的來說，健康的人會因為實然和應然的差異感到不快。（Adler, 1939; Fromm, 1947; Horney, 1950）

自發性

自我實現者在行為上有一定的自發性，在內心生活、思想和衝動上有著更高的自發性。他們的行為以單純和自然（naturalness）為特徵，沒有人為造作。這不表示他們一定會表現出離經叛道的行為。如果我們實際計算他們不符常規的行為，會發現其實並不多。他們的不落窠臼不是發生在表面，而是在內在的層次。他們的衝動、思想和意識都非常的不落俗套、自發和自然。由於他們知道這個世界上的人不會明白或接受，又因為不想在每件瑣事上傷害或為難別人，自我實現者往往會尊重和接受各種傳統的禮儀和儀式。我看過一個人選擇接受一項他私底下鄙視的榮耀，不以此做文章和傷害那些想要取悅他的人。

不過這種從俗只是一件他們輕輕披在肩上的斗篷，輕易就可以丟棄。這樣的事實表現在自我實現者不太會讓窠臼阻礙他們做他們認為非常重要的事情。這種時候他們不囿於常規的靈魂便會顯露出來。然而與一般的波希米亞人或反抗權威者不同的是，他們不會為雞毛蒜皮的小事大作文章，不會把無關緊要的規章制度當成天大的事那樣抵抗不從。

當自我實現者沉浸在讓他們深感興趣的事物時，也會表現出這種態度。他們可以毫不在乎地拋開他們平時會遵守的行為規則，彷彿遵守規則要付出多大努力似的，而他們是自願和刻意去遵守的。

最後，當自我實現者與那些不要求或期待遵循慣例的人相處時，他們會樂於拋開枷鎖。對我們的研究對象而言，根據俗套做事是一種負擔，他們更喜歡和允許他們更自由、更自然和更自發的人共處，這讓他們可以擺脫那些有時會讓他們覺得費力的行為。

由此而來的一個結果就是，這些人的道德原則是相對自主和個體化的，不那麼依循慣例。不用心的觀察者也許會認為，他們的行為是不道德的，因為他們不只會打破慣例，有時還會違反法律。但情況正好相反。自我實現者是最講道德的人，雖然他們的道德不必然和周遭的人一樣。正是這種觀察讓我們明白，一般人的道德行為只是遵從慣例，不是真正的道德行為，例如遵循被視為真實且被接受的基本原則。

因為不喜歡一般慣例、假設、謊言和不一致的社會生活，自我實現者有時會覺得自己是這片陌生土地上的外來者，行為上有時也會表現得如此。

這並不是說他們設法隱藏自己的真實面貌。有時候他們會出於對僵化的慣例和盲目的習俗的憤怒，恣意放任自己。例如，他們也許會設法教導別人或保護別人不致受到傷害或不公平的對待，或者有時他們的內在情感會洶湧得無法壓抑。在這些情況下，我觀察到他們並不會對他們給人的印象感到焦慮、內疚或羞愧。他們表示自己一般都會按照慣例行事，因為所涉並非什麼重大事情，又或者如果他們以別的方式做會讓他人受傷或尷尬。

他們對現實更有穿透力，他們有著近乎動物或兒童的自我接納性和自發性，這表示他們對自己的衝動、欲望、意見和主觀反應有更高的自覺。（Fromm, 1947; Rand, 1943; Reik, 1948）對這種能力的臨床研究證實了弗洛姆所說的，適應良好的人對自己是誰、想要什麼和有什麼想法往往有最完整的認知。

正是這樣的主張最終讓我們發現到自我實現者和其他人一個最重大的差異：前者的動機生活在數量上和性質上皆有別於一般人。看來我們必須為他們另外創立一種完全不同的動機心理學，例如一種研究表現性動機、成長性動機而不是匱乏性動機的心理學。對「生活」和「**準備**生活」做出區分是有用的。普通的動機概念大概只適用於非自我實現者。我們的研究對象不再進行一般意義下的努力追求，而是在發展。他們想要臻至完美，按照自己的方式發展得愈來愈充分。一般人的動機是奮力取得他們缺乏的基本需求滿足。自我實現者不缺少任何需求滿足，但他們還是有衝動。對他們來說，動機只有性格成長、性格表現、成熟和發展，一言蔽之，就是自我實現。這些自我實現者是否更能揭示人類物種的原始本性？他們在分類學上的意義更接近人類嗎？要評斷一個物種，是要透過那些殘缺、扭曲和發展不全的成員，還是那些被馴化、被關在籠子裡、訓練有素的成員？

問題導向

我們的研究對象通常非常關注他們自己以外的問題。用流行的術語來說，他們是問題導向而非自我中心。他們一般來說對自己沒有問題，也不太關心自己，例如他們不像沒有安全感的人那樣喜歡反觀內省。這些人通常有著使命感，有必須完成的任務，自身以外的問題會占去他們大量精力。（Bühler & Massarik, 1968; Frankl, 1969）

那不必是他們喜歡或自己選擇的任務，可能是他們覺得是自己的責任或義務所在。這就是為什麼我們稱之為「他們必須從事的任務」，而不是「他們想要做的事」。一般來說，這些任務不是個人的，而是攸關全人類或一個民族的福祉，或者是家庭的福祉。

除了少數例外，我們的研究對象一般關切的是被稱為哲學或倫理學的基本議題和永恆問題。這些人是生活在最寬廣的參考框架中。他們不會見樹不見林。他們在一個寬闊和普遍的價值體系下工作，思考單位是一個世紀而不是一時一刻。總之，這些人在某個意義下是哲學家。

這樣的態度當然對於日常生活的每個領域都具有許多意涵。例如，我們最初研究的一個顯著特質（大器，bigness）就可以納入這種態度。超越瑣事，擁有更高的眼界和更廣闊的視野，生活在最大的可能中，以永恆的觀點來看事情，這些都具有社會和人際重要性，不只讓他們自己也讓與他們有關連的所有人都過得更好。

獨處

我的所有研究對象都不會受到孤獨的傷害，也不會對孤獨有不安的感覺。另外，他們幾乎所有人都**喜歡**獨處，程度遠高於一般人。

他們經常可以超然物外，不受那些會擾亂其他人的力量所影響。對他們來說，保持超然、冷淡、平靜、安詳很容易，所以遇到問題時不會像一般人那樣激烈反應。他們在最不堪的環境和處境中仍然能夠保持尊嚴，因為他們對處境的了解是按照自己的詮釋，而不是他人的感覺或想法。他們的這種冷靜也許會漸漸轉變為嚴峻和冷漠。

這種抽離的性質可能和某些特質有關。首先，我們的研究對象比一般人更為客觀（**各種**意義下的客觀）。他們是問題導向多於自我中心，即使面對的問題關乎自己時亦然。也因此他們能夠聚精會神至一般人難以企及的程度。強烈的專心致志又會讓他們渾然忘記外在環境的存在。正因如此，自我實現者很容易熟睡，食慾也不受影響，在面對難題、壓力和責任時仍然能夠自在以對。

在與多數人的社交互動中，抽離會產生若干的麻煩和問題。「正常人」很容易會把抽離解釋為冷漠、缺乏感情、不友善，甚至是敵意。相較之下，一般的友誼關係更黏人、更要求、更渴望恭維、支持和熱情，也更有排他性。在一般意義下，自我實現者確實不需要別人，但由於被需要感通常是誠摯友誼的表現，所以抽離明顯不容易被接受。

自主的另一個意義是自我決定、自我管理、主動負責任而不是被他人「決定」，是強者而非弱者。我的研究對象都是有主見的人，對自己的命運負責。這是一種微妙的性質，不容易用筆墨形容，卻很重要。他們使得我把本來被認為是人類正常表現的很多行為改視為是病態、不正常或軟弱的。有很多人不會自己拿主意，而是任由銷售人員、廣告、父母、宣傳者、電視和報紙牽著鼻子走。他們都是任人擺佈的卒子，不是自動、自決的個人。所以他們容易感到無助、軟弱和受制於人。他們是掠食者的獵物而不是自決和負責的人。這種不負責任對於自我選擇的政治和經濟[3]顯然會是一場災難。民主社會必須是由自我行動、自我決定、自我選擇的人組成。

根據阿什（Asch,1965）和麥克里蘭德（McClelland, 1961, 1964; McClelland & Winter, 1969）所做的大量實驗，我們可以推測，我們的人口中人概有百分之五至三十是自決者（self-determiner）。在我對自我實現者的研究中，他們百分百是自決者。

最後我必須提出一個聲明，哪怕它會對很多神學家、哲學家和科學家帶來困擾：自我實現者比一般人有更多的「自由意志」和更少「被決定」。不管「自由意志」和「決定論」這兩個名詞在實際應用中如何被定義，它們在這項研究中是經驗事實。另外，它們是程度的概念，有多寡之分，不是全有或全無。

自主

自我實現者的一個特徵是他們相對獨立於物理和社會環境。由於他們是受成長動機而

3 譯按：指民主政治和自由經濟。

非匱乏動機所驅動，所以他們並不依賴真實世界中的滿足。他們的發展和持續成長仰賴他們自己的潛能和潛在資源。就像樹木需要陽光、水和養分，人也需要愛、安全感和其他基本需求的滿足，而這些滿足只能來自外部；一旦獲得了這些外在滿足，內在匱乏被外在滿足餵飽，個人發展的真正挑戰於是展開。

獨立於環境意味著面臨厄運、打擊、剝奪或挫折的時候，他們能夠保持相對穩定。他們在足以驅使其他人自殺的環境下維持平靜，因此可被稱為「自立的人」。

受匱乏驅動的人不能沒有其他人，因為他們主要的需求滿足（愛、安全感、尊重、威望、歸屬感等等）只能夠來自其他人。然而，由成長驅動的人卻有可能受到他人的妨礙。對他們來說，滿足和美好生活的決定因素是內在於個人，不是社會性的。他們強壯得足以不受他人意見影響，甚至不受他人的情感影響。榮譽、地位、獎賞、受歡迎、威望和愛必然會變得不若自我發展和內在成長來得重要。必須記住，要達到這種超越愛和尊重的境界，最好的方法（儘管不是唯一方法）是過去被給予大量的愛和尊重。

清新的鑑賞力

自我實現者有一種奇妙的能力，可以帶著敬畏、驚奇、甚至狂喜，反覆欣賞生命中的美好事物，每次看見都有如初見般，感受到威爾遜（Wilson, 1969）所謂的「新性」（newness）。對他們來說，每次日落也許都像第一次日落那樣漂亮，每朵花都可愛得讓人屏息，哪怕已經是他看見的第一百萬朵花。他所見的第一千個嬰兒也像他所見到的第一個那樣令他驚嘆不已。在結婚三十年後，他仍會覺得自己的婚姻幸福；當妻子六十歲了，他仍然像四十年前那樣為她的美感到驚喜。對這樣的人來說，生活小事也會讓他們激動、興奮和狂喜。這種強烈感覺不會總是出現，只是偶爾為之，卻經常是出現在最讓人意想不到的一刻。例如一個人乘坐渡輪過河十次都沒有什麼感覺，但在第十一次時卻突然像第一次渡河時那樣，強烈感受到景緻的美而為之讚嘆不已。（Eastman, 1928）

不同的人鍾情於不同事物的美。我的某些研究對象欣賞大自然的美，有些人欣賞孩童的美，還有些人欣賞音樂的美。不過他們無一例外會從各自所欣賞的美裡吸取到靈感與力量。反之，他們沒有任何人是從上酒店、賺大錢或享受派對而產生類似反應。

也許還可以加上一種特殊的體驗。在我的研究對象中，有好幾個人認為性歡樂（特別是高潮）提供的不只是轉瞬即逝的快感，還是精力的補充；有些人可以從音樂或大自然中獲得這種感覺。我會在談神祕經驗的章節中再論及這個主題。

這種主觀體驗的強烈豐富性，可能與前述那種對具體現實的理解有關。我們所謂的了無新意，大概是把某個豐富的知覺歸入某個範疇的結果，而我們會這樣做，是因為覺得那個知覺不再有用、有威脅性或與自我有關。（Bergson, 1944）

我愈來愈相信，身在福中不知福的傾向乃是人類的罪惡、悲劇和痛苦最重要的非惡源頭之一。我們會看扁被我們視為理所當然的東西，所以往往用身邊的無價之寶去換取一文不值的東西，留下無盡的懊惱和悔恨。死去的妻子、丈夫、兒女和朋友往往比他們活著的時候得到更多的愛和感激。類似的情況也見於身體健康、政治自由和經濟幸福，我們都是在失去之後才明白它們的真正價值。

赫茲伯格（Herzberg, 1966）對工業中「衛生」因素的研究、威爾遜（Wilson, 1967, 1969）對聖尼奧特邊際（St. Neot's Margin）的觀察和我對「低級牢騷、高級牢騷和超級牢騷」的研究（1965b）都顯示，如果我們能夠像自我實現者那樣對待身邊的幸事，如果我們能夠保持他們看待好運那種常新的感覺和感激，我們的生活可以獲得大大改善。

高峰體驗

那種被稱為神祕體驗和被威廉．詹姆斯生動描述（James, 1958）的主觀表達，在我的研究對象來說是一種相當尋常的經驗，但並非人人皆然。上一節描述的強烈情感有時會變得足夠強烈、混亂和擴散，從而被稱為神祕體驗。我對這個主題的興趣和注意是被幾個研究對象所勾起。他們用來描述自己性高潮的詞語讓我微微感到耳熟，後來我才想到，一些作家也是用那樣的詞語來形容神祕體驗。在這種體驗中，當事人會感覺視野無限開展，變得更有力量卻又更加無助，感到狂喜、驚奇和敬畏，失去時間和空間感，深信有些極為重要和充滿價值的事情曾經發生。這些感覺讓我的研究對象在日常生活中感受到了某種程度的轉化和強化。

區別這些體驗和任何神學或超自然現象的關係非常重要，儘管兩者被牽連在一起已經有幾千年之久。由於這種體驗是一種自然體驗，完全不在科學的管轄範圍內，所以我稱之為高峰體驗（peak experience）。

從我們的研究對象得知，這類體驗的強度有別。神學文獻一般假定神祕體驗和其他所有體驗的性質完全不同。然而，一旦卸下它和超自然界的關係，把它當作一種自然現象來研究，就有可能把神祕體驗視為一個力量由強到弱的連續體。然後我們會發現，**輕度**的神祕體驗會發生在很多人身上，在受惠者身上更是常常發生，甚至每日發生。

顯然強烈的神祕體驗或高峰體驗是失去自我或超越自我的經驗的強烈化，包括專注於問題、強烈聚精會神、強烈感官感受、自我遺忘，以及沉醉在音樂或藝術中的經驗。

從本研究在一九三五年開始以來，多年來我學會更加強調「高峰者」（peakers）和「非高峰者」（nonpeakers）的區別。這很可能只是一個程度或量性的區別，卻是非常重要的區別。其中一些重要後果我已經在其他著作（Maslow, 1969b）做了詳細說明。若要做出扼要的總結，我會說非高峰型的自我實現者看來是講究實際、追求效率的人，是成功生活在世界中的中型者（mesomorph）。「高峰者」則是生活在「存有」（Being）的領域，在詩歌和美學的領域，在象徵的領域，在超越的領域，在神祕、個人性和非機構性的宗教的領域，在目的經驗的領域。我預測這種區別將會是性格學的重要類型差別之一，對社會生活尤其關鍵，因為那些「僅僅是健康」的非高峰型自我實現者，似乎更可能成為人類社會的改善者、政治家、社會工作者、改革家和聖戰者，而那些超凡脫俗的「高峰者」更有可能寫詩、創作音樂、構思哲學和宗教。

人類一家

總的來說，自我實現者對所有人類都有著很深的認同感、同情心和情感，感覺像一家人般的連結。一個人對手足同胞是充滿感情的，哪怕對方是愚蠢、軟弱，甚至有時卑劣。他們會比陌生人更容易得到原諒。因為如此，自我實現者有一種想要幫助人類的欲望。

如果我們的視野不夠寬，觀的察時間不夠長，可能就看不出自我實現者對人類的這種認同感。他們在思想、衝動、行為和情感上和其他人大不相同。在某些基本層面，他們就像身處陌生土地的外來者。很少人真正理解他們，不管他們也許有多喜歡他們。他們常常會為一般人的缺點感到生氣、難過，甚至憤怒，雖然這些缺點通常來說只是麻煩，有時也會帶來悲劇。然而，不管自我實現者與一般人的距離有時多麼遙遠，還是可以感覺到內在的親緣關係，儘管他們知道自己在許多事情上可以比別人做得更好、可以看見別人看不見的事情，可以清楚察覺多數人往往隱而未察的真理。

謙遜與尊重

我的所有研究對象毫無例外都是有著民主心態的人。這個說法是根據我對獨裁人格和民主人格的一個分析（Maslow, 1943），該分析太過複雜無法在這裡詳述，只能提一提這種行為的一些方面。這些人都有著明顯或展現出來的民主特徵。他們對任何性格相投的人表現友善，無分階級、教育程度、政治信念、種族或膚色，他們甚至常常看似沒有意識到對一般人來說非常重要的明顯差別。

他們不僅具有這個明顯的特質，而且對民主的情感更為深入。例如他們會覺得有可能從任何人身上學到東西，不管對方有何特徵。在這種學習關係中，他們不會堅持任何外在的尊嚴，或地位或年齡的優越性。甚至可以說，我的研究對象有著相似的謙遜特質。他們全都清楚知道，相較於所有知識和其他人的所知，他們的所知是何其少。因此他們在能夠教給他們新知或新技能的人面前毫無架子，表現出真誠的尊重，甚至謙卑。只要一位木匠是好木匠，只要一個人充分掌握自己的工具或技藝，就會受到他們由衷的尊敬。

這種民主心態和齊頭式的平等態度不同。這些人都是精英，也只會選擇精英作為朋友，但在這裡，精英的標準是個性、能力和才智，不是出身、種族、血統、家勢、年紀、名譽、地位和權力。

自我實現者有一個最深也最難以捉摸的傾向，那就是對**任何人**都有一定程度的尊重，理由只因為對方是個人。我們的研究對象不願意貶損別人的尊嚴，哪怕對方是個壞蛋。這種態度和他們強烈的是非對錯感並存不悖。他們碰到不好的人或不好的行為同樣會反擊；在表現自己的怒氣時，他們會很明確且堅持到底。

人際關係

自我實現者比任何其他成人有更深入和更深刻的人際關係（未必比兒童的關係深）。他們比其他人更能夠交融、有更大的愛、更完全的認同、更開放的自我界線。不過這些關係有著某些特徵。首先，根據我的觀察，這些關係的另一方通常比一般人更加健康和更接近自我實現，常常是接近得多。有鑑於這樣的人在總人口中只占小小的比例，所以這類關係具有高度選擇性。

這種現象再加上其他特質的一個後果就是，自我實現者只和少數人有這種特別深刻的連結。他們的朋友圈相當小，他們深愛的人也很少，部分原因在於以這種自我實現風格和別人保持親密關係是需要大量時間的。奉獻不是一時一刻的事。我們的研究對象表示：「我沒有時間交很多朋友。如果是真正的朋友，沒有人有這種時間。」這種奉獻的排他性可以和他們泛愛所有人的傾向並存。這些人常常對幾乎每個人表現仁慈，至少是保持耐性。他們對兒童特別溫柔，很容易被孩子感動。在非常真切的意義下，他們愛全人類，或者說對全人類懷著悲憫之心。

但這並不表示他們缺乏鑑別力。事實上，他們能夠以現實和嚴厲的口吻論及那些罪有應得的人，特別是偽善、狂妄自大或自吹自擂的人。然而即便是在與這些人面對面時，他們並不總是會給予對方與事實相符的低度評價。一個可能的解釋說法是：「大多數人都沒有做到他們本來可以做到的，他們犯下各種愚蠢的錯誤，感到極為痛苦，不明白自己為何立意良善卻落得這樣的下場。那些人往往已付出巨大的痛苦作為代價，所以我們應該憐憫而不是攻擊他們。」

對於他們的敵意反應，最可能的解釋是：一、對方是活該；二、那樣做是為了被攻擊的人好或為了其他人好。這就像弗洛姆所說的，他們的敵意不是以性格為基礎，而是反應性和情境性的。

我們的研究對象所表現的另一個共通特徵，是他們會吸引到一些仰慕者和朋友，甚至是信徒和崇拜者。不過，崇拜者和自我實現者的關係往往是一廂情願的，他們對自我實現者的要求往往多於對方所願意付出。另外，他們的熱心有時會讓自我實現者感到相當尷尬、苦惱，甚至厭惡，這是因為他們常常超出了一般的界限。被迫進入這種關係時，自我實現者會表現出友好和愉快，但往往會盡力以最有禮貌的方式加以婉拒。

道德倫理

在我們的研究對象中，沒有人對是非對錯是經常不確定的。不管是不是能夠以言詞把事情說清楚，他們極少在日常生活中表現出混亂、困惑、不一致和衝突；反觀一般人在處理道德問題時經常如此。換個說法，這些人有著強烈的道德感，秉持明確的道德規範，只做對的事，不做錯的事，然而他們的是非觀念往往不是根據世俗慣例。

李維博士（David Levy）指出，在幾個世紀之前，這類人會被形容為走在上帝道路的人或虔誠的人。他們有些人表示自己相信上帝，但他們心中的上帝更像一個形而上的概念而非有人格的人物。如果單從社會和行為的角度定義宗教，那麼這些人全都是有宗教信仰的人，無神論者亦不例外。但如果按保守的意義理解宗教一詞，強調它的超自然成分和制度化的正統教義（這當然是更常見的用法），那麼我們的研究對象很少人是有宗教信仰的。

手段和目的

自我實現者大多數時候在行事上都把手段和目的分得很清楚。他們專注於目的，而非手段；對他們來說，手段是明確從屬於目的。不過這是一種過於簡化的說法。讓事情變得複雜的是，我們的研究對象會把很多別人看成手段的經驗和活動視為目的本身。他們較常人更能欣賞行動本身。他們除了享受到達一個地方的快樂，還可以享受前往的過程。他們有時會把最微不足道和例行的活動轉化為帶有趣味性的遊戲、舞蹈或戲劇。韋特海默曾經指出，大部分小孩都非常有創意，能夠透過別出心裁的方式，把無聊乏味和機械化的苦差事（例如把一個書架上的書搬到另一個書架上）變成有趣的遊戲。

幽默感

一個顯而易見的事實是，自我實現者的幽默感不屬於一般類型。一般人覺得有趣的事，他們往往並不覺得有趣，所以他們不會接受敵意幽默感（透過傷害某個人引人發笑）、優越幽默感（例如取笑別人的無能）或權威反叛幽默感（伊底帕斯式或低級的笑話）。他們的幽默感和哲學相關，也許可以被稱為和真實有關的幽默感，主要是取笑一般人的愚蠢、得意忘形或妄自尊大。這種幽默感也可以表現為自嘲的形式，但不會流於受虐癖或跳梁小丑。林肯的幽默感是一個好例子，他從來不會說傷害任何人的笑話，他的笑話除了引人發笑還富含寓意，就像寓言那樣有著教育意味。

純粹就次數來說，我們的研究對象比平常人較少開玩笑。他們愛開富思想性、哲理性的玩笑而非插科打諢，引起別人會心微笑而非剖腹大笑，是自發性而非有計畫的笑話，而且往往無法重複。由於一般人習慣了制式笑話，若覺得我們的研究對象是正經八百的人也不足為奇。

這類幽默可以有很強大的感染力。人類的處境、驕傲、忙碌、野心、追求、計畫，所有這一切全都可以被看成有趣、詼諧，甚至是可笑的。我是在置身一間擺滿「動態藝術」的房間中才明白這種態度。在我看來，這些藝術品就像是對人類生活的幽默諷刺，讓人感覺到喧囂、動盪、混亂、匆匆忙忙但又一無所成。這種態度也感染了專業工作本身，在某種意義下，它也是一種遊戲，嚴肅的同時也可以輕鬆以待。

創造性

這是我研究或觀察過的對象的共同特徵（詳見第十三章），毫無例外。他們每個人都以某種方式表現出一種特殊的創造性或原創性，包含某些特有的特徵。這些特徵在本章稍後的討論會有較充分的解釋。特別要提的是，自我實現者的創造性和莫札特之類的天才的創造性是不同的；後者的表現能力是我們難以明白的。我們唯一能說的是，天才的能力和人格的其餘部分沒有多大關係，而且從所有證據看來都是天生的，這不是我們這裡要談論的重點，因為它並不仰賴心理健康或基本滿足。自我實現者的創造性看來更接近於未失天真的孩童的創造性。它看來更多是共同人性的一個基本特徵，是所有人與生俱來的一種潛力。大部分人在社會化的過程中會逐漸失去這種能力，但少數人保留了這種以新鮮、純真、率直的眼光看待生活的方式，又或者雖然失去，但在人生的後期失而復得。桑塔耶納（George Santayana）對此有一個很好稱呼：「二度天真」（second naiveté）。

我們有些研究對象的創造性不是表現在寫書、作曲或創作藝術這些常見的形式，而是要卑微得多。作為健康人格的一種表現，這種特殊的創造性看似是被投射到世界，或是點燃了當事人投入的所有活動。在這個意義下，確實有具創造性的鞋匠或木匠這回事，不管一個人做什麼事都可以本著某種源自其性格特質的態度和精神去做；這些人甚至可以像兒童那樣，以創造性的方式看世界。

我們是為了方便討論才把這種特質獨立出來談，彷彿它和在此提及的各項特質都無關係。事實上並非如此。我們現在所謂的創造性，只是用另外一種方式來描寫前面談過的一件事，那就是自我實現者有更清新、更深入和更有效的知覺。這些人看來更容易看見真和實。正因如此，他們比其他較有侷限性的人更有創造性。

再者，正如我們所見，這些人更少受到抑制、拘束和限制，換言之，就是少了一些濡化[4]。用更正面的方式來說，他們更自發、更自然、更完整，這也讓他們在別人眼中顯得有創造性。如果我們假設所有人都曾經是自發的，並且在他們的深層本質上仍然如此，然而卻有一套強大的外在約束力，那麼這種自發性肯定會受到控制，無法出現得太頻繁。如果沒有扼殺的力量，我們也許就可以預期，每個人都會表現出這種特殊的創造性。（Anderson, 1959; Maslow, 1958）

對濡化的反抗

自我實現者都適應得不太好（這是單純從文化認同的角度來看）。他們以各種方式和文化和睦相處。但他們全部人可以說都是在一個深刻的意義下反對濡化，對他們浸淫其中的文化維持著某種內在的抽離。由於論文化與人格的文獻極少談到反抗文化形塑的問題，

4 編按：enculturation，指個體生活於團體中便受團體文化或次級文化的影響，從而養成種種獨特的行為模式與價值觀念。

又正如里斯曼（Riesman, 1950）曾經清楚指出的，拯救本能殘餘對美國社會特別重要，所以儘管資料有限但同樣重要。

總的來說，這些健康的人和他們不怎麼健康的文化的關係是複雜的，至少可以歸納出以下這些成分。

一、所有這些人在選擇衣服、語言、食物和做事的方式上，並沒有違背我們的文化慣例。但他們並不是真正的因循，更不是趕時髦的人。他們的基本態度是，社會上流行哪些慣例一般來說並無太大分別，即便一套交通規則比另一套更能夠讓生活暢順，其差別也不值得我們小題大做或大聲疾呼。在這裡，我們再一次看到這些人的整體態度：接受大部分他們認為不重要、不可改變或不是他們主要關心的事情。由於鞋子、髮型或派對上的言談舉止不是這些人的重點，他們通常都是依循慣例。這些都不是道德議題。不過，由於只是勉強接受而非熱切的認同，他們對慣例的服從往往相當隨便，會為了直接、誠實和節省力氣而打折扣。當服從慣例的需求變得過於惱人或代價過於昂貴，當慣例顯得膚淺時，自我實現者就會毫不留戀加以捨棄。

二、這些人幾乎不能稱之為反抗權威者。雖然他們常常會因為不公義的事而生氣，但不會急躁不耐、滿腹牢騷，又或是老想著要迅速改變。其中一個研究對象年輕時是個熱血的叛逆青年，當過工會組織者（這在當時是很危險的事），後來因為灰心失望而放棄。在認命地接受了社會只可能緩慢改變的事實後，他轉而投入教育的工作。所有其他研究對象也都對文化改善表現出一種平靜和長期的關注。在我看來，這表示他們接受變遷的緩慢性，又毫不懷疑這種變遷的可能性和必要性。這不表示他們缺乏戰鬥性。當迅速改變是有可能的，或者當決心和勇氣是必要的時候，他們就會表現出戰鬥性。雖然他們不是一般意義下的激進群體，但我認為他們輕易就可以是這樣的人。首先，作為知識分子，他們大部分人都有一個使命，覺得自己從事的工作對於改變世界很重要。其次，他們是一群顧及現實的人，看來不願意做出重大和無用的犧牲。在更加嚴峻的環境下，他們可能願意放下手邊的工作改為從事激進的社會行動，例如在德國或法國從事反納粹的地下活動。他們並不反對戰鬥，只是反對沒有效的戰鬥。另一點常常被論及的是享受人生的可能性。在他們看來，這種可能性與激烈和全時的反抗是不相容的。另外，在他們看來這樣做犧牲太大、回報太少。他們大部分人在年輕時都有過戰鬥、急躁和激情的插曲，然後學會了認清楚要社會快速改變是不可能的。他們已經沉澱下來，平靜地從事改善文化的日常努力，通常是從內部去改變文化，而不是從外部加以反抗。

三、對文化的疏離感不必然是有意識的，卻出現在幾乎所有研究對象身上，特別是談到美國文化整體的時候，或把它與其他文化做對比。他們常常可以站在一定距離外觀看自己的文化，彷彿他們不是屬於這個文化。他們肯定美國文化的某些部分，批評其他部分，就像他們會根據自己的標準選擇其中的好，拒絕他們認為不好的東西。簡言之，他們會衡量、檢驗、品嚐，然後做出自己的決定。這當然和對於文化力量的被動服從非常不同，這種服從見於許多對獨裁人格的種族研究對象身上。它也和完全拒絕一個相對良好的文化不同，所謂相對良好的文化是和其他實際**存在**的文化比較後得出，不是空想出來的天堂樂園。疏離感大概也反映在自我實現者抽離他人和喜歡獨處，以及他們沒有一般人那麼需要熟悉和習慣的事物。

四、出於這些和其他理由，我們可以稱他們為自主的人，也就是受自己個性的原則而不是社會的規則所支配。在這個意義下，他們不只是本國人，還比其他人在更大程度上是全體人類的一員。嚴格來說，若說他們超越美國文化也不對，因為他們畢竟說美語、以美國人的方式做事、有著美國人的性格，諸如此類。但如果我們把他們與過度社會化、機械化和種族中心的人比較，就有強烈動機假設這群人並不只是一個亞文化群，而是較少受到濡化、扁平化和形塑的一群。這表示他們是處在一個有不同程度的文化接受和文化疏離的連續體裡。如果這個假設站得住腳，那至少可以推演出另一個假設：那些較為疏離自己文化的人不只是少了一些民族性格，而且與社會中發展程度較低的成員也較不相似。

總而言之，觀察結果顯示，相對健康的人有可能在文化中得到發展。這就回答了那個老問題：「在一個不完美的文化裡，做一個良好或健康的人是可能的嗎？」相對健康的人可以藉著內在自主和外接受的複雜結合而得以發展，但前提是他們的文化能夠容忍人們拒絕完全的文化認同。

這當然不是一種理想的健康狀態。我們的不完美社會顯然不斷把約束和侷限加諸自我實現的人，這使他們不得不保留一些祕密。當他們必須維持一些隱密，自發性必然會減少，也必然會有一些潛能無法實現。又因為只有少數人能夠達到健康（大概在任何文化都是如此），那些能夠達到健康的人會比較孤單，因此少一些自發性和實現性。[5]

不完美

小說家、詩人和散文作家常犯的錯誤是把好人寫得太好，像漫畫人物一樣，以致沒有人願意像好人。那些渴望完美但又對自己的缺點感到羞愧的人，會把自己的渴望和缺點投射到不同種類的人身上，對他們的要求比對自己來得多。所以老師和牧師有時候被認為是沒有世俗的欲望，也沒有弱點。在我看來，大部分試圖描寫好人（健康人）的小說家把這些好人都塑造成了自命不凡的討厭鬼、牽線木偶或不真實理想的虛假投影，而不是還他們本來面目：身體強健、精神飽滿、充滿活力的個體。我們的研究對象會表現出很多人類的小缺點。他們也有愚蠢的、揮霍的或粗心的習慣。他們也會是乏味、固執和惹人惱怒的。他們未能擺脫淺薄的虛榮心、驕傲，以及對家人、朋友和小孩的偏袒。他們偶爾也會發脾氣。

他們時而會表現出異乎尋常和出人意表的無情。必須記住，他們是非常堅強的人，這

5原注：感謝丹波博士（Dr. Tamara Dembo）在這一問題上對我的幫助。

讓他們在需要時可以展現出一種如外科醫生般的冷靜姿態。當他們發現一個長期信賴的人不忠，可能會猛地斬斷友誼而不露任何痛苦。當一個女人嫁了一個自己不愛的人，在決定離婚時會如此決絕讓人感覺她近乎無情。他們有些人能夠很快從喪親之慟中恢復過來，讓人覺得冷血。

我們可以再舉一個例子：研究對象浸沉在一個彷彿無人的世界裡。當他們高度專注於某個現象或問題時，他們也許會顯得心不在焉、毫無幽默感或忘記平常的社交禮節。在這種情境下，他們往往會更清楚表現出他們本來就沒有興趣閒談、交流和參加派對等等。他們也許會使用非常傷人、令人意外或有侮辱性的語言。其他因疏離而帶來的不好結果（至少從別人觀點來看是不好的）已如上述。

甚至他們的仁慈也能讓他們犯錯，例如出於憐憫而結婚，與精神官能症患者、乏味的人或不快樂的人交流密切然後又後悔，又或是付出超過他們應該的程度，從而鼓勵了寄生和病態等等。

最後，就像前面已經指出過的，這些人並未能夠完全擺脫內疚、焦慮、憂愁、自責和衝突。這些情形和精神官能症無關，但今日大部分人、甚至大部分心理學家都無視這個事實，傾向於認為那是不健康的。

我認為這一點告訴我們一個重要的道理：**人無完人**。我們可以找到好人、非常好的人和偉人。確實有創造者、先知、智者和聖人。這些人雖不常見，但偶然出現仍然可以讓我們對人類物種的未來寄予希望。然而這同一批人有時又可以是無趣、惹人厭、暴躁、自私、憤怒或憂鬱的。為了避免對人性感到幻滅，我們首先必須放棄對它的幻想。

價值

自我實現者以哲人的態度接納自我、人性、社會生活、大自然和客觀現實的本質。這顯然為他們的價值系統提供了堅實的基礎。這些接納性的價值在他們日復一日的價值判斷中占有很高比例。他們所贊成或不贊成的、反對或主張的、高興或不高興的，往往可以被理解為「接納」這個特徵的表面產物。

自我實現者的內在動力不僅自動為他們提供了這個基礎（就此而言充分發展的人性是具有普遍性和跨文化性的），同樣的動力也為他們提供了其他決定因素，包括：一、他們與現實的自在關係；二、人類一家的感覺；三、基本滿足的狀態，從而產出豐盈富足等各種結果；四、對手段和目的的典型區分等等（見上文）。

以這種態度面對世界的一個最重要結果就是，在生活的很多領域，衝突、鬥爭以及選擇時的猶豫與矛盾降低或消失了。顯然很多所謂的道德，主要是不接納或不滿足的一種附帶現象。在一種接納異教徒般的氛圍裡，很多問題會變得沒有道理，終歸消失。這不是說問題獲得解決，而是說當事人會清楚看見，問題從一開始就根本不算是問題，只是由生病的人製造出來，例如打牌、跳舞、穿短裙、喝酒、只吃某些肉類或只在某些日子吃肉。對自我實現者而言，這些瑣事變得不重要了。不僅如此，這個過程還會在更重要的層次上繼續下去，例如兩性關係、對身體結構和功能的看法，以及面對死亡的態度。

這種探索讓我想到，被視為道德、倫理和價值的許多東西，也許只是一般人無處不在的病態的副產品。一般人被迫在許多衝突、挫折和威脅中做出選擇（價值就在選擇中表現出來），而對自我實現者來說，這些衝突、挫折和威脅都消失或解決了。在他們看來，兩性之間看似無解的戰爭變得完全不再是衝突，而是一種愉快的合作。大人和小孩的相對利益也完全不是對立。不僅性別差異和年齡差異如此，階級、政治、角色、宗教差異等等亦然。正如我們所知，這些領域都是焦慮、恐懼、敵意、侵略性、防衛性和嫉妒的沃土。但它們現在不必如此，因為我們的研究對象很少會對這種不受歡迎的差異有所反應。他們傾向於享受差異而不是害怕差異。

師生關係是一個具體的例子。我們的研究對象中有老師，他們都不是以緊張焦慮的方式行事，而這僅僅是因為他們對整個情況採取不同的解釋，例如將之詮釋為一種愉快的合作關係，而非意志、權威和尊嚴的衝突。他們用自然的單純性代替人造的尊嚴，前者不容易受到威脅，後者容易受到冒犯。他們不會假裝無所不知、無所不能，也不搞威嚇學生的權威主義；他們不認為學生之間或師生之間是競爭關係，所以不會擺架子，而是讓自己看起來就像是水管工人或木匠之類的普通人。這一切都創造出一種沒有猜疑、緊張、防衛性、敵意和焦慮的教室氛圍。同樣的，當威脅減少，對威脅的回應在婚姻、家庭和其他人際關係中也會跟著消失。

絕望的人和心理健康的人的原則和價值必然至少有某些不同。他們對物理世界、社會世界和內心世界的知覺（詮釋）都極為不同。對基本需求被剝奪的人來說，世界是一個危險的地方、一座叢林，一片敵人的領域，裡面住著宰制者和被宰制者。他們的價值系統就像任何叢林居民那樣，必然是受到低階需求的支配和驅動，特別是生理需求和安全需求。基本需求得到滿足的人又是另一回事，他們可以把這些需求及滿足視為當然，轉而投入追求高階的滿足。也就是說，他們的價值體系是不同的，事實上也**必然**不同。

自我實現者的價值體系的頂層是獨一無二的，而且是個人獨特的性格結構的表現。這就定義來說必然為真，因為自我實現就是一個自我的實現，而沒有任何自我是完全一樣的。世界上只有一個雷諾瓦，一個布拉姆斯，一個斯賓諾莎。正如我們所見，我們的研究對象有很多共通之處，但也有更強烈的個體性，他們更是他們自己，比任何對照實驗都更不容易與他人混淆。他們彼此相似，卻又非常不同。他們比我們曾經描述的任何群體都更徹底地個體化，同時又更徹底地社會化，也更加認同人類這個物種。他們更加靠近他們的物種性和他們獨一無二的個體性。

二分法的消解

討論至此，我們終於可以開始歸納和強調從研究對象所得到的一個重要論點。本章幾處論述皆指出，過去被認為是兩極化或對立化的現象都**只見於較不健康的人身上**。對健康的人來說，這些二分法已經消解，很多原本被認為是本質上對立的想法都融為一體。（另參見Chenault, 1969）

例如，在健康的人身上，心靈和身體、理性和本能、認知和意動的對立都消失了，變成是合作而非敵對，因為它們述說同一件事且指向同一個方向。換言之，在這些人身上，欲望和理性處於高度和諧的狀態。聖奧古斯丁（St. Augustine）說過：「愛上帝和做你想做的事。」這話可以被翻譯成：「保持健康，然後信任你的衝動。」

自私和無私的二分法在健康的人身上也消失了，因為原則上他們每個行為都是自私和無私的。我們的研究對象既有屬靈精神又有世俗享樂，甚至性慾都可以是通往靈性的道路。當責任是歡愉的，責任和快樂、工作和遊戲就不會是對立的，盡責任和守品德同時也是歡愉和快樂的。如果最社會化的人同時也是最個體化的，為什麼還要有社會化和個體化的二分法？如果最成熟的人同時也是最幼稚的人呢？如果最有道德的人同時也是最有動物性的人呢？

相同道理亦適用於以下各種對立：善良／無情、具體／抽象、接納／反抗、自我／社會、適應／適應不良、疏離／認同、嚴肅／幽默、酒神／日神、內向／外向、緊張／輕鬆、認真／輕浮、因循／不因循、神祕主義／現實主義、主動／被動、男性／女性、慾望／愛、肉體／精神。在這些人身上，本我、自我和超我彼此合作相互協調。它們不會爭戰，利益也沒有根本上的分歧（精神官能症患者的情況則剛好相反）。他們的認知、情感和意動整合成一個有機整體，形成一種非亞里斯多德式的互相滲透。高階和低階需求的滿足並非對立，而是趨於一致；許多困難的哲學兩難將不再是雙角對立，甚至弔詭地缺了角。假如兩性之間的戰爭在成熟的人身上根本不存在，而只是成長掙扎的一個過程，誰還想要選邊站？誰會願意蓄意選擇心理病態？當我們發現真正健康的女人同時是好女人和壞女人的時候，還有必要在好女人和壞女人之間取捨嗎？

就此而論，健康的人是如此不同於一般人，不只是程度上不同，種類亦不同，從而產生了兩種非常不同的心理學。顯然研究有缺陷、不成熟和不健康的人只能夠提供一種殘缺的心理學和殘缺的哲學。一個更普遍的心理學科學必須立基於研究自我實現的人。

第十二章
自我實現者的愛

經驗科學對愛的研究少得可憐實在令人訝異。心理學家在這個課題上的沉默尤其讓人不解，因為我們有理由認為愛是他們的專門領域。這大概又是一個學院派容易犯的毛病：他們喜歡處理自己拿手的問題，而不是應該處理的問題。這讓我想起一個頭腦不太靈光的廚房幫手，有一天他把飯店裡的罐頭全部打開，只因為他很會開罐頭。

我必須承認，我是在開始研究愛的主題之後，才對它有更多的了解。在任何傳統中，它都是一個棘手的問題，在科學的傳統中尤其如此。我們就像站在無人地帶的最前端，正統心理科學的傳統技術在這裡不太管用。

我們的任務很清楚。我們必須理解愛。我們必須能夠教導愛、創造愛和預測愛，否則世界會陷入敵意和猜疑之中。這個研究計畫、研究對象和主要發現已經在上一章描述過。現在，擺在我們眼前的具體問題是：有關愛和性，這些自我實現者可以教我們什麼？

開放性

里克（Reik, 1957）指出，愛的一個特徵是沒有焦慮。這一點在健康的人身上尤其明顯。無庸置疑，愛會讓人愈來愈有自發性，放下防衛和角色，不會在關係中苦苦掙扎。隨著愛的關係持續，親密性、忠實性和自我表達會增加。研究報告顯示，和所愛的人在一起，一個人可以成為自己、感到自在：「我可以無拘無束。」這種忠實性包括不擔心自己的毛病、弱點或身體和心理的缺點被對方看見。

根據處於健康的愛的關係中的人自陳，這種關係帶給人的最大滿足之一，是讓人得到最大的自發性、最大的自在，以及最能夠放下防衛和保護。在這樣的關係中，人不需要防衛、隱藏、壓抑、緊繃、取悅或注意自己的一言一行。我的研究對象指出，他們能夠做自己，不覺得對方對他們有什麼要求或期待；他們可以感覺到心理、乃至生理上的赤裸坦誠，但仍然感到被愛、被需求和安全感。讓這些結論得到進一步支持的是，我的研究對象更能夠自在地表達出敵意和憤怒，也比較不需要禮貌性的客套應付。

愛與被愛

這些研究對象過去和現在都被愛也愛著他人。在他們身上（不是全部），這指向一個結論：如果其他條件不變，心理健康是來自被愛而非愛的剝奪。就算苦行是一條可能的道路，挫折亦具有一些良好的效果，但對我們社會的健康來說，基本需求的滿足看來仍是更常見的基礎。這道理不只適用於被愛，也適用於愛人。

自我實現者可以愛人和被愛。出於某些考量，我們最好是說他們有能力去愛和有能力被愛；儘管前後說法像是重複，實則不然。這些都是臨床觀察到的事實，相當公開，很容易被確認或否定。

門寧格（Karl Menninger）曾犀利地指出，人類確實都希望愛彼此，只是不知道如何做到。這句話對健康的人來說較不是事實。他們至少懂得怎樣去愛，能夠自由、輕鬆、自在地這樣做，不會陷入衝突、威脅或壓抑。

不過我的研究對象在使用「愛」這個字時小心翼翼。他們只會把它用在少數人身上，還明顯區分愛和喜歡（或友好）的不同。對他們來說，愛是一種濃烈的感覺，不是一種平淡或冷漠的情感。

性慾

在自我實現者的愛的生活中，「性」有著特殊和複雜的性質。它不是一個簡單的故事，錯綜複雜又盤根交錯。我無法說我有很多這方面的資料，這類私人生活的資訊難以取得。但就我所知，他們的性生活整體來說有著某些特徵，在我們對它們進行描述時，可以對愛的性質、乃至性的性質做出可能的猜測，不論好的或不好的。

首先，在健康的人身上，性和愛經常是融合的。雖然性和愛是完全不同的兩個概念，不必要地加以混淆沒有任何用處（Reik, 1957; Suttie, 1935），但我們仍然必須指出，性和愛在健康的人身上傾向於交會在一起。事實上，我們可以說，它們在我們研究對象的生活裡愈來愈分不開。總的來說，自我實現者不會為性而性，性不只是為了尋求性的滿足。雖然我擁有的資料不足以斷言他們沒有愛就不性，但我很確定有幾個例子顯示，他們確實因為沒有愛或感情而放棄或拒絕性。

與一般人相比，性高潮對自我實現者來說既重要又不重要。它常常是一種深邃又近乎神祕的體驗，然而這些人又較容易忍受沒有性的生活。這不是一種弔詭或矛盾。它完全符合動力動機理論。愛是一個較高階的需求層次，會讓低階的需求和滿足或挫折變得較不重要、較容易被忽略。不過這也讓它在得到滿足時，能夠更全心全意地被享受著。

性可以被全心全意地享受，超出一般的享受程度，哪怕它在一個人的生活哲學中並不扮演核心角色。它可以被享受、被視為理所當然、被作為其他事情的基礎，就像水或食物那樣有基本的重要性；而它的滿足應該被視為理所當然。我相信這種態度解決了上述提到的一個弔詭：一方面自我實現者比一般人更強烈地享受性，另一方面在他們的整體參考架構中又認為性沒有那麼重要。

應該強調的是，這種對性的複雜態度又呈現出一個事實，那就是高潮可以帶來神祕體驗，但有時又相當平淡。也就是說，自我實現者的性快感有時可以非常強烈，有時卻一點都不強烈。這和認為愛是一種神聖的被提、一種流動、一種神祕經驗的浪漫觀點相衝突。事實上，自我實現者的性快感可以是十分微妙而非強烈，它可以是一種輕鬆愉快、有趣的體驗，不必是嚴肅、深刻的體驗，更不是一種中立的義務。這些人並不總是生活在激情之中，他們往往處在較為一般的程度，輕鬆愉快地享受性，把它當作一種令人愉悅、心曠神怡、有趣、舒適、回味無窮的體驗，而不是把它當成一種翻天覆地的情感體驗。

自我實現者遠比一般人願意承認自己受到別人的性吸引。我的印象是，這些人和異性保持較自在的關係，十分願意被異性吸引，但比起其他人來說，他們很少濫用這種吸引力。

他們對性生活的態度有另一個特徵，即對於兩性的角色和性格沒有嚴格區分，也就是說他們不會假設女性是被動、男性是主動，不管在性或愛或任何其他方面都是如此。這些人對於自己的性別身分非常確定，不介意扮演另一個性別角色的文化面向。特別值得指出的是，他們可以同時是一個主動和被動的愛人，這一點清楚顯示在他們的性行為。親吻與被親吻、做愛姿勢、主動或被動接受、挑逗或是被挑逗，這些行為兩性皆可。根據他們的自述，他們在不同時候享受扮演不同的角色。把自己侷限在主動造愛或被動造愛是一種缺憾，而自我實現者認為兩者各有樂趣。

慾望之愛和精神之愛雖然基本上不同，但在自我實現者身上卻是交融的。達西（M. D'Arcy）主張愛有兩種：陽剛的愛或陰柔的愛，主動的愛或被動的愛，自我中心的愛或自我隱沒的愛。在一般人身上，這些性質看來是對立的，不過對健康的人來說，這種二分法並不存在，他們同時是主動和被動、自私和無私、陽剛和陰柔、自我中心和自我隱沒。

自我超越

良好的愛的關係有個重要面向是**需求認同**，也就是說兩個人的需求層級系統會整合為單一的層級系統。其結果就是，一個人會感到對方的需求就像自己的需求，也因此自己的需求某種程度就像是對方的需求。一個自我會擴大至覆蓋兩個人，而在某種程度上，兩個人會在心理上成為單一的單位，一個單一的自我。

在愛的關係以及利他主義、愛國主義等等的理論建構的歷史中，對於這種**自我的超越**已經有過很多論述。安格亞爾的著作（Angyal, 1965）在技術層面上對這個傾向有精彩的探討，書中論及他稱為協同性（homonomy）的傾向，相對於自主、獨立和個體化的傾向。愈來愈多的臨床和歷史證據顯示，安格亞爾在系統心理學中為各種超越自我界限的傾向加以探討是正確的。此外，顯然這種超越自我界限的需求跟我們需要維生素和礦物質是同樣意義下的需求，也就是說，如果這種需求不能獲得滿足，當事人就會以某種方式出現病態。而我認為，自我超越最讓人滿意和最完整的例子就是健康的愛的關係。（另參見Harper, 1966; Maslow, 1967）

嬉戲與歡樂

健康的人的愛情和性生活儘管常常可以達到狂喜的高峰，卻也可以和孩童或狗兒的遊戲相提並論。那是愉快的、幽默的和有趣的。那不是一種努力追求，基本上是一種享受和一種樂趣。兩者是完全不同的事。

尊重別人

所有談論過理想愛情或健康愛情的嚴肅作家，都強調對他人個體性的肯定、希望他人成長，以及對他人個體性和獨特人格的尊重。這一點在我們對自我實現者的觀察中獲得強烈佐證，他們非常能夠因為伴侶的成功而開心，不會因此感受到威脅，他們對伴侶抱持很深的基本尊重，這一點意義深遠。

尊重一個人就是承認對方是一個獨立的個體或自主的個人。自我實現者不會利用別人、控制別人或無視別人的意願。他們承認被尊重的個人擁有基本和不可化約的尊嚴，所以他們不會無緣無故看不起他人。這不只適用於成人之間，亦適用於自我實現者與孩童之間。他們會以真正的尊重對待孩童，而這一點在我們的文化裡幾乎沒有其他人做得到。

兩性之間的這種尊重關係有個有趣的現象，就是常常會被詮釋為有失尊重。例如，我們知道很多對於女性的所謂尊重表現，都是從不尊重女性的過往流傳至今，而且還暗示著對女性的輕視。男性在女性走進屋內時要起立、給女性挪椅子、幫女性掛外套、讓女性走前面、給女性最好的東西、一切讓女性先挑，這些文化習慣都隱含著女性是弱者、無法照顧好自己的觀點。一般來說，那些自尊強烈的女性都對這些所謂的尊重表現得極為反感，認為它們呈現的是相反的事情。自我實現的男性會對女性有著真正的基本尊重，視女性為同儕和完整的人，因此他們和女性相處時會自在得多，不講究傳統意義下的禮節。

愛是自身的獎賞

愛會帶來很多好處，但這並不表示愛是以這些效果為動機，或人們會為了得到這些好處而掉入愛裡。見於健康的人身上的愛是一種自發性的仰慕，類似我們被一幅很棒的畫作打動時，敬畏和欣喜感油然而生。心理學文獻談了太多的獎勵和目的、強化和滿足，卻沒有多談所謂的目的經驗（相對於手段經驗而言），也沒有太多論及我們在美的事物面前感到的敬畏，這些是愛自身的獎賞。

我的研究對象所表現的仰慕和愛大多數時候都是自發性的，不求回報也沒有目的，只是具體和豐富地經驗到它們。

愛不求什麼，也不會得到什麼。那是沒有目的性和沒有用處的。它的被動性大於主動性，接近道家意義下的單純接受。敬畏的知覺者不會對體驗做些什麼，而是體驗給他們帶來什麼。他們用純真之眼觀看，就像小孩子對於眼前經驗沒有預設立場，只是被經驗的性質吸引，讓經驗進入，產生效果。這種經驗類似於在海邊任由浪花拍打享受樂趣，或者忘地欣賞緩慢變化的落日。我們無法對浪花或落日做什麼。在這個意義下，我們不會像在羅夏墨漬測驗中那樣，把自己投射到經驗中或企圖形塑經驗。那也不是什麼東西的信號或象徵，我們不是因為獎賞或關聯性而欣賞它。它和牛奶或食物或其他身體需求都無關。我們可以欣賞一幅畫而沒有想要擁有它，欣賞一朵玫瑰而沒有想要把它摘下來，欣賞一個漂亮的嬰兒而沒有想要綁架他，欣賞一隻小鳥而沒有想要把牠關入籠裡。同樣的，我們也可以欣賞和享受另一個人而沒有想要得到什麼。當然，與敬畏和欣賞一起出現的還有把兩個人串起來的其他傾向；它們不是畫面中的唯一傾向，卻是其中一部分。

這個觀察的最重要意涵就是：我們因此牴觸了大部分愛的理論，因為多數理論都假定人是**受到驅動**而非**受到吸引**才去愛另一個人的。佛洛伊德談到受壓抑的性慾（Freud, 1930），里克談到受壓抑的權力（Reik, 1957），很多人談到對自我的不滿驅使我們去創造一個投射出來的幻象、一個不真實因此也是過度被高估的伴侶。

但現在看來清楚的是，健康的人會墜入愛河的方式和他們會欣賞音樂的方式一樣：感到敬畏，被其征服，因而愛上了它。即便我們沒有被偉大音樂征服的需求，情況仍然如此。荷妮在一次演講中把非精神官能症的愛定義為按他人本身對待他人，把他人視為目的而不是手段。如此一來，你就是享受、仰慕和欣賞他人，而不是利用他人。聖伯爾納鐸（St. Bernard）說得好：「愛不尋求超越自身的原因，愛沒有限制；它是自己的果實，自己的樂趣。我愛是因為我愛，我愛是因為我可以愛。」（Huxley, 1944）

利他的愛

類似說法在神學文獻中所在多有。神學家一直努力把屬天之愛（godly love）和人類的愛（human love）區分開來，而這往往是因為他們假定沒有利害關係的愛和利他的愛只可能是一種超人的能力，非凡人所能擁有。我們當然必須反對這一點，因為當人類得到充分發展，就會顯示出很多在早期被認為是超自然屬性的特徵。

依我之見，若把這些現象放在前幾章提出的各種理論框架中，最能夠充分理解。首先讓我們想想匱乏動機和成長動機的差異。我曾經主張，自我實現者可以被定義為不再被安全需求、歸屬需求、愛的需求和自尊需求促動的人，因為他們的這些需求**已經獲得滿足**。然則，為什麼一個愛的需求已被滿足的人會墜入愛河呢？理由當然和那些愛被剝奪的人不同。後者會墜入愛河，是因為他們需求和渴望愛卻缺乏愛，所以想要去彌補這種致病性的匱乏。

自我實現者沒有嚴重的匱乏需要彌補，所以轉而追求成長、成熟和發展，換言之就是追求實現最高的個人和物種特質。他們的行為源自成長，而他們的成長會自然表達出來不用費力。他們會去愛是因為他們是愛人的人，就像一個強壯的人不需要有意為之自然就會顯得強壯。玫瑰的芬芳、貓的優雅和小孩的天真皆屬此類。這些附帶現象就像生理成長和心理成熟那樣是沒有動機的。

與一般人不同，自我實現者的愛少有艱辛、緊張和追求。用哲學語言來說，這種愛除了是生成（becoming），也是存有（being），所以可以被稱為「存有的愛」（B-love），也就是愛別人的存有。

疏離感與個體性

自我實現者維持一定程度的個體性、疏離感和自主性，這乍看是個弔詭，和我剛才談到的那種愛和認同相互矛盾。但這只是一個表面的弔詭。正如我們所見，疏離、渴望認同和深刻連結的傾向在健康的人身上可以並存不悖。事實上，自我實現者既是最個人主義，又是全人類中最利他主義和社會性的，泛愛全人類。我們的文化把這些性質視為單一連續體的兩個極端，顯然是必須加以修正的錯誤。這些性質在自我實現者身上是並存的，二分法由此消解。

我們在研究對象身上看到了一種健康的自私、充分的自尊、不願意在沒有好理由的情況下做出犧牲的傾向。

我們在愛的關係中看到的是一種愛的能力和尊重他人及自己的態度相融合。這一點顯現在以下事實：在一般意義下，我們不能說這些自我實現者像普通戀人那樣需要彼此。他們可以極為親近，但必要時又可以分開而不會承受不住。他們不會執著於彼此或死纏彼此不放。他們愛彼此，但也達觀地看待長期的分離或死亡。即使在最熾烈和狂熱的愛情中，這些人仍會保持自我，始終是自己的主人。哪怕強烈地享受和別人在一起的時光，他們仍然會按照自己的標準生活。

顯然這樣的主張若經證實為真，我們就必須修改、或至少是擴充我們的文化對理想的愛或健康的愛的定義。我們習慣把健康的愛定義為兩個自我的完全融合和分離消解，是放棄個體性而不是對個體性的強化。雖然這種說法沒有錯，但就在自我和另一個自我融合的那一刻，它也會保持分離和強壯如昔。超越個體性和強化個體性這兩種傾向必須被視為拍檔，而非矛盾對立。此外，它亦顯示了超越自我的最佳途徑是透過擁有堅強的自我認同。

第十三章

自我實現者的創造性

大概十五年前，我第一次覺得有必要改變我對創造性的觀念，當時我開始研究極為健康、高度進化和成熟的人，也就是自我實現者。從那時候開始，我的觀念持續轉變，預期也會繼續改變下去。所以本文是一個進步過程的報告，而它會引人注意不只是因為探討的主題，還因為它牽涉到我認為心理學是什麼和應該是什麼的相應改變。[1]

知覺

我放棄了把健康、天才、天賦和生產力視為同義詞的刻板印象。我的研究對象中雖然有很大比例在特定意義下可以被稱為健康和有創造性的，但他們卻不是一般意義下的有生產力的人。他們不具備偉大的天賦，無一是詩人、作曲家、發明家、藝術家和有創造性的知識分子。另一方面，顯然一些最偉大的天才絕對稱不上心理健康，華格納、梵谷、竇加和拜倫都是例子。偉大的天才有些健康，有些不健康。我很早便體認到，天才的才智不只或多或少跟良好或健康的性格無關，而且我們對其所知有限。例如有些證據顯示，音樂和數學的天賦主要是遺傳而來，不是後天習得。由此看來，心理健康和特殊天賦是相互獨立的變數，也許只有些微的相關性，又或許無相關。這時候我們也應該承認，心理學對於天才的特殊天賦所知甚少。所以我將不再討論這種天賦，把焦點放在一種更常見的創造性。它是每個人生而擁有的財富，而且和心理健康有著高度對應關係。另外，我就像大部分人一樣從產品的角度思考創造性，也不自覺地把創造性侷限在某些人類努力的傳統領域。換言之，我無意識地假定**任何**畫家、詩人和作曲家都過著一種具有創造性的生活，也只有理論家、藝術家、科學家、發明家和作家等可以是有創造性的，其他人根本沒得比。你要不有創造性，要不沒有，沒有中間地帶。我把創造性當成是某些專業的屬性。

新模式

然而這些預期被很多不同的研究對象打破。例如我有個研究對象是沒有受過教育且沒什麼錢的全職家庭主婦。她沒有在傳統的意義下創造過任何東西，但她是一個很棒的廚師、母親和妻子。只要一點點花費，她就能把家裡布置得漂漂亮亮。她是個追求完美的女主人，準備的餐點就像宴會，對亞麻布、銀器、玻璃器皿、陶瓷和傢具的品味無可挑剔。她在所有這些領域都具有原創性、別出心裁和充滿新意。我無法不稱她是具有創造性。我從她和其他像她這樣的人身上學到一件事：一流的湯比二流的畫更有創造性，煮飯和帶小孩可以是有創造性的，而寫詩可以是沒創造性的。

1原注：《動機與人格》出版四年後，馬斯洛在密西根州立大學主辦的一個論創造性的研討會上談到了創造性和自我實現的關係。本章是他一九五八年二月二十八日發表於密西根州東蘭辛（East Lansing）一個演講的原始版本，標題是為了閱讀清晰而加上的。

另一個研究對象投入最廣義的社會服務，專門幫助弱勢者，而且不只是以私人的方式出力，還以有組織的方式提供協助。她的一項「創造」，是成立一個能夠幫助很多人的組織。還有一位是精神病學家。他純粹是臨床醫生，從未寫過什麼著作或創造過任何理論，但每天快快樂樂的幫助別人創造自己。他對待每個病人的方式彷彿他們是他在世界上唯一的病人。他不用術語，不帶預期或預設，有著一種道家色彩的大智慧。對他來說，每個病人都是獨一無二的人，各有各的獨特問題，需要以完全不同的方式解決。他成功處理了棘手的個案，證實他的做事方式非常「有創意」。而從另外一個人身上，我學到了建構一個商業組織也可以是有創造性的活動。從一名年輕運動員身上，我學到了橄欖球賽中一次完美的擒抱阻攔也能夠像十四行詩那樣具有美感，而且可以用同一種創造性精神來從事。換言之，我們不只可以把「創造性」一詞（還有「美感」一詞）用在產品上，還可以用在活動、過程和態度上。另外，我也開始把創造性應用在詩歌、理論、小說、實驗或油畫這些傳統領域之外的很多產品上。

自我實現的創造性

結果就是我發現自己必須區分「特殊天賦的創造性」和「自我實現的創造性」；後者是更直接發自人格，更廣見於日常生活中，不只表現在偉大和醒目的產品，還以很多其他方式顯現，可能是某種幽默或有創意地做**任何**事，例如教學。

知覺

這種創造性的一個特質是，具有某種特殊的敏銳知覺，例子寓言故事「國王的新衣」裡那個看見國王沒有穿衣服的小孩。（這一點也和認為創造性體現在產品上的觀點相悖。）這些人除了能夠看見一般性、抽象性、被標籤化和範疇化的事物，還看得到見清新、未加工、具體和獨特的事物。他們更多是住在真實的自然世界，不是住在由概念、抽象、預期、信念和刻板印象構成的文字世界，而大部分人都把這樣的文字世界誤以為是真實世界。羅傑斯所說的「經驗開放性」（openness to experience）完美表達了這個意思。

表現

我的所有研究對象都比一般人更有自發性和表現性。他們能夠活得更自然，對自己的行為少一些控制和壓抑。他們的言行是以更自由和流暢的方式表現出來，少一些阻礙和自我非難。他們不害怕別人的奚落，勇於表達自己的想法和衝動，經證明這是自我實現的創造性一個非常重要的特質。羅傑斯對於健康的這個面向有一個很傳神的說法：「充分發揮功能的人」（fully functioning person）。

「二度天真」

我們觀察到的另一點是，自我實現的創造性在很多方面類似於快樂和無憂無慮的孩童的創造性。那是自發的、不費力的、純真的、容易的，一種擺脫刻板印象和陳腔濫調的自由。幾乎任何小孩都能夠更自由地去知覺，沒有預設應該知覺到什麼或必須知覺到什麼。另外，幾乎所有小孩都能夠即興地創作一首歌、一首詩、一支舞蹈、一幅畫、一齣戲劇或一個遊戲，不需要計畫或有所意圖。

正是在這種孩子般的意義上，我們的研究對象可以說是具有創造性。但他們畢竟不是小孩（全都五、六十歲了），為了避免誤解，讓我們說他們是保留或重新獲得孩童的至少兩個面向：一是對經驗開放，二是更有自發性和表現性。這些特質當然有別於在小孩身上看到的。如果小孩是天真的話，那我們的研究對象就達到了桑塔耶納所說的「二度天真」。他們的知覺和表現的天真乃是和精密複雜的心智結合在一起。

不管如何，我們論及的看來都是一種人性與生俱來的基本特徵，一種在出生時就給予所有人或幾乎所有人的潛能。隨著一個人受到濡化，這種潛能大多數時候都會失去、被埋沒或被壓抑。

被「未知」吸引

還有另一個讓創造性更容易出現的特徵。自我實現者不但比較不害怕未知、神祕和讓人困惑的事物，反而常常被這些事物吸引，也就是說他們會刻意選擇神祕的事物來思考和吸收。以下是我在別處說過的話：「對於未知，他們不會忽略它、否定它、逃避它或假裝未知是已知，也不會貿然將之組織化、二分化和加以分類。他們不會緊抓著熟悉事物不放，他們對真理的追求也不是出於對確定性、安全感和秩序的病態需求，這樣的需求我們在戈德斯坦的腦傷病患（Goldstein, 1939）和強迫性精神官能症患者身上可以看到。當客觀環境使然，自我實現者處在混亂、鬆散、含糊、懷疑、不肯定、不明確或不精準的狀態（在科學、藝術和人生的某些時刻皆是如此）下同樣可以感到自在。」

所以雖然對大多數人來說，懷疑、猶豫、不確定，以及從而導致的延遲決定是一種折磨，但對於某些人來說卻是令人愉快的刺激挑戰，是生活中的一個高潮。

二分法的消解

我觀察到的一件事讓我困惑多年，但現在它開始逐漸被理解了。那就是在自我實現者身上看不到二分法。簡單來說，我必須把很多被所有心理學家理所當然視為對立的東西看成是線性的連續體。以第一個讓我困惑的二分法為例，我無法決定我的研究對象是自私還是無私。對於自私和無私，我們向來認為非此即彼，一者愈多，另一者就愈少。但我不得不揚棄這種亞里斯多德式的邏輯，因為我的研究對象在某個意義下非常無私，但在另一個意義下又非常自私。兩者是相融的，是一種動態的一致性或結合，類似弗洛姆在他論自愛（也就是健康的自私）的經典論文中所描述的那樣。他們把對立融合在一起的方式讓我明白了，把自私和無私視為互斥是低層次的人格發展的一個特徵。還有許多二分法被我的研究對象給打破，例如認知和意動、情感和理智、希望和事實。責任變成了快樂，而快樂和責任融合在一起。工作和遊戲的界線也變得模糊了。當利他主義變成自私的快樂時，自私的享樂主義又怎麼可能和利他主義對立？那些最成熟的人也是最孩子氣的。這些人有著最強烈的自我，是最完整的個體，同時又最容易無我、超越自我，以及問題導向。

不過這正是偉大藝術家所做的事；他們能夠把不搭調的顏色、形狀和各種的不和諧融為一體。這也是偉大的理論家所做的事；他們可以把讓人困惑和不連貫的事實放在一起，讓我們看見其中的相關性。偉大的政治家、治療師、哲學家、父母、愛人、發明家皆是如此。他們全都是整合者，能夠把分別、甚至對立的東西合而為一。

在此談的是整合的能力，是人的內在反覆整合的能力，是整合他在世界上所做的任何事情的能力。創造性有多大程度上是建構性、綜合性、一致性和整合性，就有多大程度是依賴於人的內在整合。

沒有恐懼

在設法弄清楚為什麼一切會是這樣的過程中，我發現很大一部分的原因在於我的研究對象比較沒有恐懼。他們當然是濡化程度較低的，也就是說他們比較不害怕別人的意見、要求或取笑。他們的深層自我的認同和接納，讓他們能夠勇敢地知覺到世界的真實，讓他們的行為更自發（較少控制、壓抑和計畫）。他們比較不害怕自己的思想，哪怕這些思想是愚蠢或瘋狂的。他們比較不害怕別人的取笑或不贊成。他們可以讓自己被情感淹沒。反觀一般人和精神官能症患者出於恐懼而把自己的內在隔絕起來，他們控制、壓抑、抑制。他們不認同更深層的自我，也預期別人會是同樣的態度。

我的意思是，自我實現者的創造性看來是他們更大的整體性和整合性的一種副產品，而這種更大的整體性和整合性源自於自我接納。發生在一般人內心的內在力量和控制與防衛力量之戰，看來已經被自我實現者給解決了，所以他們更不會有這樣的分歧。結果就是，他們有更大的部分可以被利用、可供享受，以及可用於創造性目的。他們花在保護自己對抗自己的時間和精力比較少。

高峰體驗

我對高峰體驗的研究支持和豐富了這些結論。我問過很多人（不只是健康的人），他們人生中最奇妙、最開心喜悅的經驗是什麼。起初我這麼做的目的，是想要為在各種談論創造性體驗、美學體驗、戀人體驗、頓悟體驗、性高潮體驗和神祕體驗的文獻中被描述過的認知變化，建立一個普遍和全含式的理論。我用來涵蓋這些體驗的詞彙是「高峰體驗」。我認為這些體驗的每一種都以類似方式改變了一個人和他對世界的知覺，而且這些變化常常看似和我已描述過的自我實現並行，至少是出現在一個人的內部分裂暫時統一之際。

不過在此我也明白我向來秉持的一些信念是必須放棄的。例如，我必須更尊重謝爾登式的（Sheldonian）體型分類法[2]，這是莫里斯（Charles Morris）也發現到的。不同類型的人看來是從不同類型的事件獲得他們的高峰體驗，但不管他們從哪裡得到高峰體驗，他們對主觀體驗的描述倒是差不多。不論你信不信，一位女士描述其生產體驗的用語非常類似巴克（Bucke）用於描述宇宙意識、赫胥黎用於描述所有文化和時代的神祕經驗、吉色林（Ghiselin）用於描述創造過程、鈴木大拙用於描述禪宗開悟體驗的那些用語。這也讓我意識到，有可能存在不同種類的健康和創造性。

然而，和我們目前主題相關的主要發現是，高峰體驗的一個主要面向是人內部的整合，也因此是人與世界的整合。在這種存有狀態中，人變得統一，他裡面的分裂、兩極化和解離都暫時消解了。他內在的內戰並沒有贏輸，而是被超越了。在這樣的狀態中，一個人會變得對經驗敞開、極度自發、功能全面發揮，而正如我們所見，這是自我實現的創造性的基本特徵。

高峰體驗的一個面向就是徹底的（雖然只是瞬間）失去恐懼、焦慮、壓抑、防衛和控制，放棄自我克制、延遲和限制。害怕解體和瓦解，害怕被本能淹沒，害怕死亡和瘋狂，害怕屈服於不受控制的快感和情感，這些恐懼全都會消失或暫停。這意味著更大的知覺開放性，因為恐懼會扭曲現實。

這也可以被認為是一種純粹的滿意、表現、歡愉。但由於它是「在世界裡」，代表了佛洛伊德的「快樂原則」和「現實原則」的融合。

這些恐懼全都屬於我們的內在。在高峰體驗中，我們接受和擁抱我們的深層自我，而不是設法控制和害怕它。

2 編按：美國心理學家謝爾頓（W.H. Sheldon）把人的體型分為三種主要類型：內胚葉型（柔軟、豐滿）、中胚葉型（肌肉骨骼發達）和外胚葉型（高大、瘦長）。對應三種性格類型：頭腦緊張型、身體緊張型和內臟緊張型。他發現體型與性格之間呈正相關。

首先，不僅這個世界，就連他自己也變得更加統一、整合、一致。這不啻說他變得更完全是他自己、更獨一無二。因此他更容易表現和自發，不需要費力。他所有的力量以最有效整合和最協調的方式集結起來，比平時組織和協調得更完善。所以他做起事來變得非常容易，不費吹灰之力。抑制、懷疑、控制和自我非難消失了，他成了自發、協調、有效的有機體，運作起來就像動物那樣沒有控制或分裂，沒有遲疑或困惑。在這樣的一刻，他的能力處於最高點，事後回顧，他也許會對於自己的技巧、信心、創造性和敏銳度感到驚訝。所有一切都是那麼容易就做到，讓人歡喜。他也敢於做其他時候不敢做的事。

簡單來說，他變得更完整、更獨特、更有活力、更完全的表現和沒有壓抑、更強有力、更大膽和有勇氣（把恐懼和疑惑拋諸腦後）、更加的自我超越和自我遺忘。

由於幾乎我訪問的每個人都有過這類體驗，我得出了一個暫時的結論：很多人都有能力進入短暫的整合狀態，甚至進入自我實現狀態，因而可以擁有自我實現的創造性。（當然，由於我的取樣隨機且不足，這個結論只是假設性的。）

創造性的層次

古典佛洛伊德理論對我們的研究目標來說沒什麼用處，而且部分被我們掌握的資料給駁斥。它基本上是一種本我心理學，研究本能衝動及其變化，而佛洛伊德的論證歸根究柢是衝動和對衝動的防衛。然而，對於理解創造性的來源（還有遊戲、愛、熱忱、幽默和想像力的來源），遠比被壓抑的衝動更重要的是所謂的「初級思維過程」（primary processes），它基本上是認知性而不是意動性的。一旦我們把注意力轉向人類深層心理學的這個面向，就會發現精神分析的自我心理學（Kris, Milner, Ehrenzweig）、榮格心理學和自我成長心理學有很大的共通之處。

一般所謂的適應良好意味著大部分的深層人性（包含意動和認知）受到持續的排斥。對現實世界適應良好需要個人的分裂，也就是說這個人要拒絕很大部分的內在，因為這些內在是危險的。但顯然這樣做的時候他也損失慘重，因為他的內在深處同時是他所有喜樂的泉源，是他遊戲、愛和笑的泉源，最重要的是他的創造性的泉源。在保護自己免於內在魔鬼傷害的同時，他也切斷了自己和內在天堂的關係。在極端的情況中，我們會變成偏執的人，變得呆板、緊繃、僵硬、固執、拘謹，無法去笑、遊戲、愛、犯傻、信任和孩子氣。想像力、直覺、溫柔和情感往往會被窒息或扭曲。

初級思維的層次

作為一種心理治療，精神分析的最終目標是整合。它努力透過頓悟治療基本的分裂，讓一直被壓抑的東西浮現在意識或前意識。不過根據我們對於創造性的深層源頭的研究，我們要再次做出修正。我們和初級思維過程的關係不同於我們和那些不能被接受的願望的關係。最主要的差異是，初級思維過程並沒有像那些禁忌衝動那樣危險。在很大程度上，正如沙赫特爾（Schachtel, 1959）曾經提到的，它不是受到了壓抑或審查，而是被遺忘了，或者說當我們在必須適應一個殘酷的現實時被壓抑下來，因為這個現實需要的是一種有目的性和實用性的努力，不是空想、詩歌或遊戲。換個說法，在富裕的社會中，對初級思維過程的反抗必然會少得多。我預期教育過程（很少是削弱對「本能」的壓抑）能夠把初級思維過程整合進意識和前潛意識中。原則上，藝術、詩歌、舞蹈的教育在這方面大有可為。動力心理學的教育也是如此。一個例子是多伊奇（Deutsch）和墨菲（Murphy）的《臨床訪談》（*Clinical Interview*），這本書使用初級思維過程的語言，可以被看成一部詩。瑪麗恩．米爾納（Marion Milner）的絕妙作品《論不能繪畫》（*On Not Being Able to Paint*）以最完美的方式體現了我的說法。

我一直設法勾勒的那種創造性的最佳例子是即興創作，例如爵士樂或天真的繪畫，而不是被稱為偉大的作品或藝術。

次級思維層次

首先，正如我所說的，偉大作品所需要的偉大天賦不是我要討論的。其次，偉大的作品不僅需要靈感和顛峰體驗，還需要勤奮的工作、長期的訓練、無情的批判、完美的規範等等。換句話說，在自發性之後是深思熟慮，在接納之後是批判，在直覺之後是縝密的思維，在大膽行動之後是謹慎判斷，在幻想和憧憬之後是現實檢驗。一些問題由此出現，例如：「它是真的嗎？」「別人可以理解嗎？」「它的結構健全嗎？」「經得起邏輯考驗嗎？」「它對世界有什麼用？」「我能證實它嗎？」

於是，我們會進行比較、判斷、評價、反思、選擇和淘汰。

換言之，次級思維過程取代了初級思維過程，日神取代了酒神，「陽剛」取代了「陰柔」。自願退到內在深處的過程停止了，靈感或高峰體驗的被動性和接受性現在必須讓位給行動、控制和辛勤工作。高峰體驗降臨到人的身上，而人**創造**偉大作品。它可以被稱為繼陰柔階段之後的陽剛階段。

嚴格來說，我只研究了第一階段，它出現得輕鬆容易，是一個高度整合的個人的自發表現。唯有一個人能夠探觸自己的內在深處，唯有當他不害怕自己的初級思維過程時，高峰體驗才可能出現。

整合的創造性

對於主要是依賴初級思維過程而非次級思維過程的創造性，我稱之為初級創造性；而主要是奠基於次級思維過程的創造性，則是次級創造性。後者包含世界上大多數的產品，例如橋梁、房屋、汽車，甚至包括主要是奠基於他人觀念的很多科學實驗和文學作品。這種分別類似於突擊隊和憲兵的不同，或者開拓者和定居者。對於同時利用兩種思維過程的創造性，我稱之為「整合的創造性」；正是從這種創造性中誕生出了偉大的藝術、哲學和科學作品。

所有這些發展的結果，總結來說就是愈來愈強調創造性理論中整合（或自我一致性、統一性或整體性）的角色。把二分法融為一個更高和更有包容性的整體，意味著治療一個人的分裂，讓他變得更統一。我所說的分裂是內在於個人的，相當於一場內戰，是一個人的一部分和另一部分的衝突。不管怎樣，一旦論及自我實現的創造性，更多就是關於初級思維過程和次級思維過程的融合，而非對禁忌衝動和願望的壓抑控制。當然，也有可能從對禁忌衝動的恐懼中所生出的防衛，會對所有深層內在發起全面性的、無區別性的戰爭，從而壓抑了初級思維過程。不過看來這種情況原則上並非必要。

創造性和自我實現

總言之，自我實現的創造性首先強調的是人格而不是它的成就，認為成就是人格的副產品，也因此是從屬於人格。它強調的是性格特徵，例如大膽、勇敢、自由、自發、整合、自我接納等等，它們讓我一直在談的那種創造性成為可能；這種創造性表現在有創造性的生活、態度或個人。我一再強調自我實現的創造性具有表現或存有的性質，而不強調它解決問題或創造產品的性質。自我實現的創造性不管碰到什麼問題，都會像輻射那樣放射出來，打在整個生命上，就像愉快的人會放射出愉快，不需要目的、設計、甚或意識的存在。這種創造性就像陽光那樣普照大地，會讓某些東西生長，卻也會浪費在岩石之類不會生長的事物上。

在結尾處，我清楚意識到，我一直試圖打破廣為接受的創造性觀念，卻未能提出一個定義明確和輪廓清楚的替代性概念。自我實現的創造性是難以界定的，正如穆斯塔卡斯（C. Moustakas）所暗示的那樣，有時候它和健康看似是同義詞。由於自我實現或健康最終必須被定義為最充分人性的實現或一個人的存有的實現，所以自我實現的創造性看來就等同於基本人性的同義詞或一個定義性特徵。

第四部

一種人類科學的方法論

METHODOLOGIES FOR A HUMAN SCIENCE

第十四章

人本主義心理學關心的問題

構思問題往往比解決它重要，因為後者涉及的也許只是數學或實驗技巧。要提出新的問題或從新的角度看待舊問題，需要創造性的想像力。真正的科學進步由此而來。

——愛因斯坦與英費爾德（L. Infeld），《物理學的演化》，一九三八年

現在，另一種科學哲學出現的時機已然成熟。那是一種以價值為基礎的知識和認知概念，包含原子主義與整體論、重複性與獨特性、個人化與機械性、穩定與變動、實證的與超越的。本章將對從這種人本主義心理學新方法而來的問題做初步檢視。

學習

人是怎麼學會有智慧、成熟、良善、有品味、有創造性、有好品格、能適應新環境、發現善、追求真、認識美？亦即怎麼進行有別於外在學習（extrinsic learning）的內在學習（intrinsic learning）？

他們是怎樣從獨一無二的經驗學習？從悲劇、婚姻、生兒育女、成功、勝利、墜入愛河、生病和死亡等等學習？

他們是怎樣從病痛、消沉、不幸、失敗、老年和消逝學習？

很多被認為是聯結式學習（associative learning）的學習，事實上是內在學習，是現實

所需，而非相對的、任意的和偶然的。

對自我實現的人來說，重複性、連續性和任意性的獎勵變得愈來愈不重要。一般的廣告對他們大多起不了作用。他們很難受到任意聯想、威信暗示、勢利訴求和無意義的重複所影響。這些做法甚至會有反效果，讓他們更不可能去購買。

為什麼教育心理學談了那麼多手段（例如成績、學位、文憑），而非目的（例如智慧、理解、良好判斷力和品味）？

我們對情感態度、品味和偏好的學習所知不多。「心的學習」（learning of the heart）一直被忽略。

教育常常太過是為了大人的方便，把兒童教得不要那麼的惹人厭。更正面取向的教育會更關心兒童的成長和未來的自我實現。教育應該教導孩子堅強、自尊、有正義感、反抗支配和剝削、反抗宣傳和盲目的濡化，但是對於這種教育，我們又懂多少？

我們對無目的性和無動機性的學習所知甚少，也就是隱性學習和純粹出於興趣的學習。

知覺

對知覺的研究向來太侷限在知覺錯誤、扭曲和錯覺之類。韋特海默稱這種研究是「心理學上的盲目」（psychological blindness）。但我們為什麼不去研究直覺、閾下知覺

（subliminal perception）、無意識知覺和前意識知覺？為什麼不研究好品味？為什麼不研究對實、對真、對美的知覺？為什麼不去研究美學知覺？為什麼有些人知覺得到美，有些人不行？在知覺這個大標題下，我們也可以納入透過希望、夢境、想像、創造性和秩序化對現實進行的建設性操縱。

無動機、無利害關係、無私的知覺。欣賞。敬畏。仰慕。沒有選擇性的覺知。

我們有大量對於刻板印象的研究，卻很少有對於清新、具體、柏格森意義下的現實的科學研究。佛洛伊德提到「自由浮動的注意力」（Free-floating attention）。

是什麼原因讓健康的人能更有效地知覺現實、更正確地預測未來、更容易看出別人的真實，以及更能夠忍受或享受未知、無結構、模糊和神祕的事物？

為什麼健康的人的渴望和希望不太會扭曲他們的知覺？

一個人愈是健康，他的各種能力就益發互相連結。這一點也適用於各種感覺形式，它們讓對聯覺（synaesthesia）的研究大體上比對個別感官進行的單獨研究更重要。不僅如此，作為一個整體的感官系統和有機體的運作是連在一起的。這些關聯性需要更多的研究，還有統一的意識、存有認知（B-cognition）、啟發、超越個人和人類的知覺、神祕體驗和高峰體驗的認知面向，諸如此類。

情感

正面的情感如快樂、平靜、安寧、滿足和接納，一直沒有得到充分研究。同情心、憐憫、博愛亦然。

樂趣、喜悅、遊戲、比賽和運動還沒有得到充分理解。

狂喜、興高采烈、熱情、愉快、快樂、陶醉、幸福、神祕體驗、政治和宗教上的皈依體驗、性高潮所產生的情緒。

心理病態的人和健康的人在衝突、挫折、悲傷、焦慮、緊張、內疚、羞慚這些感受上有何差異？對健康的人來說，這些狀態可以產生正面的作用。

對於情感的組織作用及其他好的、有益的作用之研究，一直少於對情感失序的研究。在什麼情況下，情感和知覺、學習、思考等等的效率的增加相關？

認知的情感面向，像是頓悟使人情緒激昂、理解使人平靜、對惡劣行為的更深理解使人產生接納和寬恕。

還有愛情和友誼的情感所帶來的滿足和快樂。對健康的人來說，認知、意動和情感更多是合作而非對立。我們必須找出其背後的原因以及內在機制。例如，健康的人的下視丘和大腦的連結不一樣嗎？我們必須了解意動和情感的驅動是如何幫助認知，而認知和意動的協作又是如何支持情感。精神生活的這三個方面應該放在一起而不是分開研究。

行家們一直受到心理學家的過度忽略。但光是享受吃喝、抽菸和其他感官滿足，便肯定在心理學中有一席之位。

打造烏托邦背後的衝動是什麼？什麼是希望？為什麼我們會想像、投射和創造出天堂、美好生活和更好社會的觀點？

仰慕是什麼？敬畏是什麼？驚訝是什麼？

還有對激勵的研究？我們怎樣能激勵別人更努力？追求更好的目標？

為什麼快樂會消逝得比痛苦快？有沒有辦法可以讓快感、滿足和快樂再度恢復嗎？我們有可能學會珍惜自己所擁有的一切，而不是視之為理所當然嗎？

動機

父母的衝動：為什麼我們會愛我們的子女？為什麼人們會想要小孩？為什麼他們願意為孩子做出那麼多的犧牲？又或者可以換個方式問：為什麼別人覺得是犧牲的事在父母自己看來完全不是犧牲？為什麼嬰兒那麼討人喜愛？

對正義、平等、自由、渴望自由和正義的研究：為什麼人們願意為了正義而付出重大代價，甚至不惜犧牲生命？為什麼有人會在對自己毫無好處的情況下，幫助弱勢者和受到不公對待的人？

人類更多時候是追求他們的目標和目的，而不是受到盲目的衝動和驅力所驅使。後者當然也會發生，卻非絕對，必須兩者兼論才能看得全面。

截至目前為止我們都只研究挫折的致病效果，忽略了它「致健康」的效果。

體內平衡、均衡、適應、自我保全、防衛和調適都是消極的概念，必須以積極的概念加以補充。「一切看來都是指向保存生命，只有少數指向讓生命獲得價值。」龐加萊（H. Poincaré）表示他最大的難題不是怎樣賺三餐，而是在兩餐之間不會無聊。如果我們從自我保存的角度將功能主義心理學（functional psychology）定義為對有用性的研究，那麼作為延伸的後設功能主義心理學（metafunctional psychology）將會是從自我完善的角度去研究有用性。

忽略高階需求以及階與低階需求之間的差別，注定會讓人們在一種需求滿足後卻還有其他需求出現時感到失望。對健康的人來說，滿足所產生的不是欲望的中斷，而是經過一個短暫的滿足階段後，更高階的欲望和挫折會取而代之，重新回到不平靜和不滿足。

再想想食慾、偏好和品味，以及赤裸裸的、生死攸關的極度飢餓。

追求完美、真理和正義的衝動，相當於把一幅歪斜的畫掛好、努力完成未完成的工作或苦思未解決的問題的衝動？烏托邦的衝動，想要改善外在世界、撥亂反正的渴望。

忽略認知需求，佛洛伊德（Aronoff, 1962）和學院派心理學家都是例子。

美學的意動層面，對美的需求。

我們還沒有充分了解殉道者、英雄、愛國者和無私者的動機。佛洛伊德派的化約解釋並無法解釋健康的人。

有關對錯的心理學，有關倫理道德的心理學，科學心理學，科學家心理學，知識心理學，知識研究的心理學，知識研究背後的衝動的心理學，哲學衝動的心理學。

欣賞，沉思，冥想。

通常我們對於「性」的討論就像在討論怎樣避免瘟疫一樣，只注意它的危險會讓人看不見一個顯然的事實：性可以是一種讓人愉快的消遣，而且可能有著很大的治療和教育效果。

智力

我們必須滿足於一個根據實然而非應然而來的智力定義嗎？智商這回事完全和智慧無關，純粹是一個技術性的概念。例如，納粹德國頭目戈林（Goering）雖然智商很高，卻真真切切是個蠢蛋。他也絕對是個邪惡的人。區別智商高低沒有什麼大害處，唯一的麻煩是，在畫地自限的心理學裡，更重要的主題，好比說智慧、知識、洞察、理解、常識和良好判斷，卻因為智商受到青睞而被忽略了。所以對人本主義者來說，智商顯然是個惱人的概念。

有哪些因素可以提高智商？是情感、智力、常識、良好判斷嗎？我們對於有損智商的因素知道不少，對於能夠改善它們的卻所知甚少。但願有一種智力的心理治療。

智力的有機概念是可能的嗎？智力測驗多大程度上受到文化束縛？

認知與思考

心智的轉變。轉化。精神分析的洞察。突然領悟。對原理的知覺。啟發。開悟。覺醒。智慧。智慧和良好的品味、良好的道德、善良仁慈有什麼關係？

單純的知識有什麼性格上和治療上的效果？

對創造性和生產力的研究應該在心理學中占有重要地位。在思考時，我們應該更著重創新、獨創性和新觀念的研究，而不只是為原本就存在的難題尋找答案。最好的思維是創造性的，為什麼不研究最好的呢？

科學和科學家的心理學，哲學和哲學家的心理學。

最健康的人的思考（假如他們同時也聰明的話）不僅是杜威式的，也就是說不僅僅是由某個打亂平衡的問題或麻煩所激發出來的，然後在問題解決後隨即消失。健康的人的思考也是自發的、有趣的和讓人愉快的，常常是不費力地自動產生出來，就像肝臟分泌膽汁一樣。這樣的人享受著身為思考性的動物，而不是遇到麻煩時才會去思考。

思考並不總是有方向、有組織、有動機或目標取向的。空想、做夢、象徵、無意識思考、幼稚和情緒性的思考、心理分析的自由聯想，所有這些都各有豐碩成果。健康的人的很多主張和決定都是藉由這些技術做成的。它們傳統上被認為與理性對立，實際上卻和理性相輔相成。

客觀性的概念。無私。被動地對現實的本質做出反應，未摻雜任何個人或自我的成分。問題導向而非自我導向的認知。道家色彩的客觀性、愛的客觀性與旁觀者的客觀性。

臨床心理學

一般來說，我們應該把任何自我實現的失敗看成是心理病理學的病例。平常人或普通人就像精神疾患一樣也是病例，只不過沒有那麼強烈和緊急。

我們應該積極理解心理治療的目標，這種說法當然也適用於教育、家庭、醫學、宗教和哲學的目標。美好的和成功的人生經驗，例如婚姻、友誼和經濟上的成功，其治療價值應該受到強調。

臨床心理學和異常心理學（abnormal psychology）不同。臨床心理學可以研究成功、幸福和健康的人。臨床心理學除了可以研究疾病，也可以研究健康；除了研究軟弱、懦弱和殘忍，也可以研究強壯、勇敢和善良。

我們不應把異常心理學侷限在研究精神分裂症，也應該研究憤世嫉俗、獨裁心態、失樂（anhedonia）、價值感喪失、偏見、仇恨、貪婪和自私等等現象。從價值的角度看，這些現象都是嚴重的病態。早發性失智、躁鬱症、強迫症等等**從技術的觀點來看**都是嚴重的人類疾病，也就是說它們會限制人的效能；不過如果希特勒、墨索里尼或史達林因為明顯的精神分裂而失能，卻是一件幸事。從積極和價值取向的心理學的角度，我們應該研究的是哪些干擾會讓人就價值意義而言變壞或受限。因此，就社會而言，憤世嫉俗當然要比憂鬱來得重要。

我們花了大量時間研究犯罪。為什麼不也去研究守法、認同社會、樂善好施和社會良知？

除了研究良好人生經驗的心理治療效果，例如婚姻成功、生兒育女、墜入愛河和教育等等，我們還應該研究不好經驗的心理治療效果。健康的人看來能夠妥善利用疾病、剝奪、挫折、衝突等等這類經驗。

對興趣的研究（作為對比的是對厭煩的研究）。富有生命力的人對生活充滿希望，抵抗死亡，懷抱熱情。

我們目前對於人格動力學、健康、適應的所知幾乎全都來自對生病者的研究。研究健康的人不僅可以直接教導我們有關心理健康的知識，肯定也會讓我們懂得更多有關精神官能症、精神病和一般心理病態的事情。

對能力、才能、技巧和技藝的臨床研究。志業，召喚，使命。

對天才和天賦的臨床研究。我們花在研究智能低弱者的時間和金錢，要比花在研究聰明人身上多得多。

一般理解的挫折理論是跛腳的心理學的一個好例子。在太多有關教養的理論中，小孩被以原始的佛洛伊德式的方法看待，認為他們是保守的有機體，固著於已經達成的適應，沒有欲望進行新的調整，按照自己的內在需求成長。

直到今日，心理診斷技術都是用來診斷病態，而非用來診斷健康。我們沒有可供測量創造性、自我強度、健康、自我實現和疾病抵抗力的羅夏測驗、主題統覺心理測驗（TAT）或明尼蘇達多相人格測驗（MMPI）。大多數人格問卷都是按照原始的伍德沃斯（Woodworth）模式制定，列出許多的症狀，把**不具**這些症狀的作答者評為具有好的或健康的人格。

由於心理治療可以為人帶來改善，缺少對於治療後人格的研究，不啻失去了從最佳狀態去檢視個人的機會。

對「高峰者」和「非高峰者」的研究；分別是指得到和沒有得到高峰體驗的人。

動物心理學

在動物心理學中，重點向來被擺在飢餓和口渴。為什麼不研究高階的需求呢？我們不知道白老鼠有沒有類似我們對於愛、美、理解、地位等等的高階需求。以動物心理學家現有的技術，我們又怎麼可能知道呢？我們必須超越「絕望老鼠」的心理學：這些老鼠被餓得要死，或者被疼痛和電擊逼到極端，而這些極端情境是人類極少會經驗到的（曾經對猴子和猿類做過類似實驗）。

應該更加強調對理解和洞察力的研究，而不光是研究死記硬背和盲目的聯結式學習。除了研究較低級的智力，更應該研究高級的智力表現。除了研究較不複雜的智力，還應該研究較複雜的智力。強調動物表現的平均值，讓人忽略了牠們能力的上限。

當赫斯本德（Husband, 1929）的實驗顯示老鼠幾乎像人一樣能夠透過學習走出迷宮之後，作為研究學習工具的迷宮就應該被拋棄。我們早已知道人類的學習能力比老鼠強，任何不能證明這一點的技術，都像是在一間天花板低矮的房間裡替一個彎腰駝背站不直的人量身高。這樣測量出來的結果是天花板的高度，不是人的高度。以迷宮來測量智力，量出來的只是天花板的高度，不是學習和思考所能夠有的高度，哪怕只是老鼠的學習和思維。

由此看來，研究較高等的動物比研究較低等的動物會讓我們對人類心理學有更多的認識。

要記住，以動物為對象的研究勢必會遺漏人類獨有的那些能力，例如殉道、自我犧牲、羞慚、象徵、語言、愛、幽默感、藝術、美、良知、內疚、愛國心、理想、詩歌或哲學或音樂或科學的創作等等。動物心理學對於理解人類和其他靈長類的共通處是必要的，但是對於了解那些人類獨有的能力或人類遠高於動物的其他能力（例如潛在學習的能力）卻是沒有幫助的。

社會心理學

社會心理學不應該只研究模仿、暗示、偏見、仇恨和敵意。這些在健康的人身上都是次要的力量。

民主理論，無政府主義理論。民主關係，人際關係。民選領袖。民主體制裡的權力，人民的權力，領導者的權力。無私的領導者的動機。健全的人不喜歡擁有支配他人的權力。社會心理學太過受到低等動物的權力概念所支配。

我們對於競爭的研究遠多於對合作、利他主義、友善和無私的研究。對自由和自由人民的研究，在今日的社會心理學沒有什麼地位。

文化要怎樣才能得到改善？偏差行為會產生什麼效果？若沒有偏差，就不會有進步或改善。為什麼我們不多去研究它們呢？為什麼它們一般都被視為病態呢？為什麼不認為它們是有益的？

社會領域中的手足情誼和平等主義值得受到和階級與支配一樣多的關注。為什麼不研究宗教的兄弟情誼？為什麼不研究消費者和生產者的合作？為什麼不研究意識社群和烏托邦社群？

研究文化和人格的關係時，文化常常被視為是原動機（prime mover），彷彿它的形塑力是不可抗拒的。然而，它有可能受到更堅強或更健康的人抵抗。涵化和濡化對某些人只能發揮一定程度的作用，應該進行不受環境影響的研究。

民意調查是來自於不假批判就接受「人的可能性」的一種落後概念，好比說假定人們一定是根據自私心態或習慣而進行投票。這種假定事實上只適用於人口總數中百分之九十九不健康的人。健康的人在投票或購物或判斷時，至少部分是根據邏輯、常識、正義、公平或現實等等，哪怕這樣做可能有違他們自己的利益。

為什麼研究者會忽略一個事實：在民主國家中，尋求領導地位的人常常是為了服務人民，不是為了擁有凌駕他人的權力。這一點完全受到忽略，儘管相關事例在世界歷史上比比皆是。顯然傑佛遜想當總統絕不是為了獲取任何私利，而是因為他覺得自己能夠把必須做的事做好，他想要做出貢獻。

責任感、忠誠感、社會責任、社會良知、好公民、忠實的人，我們花了很多時間研究罪犯，為什麼不也研究這些人？

十字軍。為原則、正義、自由、平等而戰的鬥士。理想主義者。被歧視、不受歡迎、被剝奪、挫折的正面效果。心理學家很少研究像偏見這種病態心理的豐富多面性。遭到排斥或放逐也會有某些正面的後果，當文化是不健康、不好的時候尤其如此。被這樣的文化排斥雖然會讓人痛苦，但對當事人來說卻是一件好事。自我實現者常常自我放逐，疏離他們不贊成的次文化。

我們對於聖徒、騎士、行善者、英雄和無私領袖的所知，不及我們對暴君、罪犯和心理變態者的了解。

慣例和成規有好的一面和好的效果。好的慣例與成規。在健康的社會和生病社會，慣例的價值是不一樣的。「中產階級」的價值也是如此。

仁慈、慷慨、愛心和良善在社會心理學教科書裡所占的比例太少。

富有的自由主義者，例如富蘭克林和傑佛遜。他們不惜犧牲自己的經濟利益為正義和公道奮鬥。

雖然談論反猶太主義、反黑人主義、種族歧視和仇外心態的著作很多，但很少人知道也有愛猶太主義、愛黑人主義和同情弱勢的心態存在。這反映出我們側重敵意，忽視了利他主義、同情心和對不幸者的關懷。

研究運動家精神、公平、正義感和對他人的關懷。

在人際關係或社會心理學的教科書中，對愛情、婚姻、友誼和心理治療關係的研究也許可以成為後面各章的典範。不過今日這些主題極少受到教科書的重視。

心理健康的人抗拒推銷、廣告、宣傳、他人意見、建議、模仿、威望的能力比一般人高。應用社會心理學家應該更加廣泛地研究這些健康的表徵。

社會心理學必須擺脫一種文化相對論，它太過強調人的被動性、可塑性和可變性，忽略了自主性、成長傾向和內在力量的成熟。社會心理學除了應該研究被動的卒子，也應該研究積極的主動者。

如果心理學家和社會科學家無法為人類提供經驗性的價值系統，就沒有其他人能夠提供了。光是這項任務本身便會產生一千個難題。

從人類潛能的正面發展來看，心理學在第二次世界大戰期間可說一敗塗地。許多心理學家只把心理學當作一種技術，而且只運用在已知的領域。心理學理論在戰爭的年代幾乎沒有任何創新，這表示很多心理學家和其他科學家樂於和那些目光短淺的人為伍，只關心怎樣贏得戰爭，不關心戰後要如何恢復和平。他們完全搞錯了整場戰爭的重點，把它當成一個技術遊戲而不是一場價值戰鬥。心理學界無法阻止這個錯誤，例如他們沒有一套哲學可以區分科技和科學的不同，沒有一套價值理論可以弄清楚民主制度中的人民真正喜歡什麼、戰爭目的何在，以及心理學應該把重點放在哪裡。這些心理學家只研究手段，不研究目的，以致他們的研究成果除了可為民主國家所用，也可為納粹所用。他們的努力甚至不能阻止獨裁主義在他們自己的國家裡崛起。

社會制度、甚至文化本身往往被認定是形塑者和抑制者，不是需求滿足者、幸福製造者和自我實現促進者。「文化是一組難題，還是機會？」（A. Meiklejohn）文化作為塑造者的概念太過強調研究病態個案。對更健康的人的研究顯示，文化更像是各種滿足的泉源。同樣道理也適用於家庭，家庭向來過度被認為只扮演了形塑、訓練和影響的角色。

人格

「適應良好的人格」（well-adjusted personality）這個概念為成長的可能性加上了一道低天花板。母牛、奴隸和機器人一樣可以適應良好。

兒童的「超我」（superego）一般被認為是恐懼、懲罰、失去愛和遺棄等等的心力內投（introjection）。對具有安全感、被愛和受尊重的兒童和成人的研究顯示，內在良知有可能奠基於愛的認同、使他人歡樂幸福的願望，以及真理、邏輯、正義、一貫性和權利義務。

健康的人的行為較少是由焦慮、恐懼、不安全感、內疚、羞愧所決定，更多是由真理、邏輯、正義、現實、平等、公平和美等等決定。

我們是否對以下這些特質做過研究：無私、不嫉妒、意志力、樂觀、友善、現實主義、自我超越、大膽、勇敢、真誠、耐心、忠誠、可靠、責任感？

當然，對一種積極的心理學來說，最相關和最適當的研究對象是心理健康和其他種類的健康，包括美學健康、價值健康、身體健康等等。但它也必須對以下這些人進行研究：有安全感的人、有自信心的人、有民主性格的人、快樂的人、沉靜的人、安詳的人、富同情心的人、慷慨的人、仁慈的人、創造者、聖徒、英雄、強人、天才和人類的其他良好範本。

什麼能夠產生善良、社會良知、助人之心、鄰里之愛、認同、寬容、友善、渴望正義、義憤這些在社會層面好的人格特徵？我們對於心理病態有非常豐富的詞彙可用，但對於健康或超越性（transcendence）的詞彙卻相對缺乏。

剝奪和挫折有某些好的影響。對適當規訓和不適當規訓的研究是必要的，同樣必要的是研究自我規訓，其源自能夠直接面對現實，從內在的獎懲和反饋中學習。

對特質和個體性（非古典意義下的個體差異）的研究。我們必須發展出一門研究人格的科學。想想一個人是怎樣變得與別人不同而非相似（涵化、被文化整燙過等等）？

什麼是為理念獻身？是什麼原因會讓人認同和追求一個超越自我的理想或使命？

滿足、快樂、沉著、安詳、平和的人格。

自我實現者的品味、價值、態度和選擇很大程度上是建立在現實和固有的基礎上，而不是奠基於一個相對且外在的基礎上。所以那是一種辨別對錯、真假、美醜的品味。他們生活在一個穩定的價值系統中，而非一個**毫無價值觀念**（只有時尚、風潮、他人意見、模仿、建議和威信）的機械世界裡。

挫折水平和挫折容忍力在自我實現者身上可能高了許多。內疚水平、衝突水平和羞慚水平也是如此。

親子關係常常被當成只是問題或錯誤而加以研究。事實上，親子關係主要是一種樂趣和快樂，一種大好的享受機會，甚至對那些經常被視為麻煩的青少年也是如此。

第十五章

科學的心理學取徑

對科學的心理學詮釋始於強烈意識到科學是一種人類產物，不是一種自主、非人的和有著內在規則的事物。科學源自人類的動機，它的目標是人類的目標，它也是由人類創造、更新和維持的。科學的法則、組織和表現方式不只基於它所發現的現實的性質，也基於從事發現的人性的性質。心理學家，特別是具有臨床經驗的心理學家，在研究任何主題時會自然且自發地透過研究人來進行，而不是透過人所創造的抽象物；科學和科學家的情況亦然。

有人認為事實並非如此，主張科學是完全自主的，能夠自我調節，並將科學視為一種與人類利害無關，有其固有的、如棋盤遊戲般的不變規則。然而，這種看法對心理學家來說是不符實際、錯誤、甚至是違反經驗的。

「科學首先是一種人造物，必須從心理上加以檢視」，在本章我要指出上述這個認知更重要的意涵和結果。

研究科學家

研究科學家顯然是研究科學的一個基本且必要的面向。由於科學作為一種制度，部分是人性面向的放大投射，所以對這些面向的任何知識增長，都會自動擴增多倍。例如，每一門科學和其中的每一種理論，都會受到對以下主題的知識增進所影響：一、偏見和客觀性的性質；二、抽象化過程的性質；三、創造性的性質；四、濡化和科學家對濡化的抗拒的性質；五、渴望、希望、焦慮和期待對知覺造成的汙染；六、科學家的角色或地位；七、我們文化中的反智主義；八、信仰、信念、確定性等等的性質。

科學與人類價值

科學是奠基於人類價值，其本身就是一個價值體系。（Bronowski, 1956）人類的情感、認知、表現和對美的需求，構成了科學的起源和目標。任何這類需求的滿足都是一種「價值」。對安全的需求是這樣，對真理或確定性的需求也是。從簡潔、精練、優雅、精準、整齊得到的美學滿足，不只對工匠、藝術家或哲學家來說具有價值，對數學家和科學家來說也是一種價值。

除此之外，作為科學家，我們共享著文化的基本價值，至少在某種程度上是如此。這些價值包括像是誠實、人道、尊重、社會服務、尊重個人自主的民主權利、保存生命和健康、解除痛苦、講信用、運動家精神、公平正義等等。

「客觀性」和「無私的觀察」顯然是必須加以重新定義的用詞。「排除價值」（excluding values）本來意味著排除那些會扭曲事實的神學和其他獨裁主義的教條。這種排除在今日就像在文藝復興時代一樣必要，因為我們都希望事實能盡可能不受汙染。就算組織性宗教如今在我們國家對科學的威脅效果有限，我們仍然必須應付強大的政治和經濟教條。

理解價值

就我們所知，唯一可以防止我們的知覺（對自然、社會和我們自身）受到人類價值汙染的方法，就是對這些價值始終有清楚的認識，了解它們對知覺的影響，以及根據這樣的理解對知覺做出必要的修正。我所謂的汙染是指把心理的決定因素誤以為是現實的決定因素，而後者是我們要去理解的。對價值、需求、渴望、偏見、恐懼、利益和精神官能症的研究，必須是所有科學研究的一個基本面向。

這個論點還必須涵蓋以下幾個對人類來說最普遍的傾向：抽象化、分類、發現相同和不同、對現實的選擇性注意，並依據個人的興趣、需求、渴望和恐懼改變和重新安排現實。根據這種方式在各種名目和範疇底下組織我們的知覺，就某些層面來說是可欲的和有用的，但就某些方面來說是不可欲和有害的，因為這種做法雖然凸顯了現實的某些方面，同時也讓其他方面受到忽視。我們必須明白，雖然自然給了我們進行分類的線索，但這些線索常常只是最起碼的或模稜兩可的。我們必須常常給自然創造或加上一個分類架構。這樣做的同時，我們不只是按照自然的提示，還是按照我們自己的人性、無意識的價值、偏見和利益來進行。對科學來說，最理想的情況是把這些人類決定因素減到最低，而想要做到這一點，方法不是否認人類決定因素的存在，而是清楚地認識它們。

如果你是純粹的科學家，用不著為上述這番話忐忑不安，因為我的目的只是為了讓科學更有效率地達成目標——這個目標就是改善我們對自然的知識，透過研究知者（the knower）而解除對知識的汙染。（Polanyi, 1958, 1964）

人類法則和自然法則

人類心理的法則和非人類自然（nonhuman nature）的法則在某些方面是一樣的，在某些方面卻截然不同。人住在自然世界裡這個事實並不表示兩者的規則和法則必然一模一樣。人類既然生活在真實世界裡就必須對它做出讓步，但這並不否定人有著不同於自然界的內在法則。渴望、恐懼、夢想、希望，這些狀態的行為方式完全不同於卵石、電線、溫度或原子。哲學的建構不同於橋梁的建構。對家庭和水晶的研究必須採取完全不同的方式。我們對於動機和價值的論述並不代表我們希望對非人類的自然做主觀上或心理學上的說明，但是我們當然**必須**對人性做心理學上的解釋。

非人類實在（nonhuman reality）是獨立於人類的渴望和需求，既不帶有善意亦不帶惡意，沒有目的、目標或功能（只有有生命的東西有目的性），不存在意動和情感傾向。即使所有人類消失後，這個實在仍然會繼續存在。

按這個實在本來的樣子去認識它，而不是根據我們喜歡的樣子去認識它，從任何角度來看都是好的——不論是出於純粹的好奇心，還是為了預測和控制它。康德的主張絕對正確：我們永遠不可能完全認識非人類實在，但我們有可能多靠近它一些，對它認識得較為真切一些或較不真切一些。

科學社會學

對科學和科學家的社會學研究值得比現在更多的關注。如果科學家多少會受到文化變數的影響，那麼科學家的產物亦然。在什麼程度上，科學需要其他文化的人協力貢獻、科學家必須擺脫所屬文化的限制、科學家必須是個國際主義者、科學家的產物是由他們的階級和群體認同決定，這些問題都是我們想要更充分了解文化對於「我們對自然的認識」的汙染效果，所必須回答的。

理解現實的不同方法

科學只是得到關於自然現實、社會現實和心理現實的知識的手段之一。藝術家、哲學家、文學家、甚至是挖渠道的工人，都可以是真理的發現者，也應該受到像科學家一樣的鼓勵。[1] 他們不應該被視為彼此排斥、甚至互不影響的。如果一個科學家同時能夠是一個詩人、哲學家或夢想家，他肯定比畫地自限的同僚往前邁進一大步。

如果這種心理學多元論能讓我們把科學想像為一首由各種不同才智、動機和興趣構成的交響曲，那麼科學家和非科學家的界線將愈來愈模糊。那些批評和分析科學概念的科學哲學家，肯定要比純技術性的科學家更加接近對純粹理論感興趣的科學家。提倡系統性人性理論的戲劇家和詩人絕對比工程師更接近心理學家。科學史家可以是個歷史學家也可以是個科學家。重視研究個案的臨床心理學家或醫生從小說家那裡得到的養分可能多於請益搞實驗的同儕。

我看不出有什麼方法可以嚴格區分科學家和非科學家。我們甚至不能以有沒有從事實驗研究作為判準，因為很多以科學家之名維生的人，從來沒有做過一次真正的實驗。在一間二流大學裡教化學的人會自詡為化學家，哪怕他從來沒有在化學領域有過什麼發現，只是會讀讀化學刊物和像按著食譜做菜那樣重複別人做過的實驗；其實和一個喜歡在家裡地下室做實驗的十二歲聰明學生比起來，他也許更不夠資格稱為科學家。

1 原注：純粹藝術家和純粹科學家的區別大概可以表述如下：前者通常是特定知識或發現的專家，後者是普遍規律的專家。其次，藝術家較接近發現問題、提出問題和假設的科學家，較不是問題解決者、檢驗者和確定者。最後三項功能是處理變量和可驗證量，通常是科學家的責任。

一所研究機構的所長為什麼仍然可以被稱為科學家？他的時間也許完全已經被行政和組織的工作占去，而他依然傾向稱自己為科學家。

如果一個理想的科學家應該是集有創意的假設提出者、仔細的檢核和實驗者、哲學系統的打造者、歷史學者、技術人員、組織者、教育家、作家、宣傳家和鑑賞者於一身，那麼我們可以簡單地說，理想的科學小組也許應該由九個不同功能的專家組成，而**其中不需要任何一個是完整意義下的科學家！**

在指出科學家和非科學家的二分法過於簡化時，我們也必須注意一個事實：太過專業化的人長遠來說往往什麼都做不好。完整和健康的人做起事來更有成效。一個企圖透過壓抑衝動和情感而成為純粹思想家的人，會弔詭地成為一個只能以病態方式思考的人，也就是一個不好的思想家。換言之，我們有理由認為，一個同時帶有藝術氣質的科學家，會比沒有這種氣質的同儕是更好的科學家。

如果我們採用個案史研究法，這一點就會變得非常清楚。偉大的科學人物一般都具有廣泛興趣，絕非狹隘的專業人員。從亞里斯多德到愛因斯坦，從達文西到佛洛伊德，所有偉大發現者都是多才多藝和多面向的，同時有著人本主義、哲學、社會和美學的興趣。

所以我們的結論是：科學的心理多元論教導我們，通往知識和真理有很多途徑，藝術家、哲學家和文學家（不管是作為個人還是個人的一部分）都有可能成為真理的發現者。

心理健康

所有其他因素不變的話，我們有理由預期，一個愉快、無憂無慮、平靜和健康的科學家，會比一個不快樂、煩惱多多和不健康的科學家是更好的科學家。同樣道理也適用於藝術家、機械技師或行政人員。有精神官能症的人會扭曲現實，對現實不滿，過早對現實進行概念化，因此不是現實的良好報導者。他們也太容易害怕，太渴望得到別人的肯定。

這樣的事實至少有三個意涵：首先，任何科學家（更好的說法也許是真理追尋者）若想要把工作做到最好，那他們應該在心理上是健康的。其次，我們有理由認為，隨著一個文化得到改善，其所有成員的心理健康也會獲得改善，對真理的追求亦會有所進展。第三，心理治療可以讓科學家在個人功能上有所提升。

我們也都承認，更好的社會條件（學術自由、終身教職和較好待遇）對知識的追尋者將更有幫助。[2]

2原注：認為這是一種革命性主張的讀者，以及那些感到有深入閱讀需求的讀者，我建議可以鑽研這個領域的偉大著作：博藍尼（Michael Polanyi）的《個人知識》（*Personal Knowledge*, 1958）。如果你沒有讀過這本書，就不會認為自己已經為邁入下個世紀做好準備。如果你沒有時間、決心或力量讀這本書，容我推薦我的《科學心理學》（*Psychology of Science: A Reconnaissance*,1966），它的觀點和《個人知識》相同，但簡短易讀。本章與這兩本書，以及出現在它們參考書目裡的其他著作，相當程度代表著反映在科學領域裡的人本主義時代精神。

第十六章

手段導向 vs. 問題導向

愈來愈多人提到了「正式的」（offical）科學的缺失和罪過。但是除了林德（Lynd, 1939）的傑出分析，人們都忘了要討論這些缺失的根源。本章試圖要說明，正統科學（特別是心理學）的許多弱點都是以手段導向或技術導向的態度來定義科學所致。

我所謂的手段導向，是指認為科學的本質在於工具、技術、程序、儀器和方法，而不是在於困難、問題、功能或目標。在較簡單的形式裡，手段導向誤把科學家等同於工程師、醫生、牙醫、實驗室技師、吹玻璃者、尿液分析師和機器操作員等等；在最高的知性層次，手段導向常常表現為把科學和科學方法混為一談。

過度強調技術

一味強調優雅、精練、技術和儀器常常會導致問題的意義和重要性被弱化，創造性也被貶低了。幾乎任何心理學博士候選人都會明白這在實踐上意味著什麼。一個方法上讓人滿意的實驗，即使研究的是雞毛蒜皮的問題，也極少會受到批評。反觀一個大膽和有突破性的問題，由於有可能是個「敗筆」，所以常常遭到批評，甚至在開始研究前就因為飽受非難而夭折。事實上，科學文獻中的批評看來總是針對方法、技術和邏輯等等，我不記得曾在熟悉的刊物中看過哪篇文章是批評另一篇文章多餘、不重要或無足輕重。[1]

因此，有個趨勢是學位論文的主題本身不重要。換言之，論文不再需要是對知識的貢獻。博士候選人必須知道的只是他們領域的技術和業已累積起來的資料，好的研究構想通常不被強調。結果就是，顯然沒有創造性的人一樣有可能成為科學家。

同樣的結果也見於較低的層次。在中學和大學的科學教育中，學生被鼓勵把科學等同於操作儀器，而且是按照操作手冊學來的死板程序進行；換言之，就是追隨別人的領導，重複別人已有的發現。老師從來不會教學生一個道理：科學家有別於技術人員，也有別於只是讀科學書的人。

上述這些論點很容易被誤解。我不是看不起研究方法，只是想指出即便在科學中，手段也會輕易被誤當成目的。事實上，只有科學的目標或目的能夠讓科學的方法成為有尊嚴和有效的。實務上科學家當然必須關心技術，但只是因為技術可以幫助他們達成目的，也就是回答重要的問題。一旦忘記這點，他們就會成為佛洛伊德所說的那種人：整天擦眼鏡卻沒有把眼鏡戴起來看東西。

手段導向會把技術人員和設備操縱者推向領導地位，而不是問題提出者和問題解決者。我們不想創造一種極端和不真實的二分法，但仍然可以指出，只懂得**怎樣做**和懂得**做**

1原注：「但是就連學者都喜歡小題大作。他們還稱之為原創性的研究。對他們來說，重要的是找到未知的事實而不是值得知道的事實。其他專家也許遲早會把這些事實派上用場。所有大學裡的專家都是出於某些神祕的目的，以螞蟻築巢的耐心寫作。」（Van Doren, p. 107）「運動愛好者」（sportsman）是坐著觀看運動員比賽的人。

什麼的人之間是大有差別。由於前者總是占了最大比例，無可避免成為了科學中的祭司，成為了程序和禮節方面的權威。在過去，這些人不過是些討厭鬼，但由於科學現已成為了攸關國家和國際政策的事情，他們的存在變成了一種實際危險。而外行人理解操作者遠比了解創造者和理論家來得容易，這讓危險加倍。

手段導向往往過度高估量化的方法，把它當成目的本身。這必然是真的，因為手段導向更強調表現的方式而不是表現的內容。於是，形式的優美和精準便與內容的適當和豐富脫了鉤。

手段導向的科學家往往會削足適履，尋找適合他們方法的問題來研究。他們一開始的問題會是這樣：「哪些問題是我可以用我的技術和設備來解決的？」而非更應該問的：「哪些是我應該花時間研究的迫切且重要的問題？」若非如此，又要怎麼解釋以下的現象：大多數平庸的科學家將畢生精力耗費在狹小的領域，其界限不是由關於世界的基本問題來界定，而是由儀器或技術來界定。在心理學中，很少人體會到「動物心理學家」或「統計心理學家」這些概念的幽默。這些心理學家不介意研究任何課題，唯一要求是這些研究得使用上他們的動物或他們的統計方法。這不禁讓人聯想起那個找皮夾的醉鬼的笑話：他不是在他掉皮夾的地方尋找，而是在路燈下面找，理由是那裡比較亮。另一個相關的笑話是，有個醫生把所有病人都診斷為癲癇發作，因為那是他唯一懂得治療的疾病。

手段導向會創造出一個科學的層級系統，在其中物理學被認為比生物學更科學，生物學被認為比心理學更科學，心理學被認為比社會學更科學。這種層級系統的假設之所以存在，完全是以技術的純熟、成功和精準為基礎。從問題導向的科學角度來看，絕不會有人主張這樣的層級系統，因為誰又能夠主張失業、種族偏見或愛的問題本質上要比恆星、鈉或腎功能的問題不重要？

手段導向傾向於區隔各門科學，在它們之間築起高牆。當有人問洛布（Jacques Loeb）他到底是神經學家、化學家、物理學家、心理學家還是哲學家時，他回答說：「我解決問題。」這應該是一個更常見的回答。有更多像洛布這樣的人會對科學更好。但這種迫切需求明顯受到一種哲學的抵制，也就是把科學家當成技術人員和專家而不是大膽的真理追求者，把科學家當成懂的人而不是**感到疑惑**的人。

如果科學家自視為問題提出者和解決者，而不是專門的技術人員，那麼人們的注意力就會轉向科學的最前線，轉向那些我們了解最少但最需要了解的社會和心理問題。為什麼這麼少人做跨學科的研究呢？為什麼一百個研究物理學和化學的科學家裡才有十個研究心理學？以下哪種情形對人類會比較好：集中一千個最優秀的腦袋去製造更好的炸彈（或更好的盤尼西林），還是讓他們去解決民族主義或心理治療或者剝削的問題？

科學的手段導向在科學家和真理追求者之間、在他們追求真理的不同方法之間製造出太大鴻溝。如果我們把科學定義為追求真理、洞察和理解，以及對重要問題的關心，必然很難把科學家歸到一邊，再把詩人、藝術家和哲學家歸到另一邊。[2]他們自稱處理的難題也是一樣。當然，最終來說我們還是必須承認他們在語義學上有所差別，也必須承認這種區別主要是奠基於方法和除錯的技術。然而，清楚的是，如果科學家和詩人或哲學家的鴻溝沒有像今日這樣巨大，對科學來說一定更好。手段導向會把他們分成為不同領域，反觀問題導向則會把他們視為互相幫助的合作者。大部分科學家的傳記顯示，後者要比前者更接近事實。大多數偉大的科學家同時也是藝術家和哲學家，而他們從哲學得到的養分往往不少於他們從科學同儕那裡得到的。

手段導向和科學正統

手段導向無可避免會帶來一套科學正統，由此創造出一套非正統。科學的問題和難題極少能夠公式化、分類化或歸入一個檔案系統。過去的問題不再是問題，反而變成了答案；未來的問題尚且不存在。但過去的方法和技術卻有可能被公式化和分類化，由此得來的東西會被稱為「科學方法的法則」。它們被奉為正統，戴上傳統、忠誠和歷史的光環，往往成為今日的束縛而不只是建議或協助。在較沒有創意和墨守成規的人手中，這些法則幾乎變成一種要求，要求我們**必須**使用先輩們解決他們問題的方法來解決我們的問題。

這種態度對於心理科學和社會科學特別危險。在這個領域，「真正的科學」被翻譯為：利用物理科學和生命科學的技術。因為這樣，很多心理學家和社會學家才會傾向於模仿舊技術，而不是創造和發明新的技術。可是他們面對的問題和資料本質上有別於物理科學，所以新的技術是必須的。科學傳統可以是一種暗藏凶險的福佑，忠誠更是會讓人陷入危殆。

科學正統的主要危險在於它往往阻礙新技術的發展。如果科學方法的法則已經制定好，那剩下的便是如何應用它。抱持這種態度，新的方法、新的做事方式必然不被信任，總是遭遇敵意，好比精神分析、完形心理學和羅夏測驗都是如此。對這種敵意的預期部分可歸咎於新的心理學和社會科學所需的關係性、整體性和症狀的邏輯學、統計學、數學尚未被發展出來。

一般來說，科學的演進是合作的結果，否則受限的個人又怎麼能夠得到重要、甚至偉大的發現？無法合作就無法前進，直到出現一些不需要幫助的天才。正統意味著拒絕幫助非正統。由於只有少數人是天才（不管正統或非正統），這意味著只有正統科學才得以持續的、暢順的前進。我們可以預期，非正統的觀點會在長期的忽視或反對中受到阻礙，然後突然衝破阻礙（假定它們是正確的話），繼而變成正統觀點。

手段導向還有另一個更大的危險，那就是它傾向於對科學的管轄權施加愈來愈大的限

2原注：里爾克（Rilke）：「你必須愛問題本身。」麥克利什（A. MacLeish）：「我們已經學會了所有答案，我們不知道的是問題。」

制。它不只會阻礙新技術的發展，還會阻礙科學問很多問題，理由是（讀者應該已經可以猜到）這類問題無法用目前的技術來回答，例如有關主觀的問題、價值的問題、宗教的問題。正是這種愚蠢的理由導致沒有必要的認輸，也導致了「不科學的問題」這個自相矛盾的概念，就好像有些問題是我們不應該去問和設法回答的。事實上，任何讀過科學史的人都不敢說有**不可能解決的**問題存在，而只會說有尚未解決的問題。以這種方式思考，我們就有了行動的明確誘因，想要進一步發揮我們的機智和創意。如果按照當前的科學正統去思考我們可以用科學方法來做什麼，我們就會被鼓勵反其道而行，畫地自限，放棄大片人類感興趣的領域。這種傾向會走向最不可思議和最危險的極端。各位可知道，國會在討論成立國家研究基金時，有些物理學家建議完全排除心理學和社會科學的資格，所持的理由是它們不夠「科學」。如果不是因為完全忽視科學的本質和它源於人類價值及動機的事實，又要怎麼解釋為什麼會有人提出這樣的主張呢？作為心理學家，我要怎樣解釋我的物理學家朋友們的這種嘲弄呢？我應該使用他們的技術嗎？但這些技術對我研究的問題不管用。它們如何能夠解決心理學的難題？難道這些難題不應該被解決嗎？還是說科學家應該完全退出這個領域，把它交還給神學家？它是否暗示心理學家是蠢蛋，而物理學家是聰明人？但這種本質上站不住腳的說法有什麼依據呢？若是根據印象的話，讓我來說說我的印象：任何科學部門的蠢材都像其他科學部門一樣多。哪個印象才是正確的？

我認為唯一可能的解釋是，他們偷偷把技術放在首位，甚至是獨尊技術。

手段導向的正統鼓勵科學家穩紮穩打而不是大膽進取。它讓科學家的事業看似是在平坦大道上一步步前進，而不是在未知的領域開疆闢土。它使人對未知事物持保守態度而非積極進取，讓他們成為定居者而不是開拓者。[3]

科學家的正確定位（至少偶爾如此）是站在未知、混亂、隱晦、難以駕馭和神祕的事物間。問題導向的科學會鼓勵他們進入這個領域，而強調手段的科學方法會大力阻礙他們進入這個領域。

過度強調方法和技術會讓科學家認為他們比實際上更客觀和更不主觀，也認為他們不用多關心價值的問題。方法是道德上中立的，但難題和問題卻未必是中立的，遲早都會被捲入有關價值的棘手論證。避開價值問題的一個方法是強調科學的技術而不是目標。事實上，科學會出現手段導向的現象，主要理由就是竭力追求盡可能的客觀（價值中立）。

然而，正如我們在第十五章看到的，科學不是也不可能是完全客觀，也就是說它不可能完全獨立於人類的價值。再者，它是否應該設法中立也容有爭論。本章列舉的所有錯誤，證明了企圖忽視人性缺點的危險。精神官能症患者不只為他們徒勞的嘗試付出了巨大的主觀代價，諷刺的是，他們也成為愈來愈差勁的思考者。

由於這種獨立於價值的妄想，價值的標準變得愈來愈模糊。如果手段導向的哲學夠極

3 原注：「天才是裝甲車先鋒部隊。它們閃電般駛入無人地帶，必然會讓它們的兩側曝險。」(Koestler, 1945, p. 241)

端的話（極少如此），又如果它們夠一致的話（害怕出現明顯愚蠢的後果而不敢如此），我們就沒有重要和不重要的實驗之分，有的只是技術上正確的實驗和技術上糟糕的實驗。[4]僅僅使用方法作為判準的話，則最雞毛蒜皮的研究也有權要求得到一樣的尊敬。實際的情況當然沒有這樣極端，那是因為人們還秉持著方法以外的判準。不過這個錯誤雖然很少明白呈現，卻經常以隱約的方式出現。科學期刊中滿是可以說明這一點的例子：不值得做的事不只是不值得做，還不值得做好。

如果科學不過是一組規則和程序，那麼它與下棋、鍊金術和牙醫治病何異？[5]

4 原注：「一個科學家會被稱為『偉大』，主要不是因為他解決了問題，更多是因為他提出了一個問題，而這個問題的解決會讓科學得到真正的進步。」（Cantril, 1950）

5 原注：牛津大學基督聖體學院的利文斯通爵士（Sir Richard Livingstone）把技術人員定義為「對自己的工作瞭如指掌，卻不知其最終目的和在宇宙秩序中的位置」。另有人出於同樣精神，把專家定義為「避免了所有小錯但陷入大錯的人」。

第十七章

刻板化 VS. 真實認知

即使理性承認它不認識擺在眼前的事物，它仍然相信自己的無知只在於不知道在那些經過時間考驗的範疇中，哪個適合這個新的對象。應該把它擺在哪個準備打開的抽屜裡？應該讓它穿上哪件已經剪裁好的外套？這個、那個，還是其他？而「這個」、「那個」和「其他」都是早就被構想好、早就知道的。有一種討人厭的觀點認為，我們必須給每個對象都造出一個新的概念，或許還要給一種新的思維方式。但哲學的歷史顯示了各種體系的永恆衝突，不可能令人滿意地將現實的東西套入現有的概念中，這也顯示量身裁衣的必要。

——柏格森（Henri Bergson），《創化論》（*Creative Evolution*, 1944）

對於心理學的各領域來說，在沒有渴望、希望、恐懼、焦慮干擾的情況下，刻板化認知和對具體個別事物的清新的、謙遜的、接納的、道家式的認知，兩者截然有別。看來大多數的認知行為都是老套的，沒有多想就根據既有的範疇進行分類。這種懶惰的歸類法，與全神貫注地對獨特現象的各種面向進行具體的知覺是完全不同的。唯有透過後者，我們才能充分地欣賞和品味各種經驗。

本章將根據上述的理論考量來探討一些認知問題。我認為很多被視為認知的東西，事實上只是認知的代替品，是一些二手戲法，源於人類生活在流動變化中卻又不願意承認。現實是變動不居的，而一般人對於靜態的事物有更好的認知，所以我們多數的注意、知覺、學習、記憶和思考所處理的不過是來自現實的靜態抽象物或理論建構，而非現實本身。

為免有人誤以為本章旨在反對抽象和概念，我要明確表示：離開了概念和抽象，我們無法生存。重點是它們必須以經驗為基礎，不能空洞無物。它們必須立基於具體現實，和現實連結在一起。它們必須具有有意義的內容，不能只是空話、標籤和單純的抽象概念。本章要探討病態式的抽象化與抽象表現的各種危險。

注意力

區別注意力的概念與知覺的概念：前者比較強調選擇性、預備性、組織性和發動性的行動，這些行動不必然完全是根據被注意到的現實的性質。注意力也常常是由個別有機體的性質所決定的反應，是由人的興趣、動機、偏見和過去經驗等等共同決定。

然而，對我們的目的來說，更重要的是區分兩種反應：一是對於獨特的事件給予全新、個別的注意；一是從外在世界中辨識出已經存在於我們腦袋裡的範疇。也就是說，注意力也許不過是在現實裡認識或發現我們已經有過的東西，類似在經驗發生前預先對它進行判斷，或許可以說只是合理化過去或企圖維持現狀，不是對於變化、新奇和流動的事物的真正認知；這麼做只要注意到已知，或者把新事物塞進熟悉的框架中。

這種刻板化的注意力對我們來說利弊皆有。顯然如果我們只是要把某一種經驗歸類，就不需要完全的注意力，如此可以節省許多精力。分類不像專心注意那樣需要高度集中心力，不要求有機體動員**所有的**資源。如我們所知，注意力高度集中是理解一個重要的或新的問題時所必須，會很累人，也因此不常見。證據是大眾一般都比較喜歡濃縮的小說集、讀者文摘、老派電影和客套對話，一般而言我們都會迴避真正的問題，至少是喜歡刻板的假解答。

標籤化或範疇化是一種不全整的、象徵性的、有名無實的反應，不是完整的反應。它可以讓行為變得自動化（讓一個人可以同時做好幾件事），這意味著以類似反射反應的方式進行低階的活動，同時也讓高階活動得以達成。總而言之，我們沒有必要對經驗中熟悉的元素投以注意。[1]

這裡有個弔詭，因為以下兩種狀況同樣為真：一、我們傾向不注意那些無法貼上既有標籤的東西，也就是不去注意陌生的東西；二、不尋常的、不熟悉的、危險的或有威脅性的事物，最容易吸引我們的注意。不熟悉的刺激有時可以是危險的（例如黑暗中的聲響），有時可以是不危險的（例如新裝的窗簾）。最完整的注意力是給不熟悉和危險的事物，最少的注意力給熟悉和安全的事物，中等的注意力則是分給不熟悉和安全的事物，不然就是把它轉化為熟悉和安全的事物，也就是說加以歸類。[2]

我們有個有趣的奇怪傾向：神奇和陌生的事物要不無法吸引我們的注意力，要不就吸引了我們全部的注意力。大部分人只會注意到有威脅性的經驗，彷彿把注意力當成對危險的反應，是一個通知我們有必要做出緊急反應的警告；對於非威脅性或不危險的經驗則置之不顧，好像它們不值得注意或加以反應，不管是認知反應還是情緒反應。對這些人來說，生活若非是危險的相遇，就是危險與危險之間的放鬆片刻。

但有些人不是如此。他們不只對危險處境有反應，而且或許是因為更有安全感和更加自信，他們有餘裕對不危險但使人愉快的經驗做出反應，甚至感到如痴如醉。有論者指出，這種積極的反應，不管是溫和或強烈，不管是輕微的愉快或排山倒海的狂喜，都與緊急反應毫無二致，都是自主神經系統和有機體的五臟六腑總動員。兩種經驗的主要不同在於一個讓人感到愉快，一個不愉快。據此觀察，人不只會以被動的方式適應世界，還能夠享受世界，甚至主動投入世界。大多數這類差異都可以用精神健康（mental health）這個變因來解釋。對較為焦慮的人來說，注意力比較是一種緊急機制；對他們來說，世界二分為危險和安全。

和「範疇化注意」（categorizing attention）形成最鮮明對比的是佛洛伊德所謂的「自

1 原注：更多的實驗例子，見巴特萊特的精彩研究。（Bartlett, 1932）

2 原注：假如一個人從生到死都能把新的事物吸收同化到舊的事物中，假如每當有什麼新事物違反或破壞了他已經熟知的概念時，他都能夠察覺那只是表面上的不同，並給它貼上舊標籤，把它當成一個喬裝打扮的老朋友，那麼沒有什麼事情比這更讓人愜意的了……對於那些超越的、沒有概念指涉、沒有標準衡量的東西，我們不感到好奇，也不感驚訝。」（James, 1890, Vol. II, p. 110）

由浮動的注意」（Free-floating attention）。[3] 佛洛伊德建議被動的注意而不是主動的注意，因為後者往往會把預期強加於真實世界，而這些預期會淹沒現實，假如這個現實虛弱無力的話。佛洛伊德建議我們順服、謙卑、被動，只要找出現實要對我們說的話，讓我們知覺到的一切都是由物質的內在結構決定。這等於是說我們必須把經驗看成獨一無二的，和世界上任何其他東西都不同，我們必須按照它們的性質理解它們，而非設法把它們塞進我們的理論、圖式和概念。毫無疑問這是鼓勵問題導向，反對自我導向。如果我們想要理解某個經驗的本質，就必須盡量拋開自我及其經驗、成見、希望和恐懼。

為了幫助說明，我們可以提出一個熟悉的對比：科學家和藝術家對待經驗的不同方法。如果我們能像真正的科學家和藝術家那樣抽象思考，我們就可以正確地將之與其他經驗對照，從而說科學家基本上也是在歸類經驗，讓它和其他所有經驗連結，把它放入一套世界哲學中，看看它在哪些方面與其他經驗相同或相異。科學家傾向於給經驗取一個名字或貼上一個標籤，把它放在應有的位置上，對其進行歸類。反觀藝術家更感興趣的是經驗獨特的特質，他們把每個經驗都視為個別的。每顆蘋果都是獨一無二的，每個模式、每棵樹、每個頭也是如此，沒有一樣東西和別的東西完全相同。一位批評家在評論一位藝術家時說道：「他看見別人只是看看的東西。」他們對於把經驗歸類、納入腦袋裡的檔案櫃絲毫不感興趣。他們以全新的眼光看待經驗，然後如果他們夠聰明的話，還會以某種辦法把經驗保存起來，好讓眼光較不銳利的人也能如是看見。齊美爾（Georg Simmel）說得好：

「科學家**看見**什麼是因為他**知道**什麼，藝術家**知道**什麼則是因為他們**看見**什麼。」

正如所有刻板印象，藝術家和科學家的二分法也是危險的。本章所隱含的一個觀點就是，科學家如果能夠更直覺、更有藝術氣質、更能欣賞和尊重未經加工的直接經驗，就可以做得更好。同樣的，按照科學的方式研究和理解現實，可以加深藝術家對世界的反應，使他們更讓人信服且成熟。藝術家和科學家的座右銘是一樣的：「觀照現實整體。」

知覺

刻板化不只是一個可以應用於偏見的社會心理學概念，還可應用在知覺的基本過程。知覺常常不只是對真實事件的本質的理解或紀錄，更多是對於經驗的分類，為經驗貼上標

3 原注：「因為每當一個人才剛有意識地把注意力集中到某種程度，他就開始對眼前的資料進行選擇。某一點會特別清楚停在他心中，其餘則被忽略。他在這種選擇活動中會遵循他的偏好。但這萬萬要不得，如果一個人在這種選擇活動中完全遵循自己的期待，危險在於他除了能夠發現那些已知的東西，別無其他。如果一個人遵循著自己的各種偏好，任何必須知覺的東西肯定會被改變。不要忘記，無論如何，一個人所聽到的事情的意義，很大部分只有在後來才會被知道。要求病人不帶評價和選擇地將所發生的一切如實說出來，必然需要平均分配注意力的原則。假如病人服從『心理分析的基本規則』，會給醫生的治療工作帶來很大方便，但如果醫生自己不遵循『平均分配注意』的原則，他就會失去這諸多方便。對於醫生來說，這個規則可以如此表述：一切有意識的努力都必須排除在注意之外，一個人的『無意識的記憶』應該充分發揮作用。或者，我們可以用簡單的術語來說：一個人必須只是聽，不要想特別記住什麼。」（Freud, 1924, p.139, pp.324-325）

籤，而不是加以檢視。這種活動其實不是真正的知覺。我們在刻板化的知覺中所做的事，類似在言談中不斷重複陳詞濫調。舉例來說：當我們被引介認識一個人時，我們可以把對方視為獨一無二的個體來理解和感覺，然而我們更常做的是給這個人貼上標籤，把他歸類為某一種類型的人。我們把他放入一個範疇，而非視為一個獨特的個體，他只是某種概念的例子或某個範疇的代表。換言之，進行刻板化知覺的人更像是一個檔案管理員，而不是一部照相機。

在刻板化的知覺中，人們傾向於感知到：

一、熟悉和不新奇的事物，而非不熟悉和新奇的事物。
二、圖式化和抽象的事物，而非實際的事物。
三、有組織、有結構和單一的事物，而非混亂、無組織和模稜兩可的事物。
四、有名字或叫得出名字的事物，而非沒有名字和叫不出名字的事物。
五、有意義而非無意義的事物。
六、俗套而非特別的事物。
七、預期內而非預期之外的事物。

此外，每當事物是不熟悉、模稜兩可、沒有名字、沒有意義、不常見或預期之外時，我們往往會把它們加以扭曲，將它們塑造為更常見、更抽象和更有組織的形式。我們經常會把事物知覺為某種類型，而不是根據它們本身視其為獨一無二和獨具特色的。

這些傾向的每一種都可以在羅夏測驗、完形心理學的文獻、投射測驗和藝術理論中找到很多例子。在最後一個領域，早川（Hayakawa, 1949, p.103）曾經引用一位藝術教師為例，這位老師「習慣告訴學生，他們之所以畫不出任何個別的手臂，是因為他們把它想成一條手臂；也因為他們認為他們知道手臂應該是什麼樣子」。沙赫特爾的書（Schachtel, 1959）也充滿這類引人入勝的例子。

顯然如果一個人只是想要把某個刺激物歸類到已經建構起來的系統中，他對這個東西就無須了解太多。真正的知覺會視對象為獨特的，反覆檢視，加以吸收，所花的時間數倍於標籤化和範疇化的短暫零點幾秒。

另外，更有可能的是，範疇化要遠比全新知覺沒有效果，原因在於它花的時間少之又少，在這種情況下，只有最凸出的特徵可以被用來決定反應，而這很容易會讓人誤入歧途。所以範疇化的知覺是犯錯的好方法。

由於範疇化的知覺會讓原本的錯誤更不可能被修正，所以這些錯誤的程度加倍。被歸入某一個範疇的人事物往往會停留在該範疇中，因為任何牴觸刻板印象的行為都會被視為例外，毋須認真以對。好比說，如果我們出於某些理由相信某個人不老實，那麼即使打牌時逮不到他出老千的證據，我們還是會認為他是老千，沒使壞只是別有原因，像是怕被逮到或懶惰。只要我們深信他不老實，是否逮到他並無分別，因為我們只會認為他是不敢在我們面前這麼做。或者與印象牴觸的行為會被認為是有趣可笑的，不是那個人的基本特質，只是戴上假面具。

事實上，刻板化的概念有助我們回答一個年深日久的問題：明明真相就擺在眼前，怎麼還是有人不相信呢？一般以為這種無視證據的態度可以透過壓抑和動機來解釋。這種看法沒錯，問題在於不夠充分。根據我們的討論，還有別的理由讓人對證據盲目。當我們自己成為被刻板化的對象時，就可以感受到那種強加的不公對待——被拿來和其他人相提並論，但我們覺得自己明明在許多方面都有所不同，感覺像是受到侮辱和不被欣賞。對此威廉·詹姆斯（William James）說得好，他表示：「知性在處理一個目標對象時，第一件事就是把它與其他東西歸為一類。但凡我們認為很重要且願意為其奉獻犧牲者，必定是自成一類且獨一無二的。假如一隻螃蟹知道我們二話不說就把牠歸為甲殼類，也許會怒不可遏地抗議說：『我才不是你們說的那種東西。我是**我自己**，只是**我自己**。』」

學習

所謂習慣，就是企圖用過去成功的方法來解決目前的問題。這意味著必須：一、把當前的問題放入某個問題的範疇；二、選擇對這個範疇的問題最有效的解決辦法。因此這裡必然會牽涉到分類。

習慣的現象最能夠說明一個同樣適用於範疇化的注意、知覺、思考和表現等等的道理：它們都企圖想要「凍結世界」（freeze the world）。事實上世界不停在變動，所有事物都在進行中。理論上，世界萬物都不是靜態的（儘管就**實際**目的而言許多東西是靜止的）。如果我們認真看待理論，那麼每一個經驗、每一件事和每一種行動都以這種或那種方式（不論重不重要）有別於以前出現過或將來會出現的經驗或行為。[4]

所以，正如懷海德（A. Whitehead）指出，把我們的理論、科學哲學和常識奠基在這個基本和不可避免的事實，看來是有道理的。但事實上，大部分人都不是這樣做。雖然熟諳世故的科學家和哲學家早就揚棄了世界是一個空洞的空間、恆存的事物不斷在其中無目的地打轉的舊觀念，但這些舊觀念仍然存在我們較不知性的反應中。雖然變動和成長的世界已經被接受和必須被接受，但我們這樣做的時候極少是帶著熱情。我們骨子裡仍然是牛頓主義者。

所有範疇化也許可以被理解為想要凍結或停止一個變動不居的世界，目的是去駕馭它，彷彿只有這個世界是不動的時候我們才控制得了。這種趨勢的一個例子是，那些靜態

4 原注：「沒有兩物是相似的，沒有一物是始終一樣的。如果你明白這個道理，便可以表現得好像有些東西相似，有些東西都沒變，也就是根據習慣而為。這並無不妥，因為一個差異要構成差異必須要帶來差異，但有些差異有時無法帶來差異。只要你意識到差異總是存在，意識到你總是必須判斷它們是否帶來差異，你就可以信賴習慣，因為你知道什麼時候必須把習慣擺到一邊。沒有習慣可以保證不出錯。習慣對於不依賴它們的人有用，對於並非任何情況都非按習慣做事的人有用。但對較不聰明的人，習慣往往會讓他們沒有效率、愚蠢和危險。」（Johnson, 1946, p. 199）

原子主義的數學家為了以一種靜態的方式來處理變化和運動，發明了一種別出心裁的戲法，也就是微積分。不過就本章的目的而言，心理學的例子更適切。那些頭腦靜態的人往往傾向於把一個進行中的世界凍結起來，讓它暫時靜止不動，因為他們應付不了一個變化不定的世界。我認為所有的習慣和複製式學習（reproductive learning）都是這種傾向的例子。

只要標籤化是出於對未知的恐懼，從而過早就把結論給確立和凍結起來，這種行為都是基於想要減輕和避免焦慮。那些對未知感到自在的人，或者能夠忍受模稜兩可的人（Frenjkel-Brunswik, 1949），因此較少在知覺中受到促動。動機和知覺的關係最好是被理解為心理病態的現象，而非心理健康。直白地說，這種關係是稍微生病的有機體的症狀。在自我實現者身上，這種關係會降到最低；在有精神官能症和精神疾病的人身上則升高，表現為妄想和幻覺。描述這種差異的一個方式是：認知在健康的人身上是比較沒有動機的，而在生病的人身上是比較有動機的。

因此就像威廉．詹姆斯指出的，習慣是一種保守的機制。（James, 1890）為什麼呢？首先，任何習得的反應都會阻止對同一個問題的其他反應的形成。另一個同樣重要但往往受到學習理論家忽略的理由是，學習不只是一種肌肉反應，還是一種情感偏好。我們不只學會說英語，還學會愛說英語。[5]（Maslow, 1937）所以學習並不是完全中性的過程。我們不能說：「如果這個反應是錯的，那我們輕易就可以把它解學習（unleran），或者用正確的反應取代。」因為透過學習，我們某種程度上會投入其中。如果我們想把法語學好，就不應該在只有一個口音不佳的法語老師可以找的情況下學習。等到一個好老師出現再學習，效果會好得多。同樣道理，我們不能認同科學領域中那些以輕浮的態度對待假設和理論的人。他們說：「即使是一個錯誤的理論，也好過沒有理論。」如果上述考量有道理，事情就沒有這樣簡單。正如西班牙諺語所說的，習慣起初是蜘蛛網，後來會成為鋼纜。

以上的批評並不適用於所有學習，只適用於原子性學習和複製式的學習，亦即對個別的特定反應的辨識和回憶。在很多心理學家筆下，這種學習看來是過去唯一可以影響現在的方式，是過去的經驗教訓能夠被有效地用於解決眼前問題的唯一方式。這是一個天真的假設，因為我們實際習得的東西（亦即過去那些最為重要的影響）既不是原子性的也不是複製式的。過去的最重要影響，也就是最有影響力的學習類型，是所謂的性格學習（character learning）或說內在學習（intrinsic learning），亦即我們所有經驗對於個性的所有影響。因此我們不是像得到錢幣那樣得到一個一個的經驗。如果經驗要有深刻影響，就要能為整個人帶來改變。所以某些悲劇經驗可以把一個不成熟的人轉變為一個較成熟、較

5 原注：文選學：因為一個文選家在他的書裡選了莫爾斯、博恩、波特、布利斯和布魯克的好文章，後來的文選家一律會選布利斯、布魯克、波特、博恩和莫爾斯的文章。如果有任何鹵莽的文選家，例如說你和我，自由編纂文選，又憑自己的判斷略去了經典性的布魯克、莫爾斯、波特、布利斯和博恩，那書評人就一定會齊聲咆哮：「這本文選是搞什麼鬼，怎麼會漏掉博恩、布魯克、波特、莫爾斯和布利斯！」（Guiterman, 1939）

有智慧、較寬容、較謙卑、較能夠解決生活問題的人。與這種說法形成鮮明對比的理論則主張，這樣的人只是以某種特殊的方式獲得了處理或解決一個特殊問題（如喪親）的技巧，而他除了在這方面有所變化，其他方面並無改變。但這樣的學習實際上比那些把無意義的音節串起來的例子重要且有用得多，而且更有典範性。在我看來，後而這種理論說法，除了無意義的音節，和世界上的一切都無關。[6]

如果世界是持續進行中，那麼每一刻都是新的和唯一的一刻。從理論的角度來看，所有問題都必然是新的問題。根據過程理論，典型的問題是那些從來沒有出現過的問題，亦即它們本質上和其他問題都不相同。所以和過去的問題非常相似的問題，應該被理解為特例而非典型。果真如此，憑藉過去來尋找解決辦法是危險的。我相信實際觀察將會顯示這種主張在理論和實務上皆為真。不管如何，有件事是所有人都不會反對的，那就是人生中至少有一些問題是新問題，因此必須用新的方法去解決。

從生物學的角度來看，習慣在適應上扮演著雙重角色，因為它同時是必要和危險的。習慣必然暗示著一個固定不變的靜態世界，而這顯然不是真的；習慣一般也被認為是人類最有效的適應工具之一，而這又暗示著世界是變動不居的。習慣是對某種情境已經形成的反應，或者是對某個問題已經形成的答案，由於已經存在了，就會發展出某種惰性，抗拒改變。當一個情境發生改變，我們的反應也應該改變或準備好迅速改變，而習慣的存在也許比沒有任何反應還要糟糕，因為它會阻礙對於新的情境形成新的反應。

從另一個角度描寫這個弔詭有助釐清。我們或許可以說習慣是建立來處理反覆出現的情況，以節省時間、努力和腦力。如果一個問題以相似的形式一再出現，而我們又有著某種會自動出現的習慣性回應方式，當然能節省大量的精力，不管這個問題何時出現我們都能應付自如。這樣看來，習慣不過就是對反覆出現的、不變的和熟悉的問題的一種反應。這就是為什麼我們可以說習慣是一種看似反應（as-if reaction）：「世界看似靜態、不變與恆常。」這種詮釋源自那些認為習慣是重要適應機制的心理學家對重複性的強調。

很多時候事情確實都是這個樣子，我們碰到的很多問題無疑都是重複、熟悉和沒有什麼大改變的。那些從事所謂高階活動（思考、發明、創造）的人發現，進行這些活動的前提是那些可以自動解決日常生活小問題的各種習慣，唯有如此創造者才有多餘的精力用於所謂的高層次的問題。但在此有一個矛盾。事實上，這個世界並不是靜態、熟悉、重複和不變的。相反的，它變動不居、不斷更新、不斷的轉換和改變。在此無須爭論是否世界的

6 原注：「正如我們努力證明的，記憶並不是一種把往事放入抽屜或記到本子上去的能力。沒有什麼抽屜或本子可言。正確來說，記憶甚至根本就不是一種能力，因為能力唯有當它願意或能夠的時候才會發生作用。與此相反，把一些過去的東西堆積到另一些過去的東西上，是不可能停歇的……即使我們對此沒有明確的認識，還是模模糊糊感到過去總是閃現在眼前。如果沒有我們自出生以來所經歷的整段歷史（慢著，還有我們出生之前的那段歷史，因為我們都帶著父母的氣質），那麼我們又是什麼呢？我們的性格是什麼呢？毫無疑問，我們只想到一小部分的過去，但當我們渴望和行動的時候，我們必須依靠整個過去，包括思想的最初傾向。如此看來，我們的過去，作為一個整體，是以衝動的形式顯示出來的，是以觀念的形式而被感受到的。」（Bergson, 1944, pp.7-8）

每一面向皆是如此，為了避免不必要的形而上爭論，也為了論證方便，我們可以假定世界有些方面是不變的，有些方面不是。由此我們就必須承認，不管習慣對於不變的那一面多麼有用，但是當有機體必須處理變化不定的面向、解決從來沒有碰過的新問題時，習慣肯定會造成阻礙。[7]

弔詭來了，習慣同時是必要的和危險的，有用的和有害的。它無疑可以節省我們的時間、努力和腦力，我們卻需要為此付出重大代價。它們是適應的重要武器，但也是適應的障礙。它們是解決問題的辦法，但長遠來說它們會阻礙新的、非範疇化的思考方式，阻擋了新問題的解決辦法。雖然它有助我們適應世界[8]，卻常常阻礙我們的創造性，也就是說阻止我們改變世界來適應我們。最後它們傾向於以懶惰的方式取代真實和清新的注意力、知覺、學習和思考。

思考

這個領域的範疇化包括：一、僅有刻板化的問題；二、用刻板化的技巧來解決這些問題；三、在生活的所有問題出現以前，已經有了一整套現成的解決辦法和答案。這三種傾向加起來肯定會扼殺創造性或發明性。[9]

刻板化的問題

一個強烈傾向範疇化的人，一開始會迴避或忽視任何問題。強迫症患者以最極端的方式呈現這一點：因為不敢面對任何意料之外的事，他們極其有系統地管理和安排生活的每個層面。任何需要勇氣、自信和安全感才能處理的問題都會對他們產生嚴重威脅。

如果碰到無法迴避的問題，他們的第一個努力是把問題納入一個熟悉的範疇，因為熟悉的事物不會帶來焦慮。他們會設法找出：「這個問題可以被放入哪個先前經驗過的問題類別？」或「它符合哪一個問題範疇？它可以被算進去嗎？」這種分類反應當然只能以一

---

7 原注：「我們面前是這樣的圖像：一個人面對著一個世界，他必須用日益精細的反應來適應世界的無限多樣性，他必須找到擺脫環境控制的方法，唯有如此他才能生存下去，成為世界的主人。」（Bergson, 1944, p.301）「自由如果沒有不斷努力更新自己，那麼在它被肯認的那一刻，就會製造出不斷增長的習慣，而這些習慣將會阻礙自由，自由會被自動性所毀壞。即使是最活躍的思想也會變得乾枯僵化。言詞與思想格格不入，文字會毀滅精神。」（Bergson, 1944, p.141）

8 原注：可補充的是，如果沒有一套範疇（參考架構），複製式的記憶就會困難重重。有興趣的讀者可參考巴特萊特的卓越著作（Bartlett, 1932），他以實驗支持這個結論。沙赫特爾（Schachtel, 1559）對這個主題有精彩見解。

9 原注：「清楚和秩序使得教授們能夠處理可以預見的情況，它們對於保持現存的社會狀況是不可缺少的。但光是如此還不夠。對於處理那些不可預見的情況，對於進步以及發現那些激勵人心的事物，需要的不只是清楚和秩序。生命如果僅僅囿於組織結構中就會退化。把經驗中的那些模糊混亂的東西整合起來的能力，對於新的進步很重要。」（Whitehead, 1938, p.108）「生命的本質在於已知的秩序被打亂。我們的世界拒絕接受完全的一致性。由於拒絕了這種影響，這個世界就朝著一個新的秩序前進，這是經驗的基本前提。我們必須解釋秩序的目的、新秩序的目標，還有成功和失敗的衡量尺度。」（Whitehead, 1938, p.119）

個已經被知覺到的相似性為基礎。我不打算討論相似性這個複雜的問題，這裡只想指出，對相似性的知覺不必然只是對現實的性質的被動記載。證據在於，用各自不同的範疇去歸類問題的人，全都能夠成功地把經驗加以刻板化。這些人不喜歡茫然失措，他們會分類所有無法忽視的經驗，哪怕這表示他們必須切割、擠壓或扭曲經驗。

刻板化的技巧

一般來說，範疇化的一大好處是隨著我們成功把問題分類了，自然會找到處理問題的技巧。這不是範疇化的唯一理由。醫生在處理一種已知但治不好的疾病時，會比面對完全未知的症狀感到輕鬆。由此可以看出範疇化有很深的動機理由。

如果一個人處理過同一個問題很多次，那麼只要有適當的機制就會運轉良好，隨時可以發揮作用。當然這意味著他們傾向於用以前用過的方式處理問題。但誠如我們看到的，習慣性的解決辦法通常有利有弊。利的方面包括運用起來輕鬆自如、節省精力、自動化、減少焦慮等等。不利則在於失去彈性、適應性、創造性，而這些都是假定動態的世界可以被當成靜態來處理的常見後果。

刻板化的結論

這個過程最有名的例子應該就是合理化。對這類過程或類似過程，我們可以界定如下：人們事先就有一個觀念或結論，接著投入大量思考活動支持這個結論或為它尋找證據。（「我不喜歡那個傢伙，我要找出一個我不喜歡他的好理由。」）這樣的活動只有一個思考面。它不是最完整意義下的思考，因為它不顧問題的性質就提結論。凝重的表情、熱烈的討論、積極搜尋證據，所有這些不過是掩人耳目的煙霧彈，結論早在思考開始前便存在。常常甚至連門面也不管了，人們直接相信他們所相信的事情，懶得擺出思考的姿態。這比做出合理解釋更簡單。

一個人有可能根據他生命前十年所得到的一套觀念過生活，而這套觀念從未有過絲毫改變。這樣的人也許有很高的智商，因此可以花很多時間從事思考活動，挑選支持既有觀念的證據。我們不能否定這類活動有時候也會對世界有些用處，但值得區分生產性與創造性思考，以及最有技巧的合理化思考。合理化的活動常常使人對於現實世界視若無睹，對新證據無動於衷，知覺或記憶扭曲，對瞬息萬變的世界失去適應力。與這些流弊相比，這種活動偶爾帶來的好處微不足道。

但合理化不是唯一例子。當一個問題僅僅被用於刺激我們的聯想，讓我們從中挑選出最切合特定情況的連結時，這同樣是一種範疇化。

看來範疇化的思維方式和複製式學習有著很大的相似性。上述談到的三種過程可以被視為習慣的特殊形式來處理。這裡顯然牽涉到對過去的一種特殊指涉。問題解決變成了分類技術，根據過去經驗來解決任何新的問題。這類思考經常相當於漫不經心地處理和重新安排以前獲得的習慣和記憶。

反觀「整體動力性思考」（holistic-dynamic thinking）顯然是與知覺過程有關而非記憶過程。明白這一點，它和範疇化思考方式的對比就更清楚可見。整體動力性思考的主要努力是盡可能知覺到問題的本質，「在問題中察覺解決辦法」。（Katona, 1940; Wertheimer, 1959）每個問題都是按照其自身的情況和形式而被仔細檢視，就像從來沒有出現過類似的問題。相反的，聯想性思考是要看出一個問題和曾經發生過的問題有什麼關聯性或相似性。

在實際的意義下，就行為來說，整體動力性思考的原則可以化約為一則座右銘：「我不知道，我們來看看。」也就是說，當一個人面對一個新的情況時，他不會毫不猶豫地以預定的方式做出反應，而是彷彿會對自己說：「我不知道，我們來看看。」隨時留意現在的情況有哪些方面和從前的各種情況不一樣，準備好按照看見的情況做出適當的反應。

這並不表示整體性思考不會使用過去的經驗。它當然會使用，重點在於以不同的方式使用；這一點在前面「學習」一節時已經說明過。聯想式的思考一定會出現，重點是應該以何種思考方式為核心、典範及理想模式。整體動力論的主張是，思考活動就定義來說就是創造性、獨一無二和別出心裁的。思考是人類創造新東西的方法，這就表示思考必須是革命性的，偶爾會和既有的結論有所衝突。如果思考和某個知識現狀出現衝突，那便是與習慣、記憶或已知相衝突，因為**就定義來說**，它就是不同於我們已經習得的。如果我們過去習得的東西和我們的習慣運轉良好，那我們就可以用一種自動的、習慣的、熟悉的方式加以回應，也就是說我們用不著思考。從這個角度看，思考乃是學習的對立面而非某種學習。若稍微誇大來說，甚至可以把思考定義為不理會習慣和過去經驗的能力。

人類歷史上那些偉大成就所代表的真正創造性思考方式，還涉及另一個動力學面向。它具有大膽、勇敢和無畏的特徵。如果這些形容不夠貼切的話，想想膽怯的小孩和勇敢的小孩有何差別就能理解。膽怯的孩子必須巴著母親，因為母親代表安全、熟悉和保護；反觀大膽的小孩更敢於冒險，去到離家更遠的地方。巴著母親不放的過程相當於巴著習慣不放的思考過程。大膽的思考者（這樣形容有點多餘，類似說會思考的思考者）必然能夠掙脫過去，擺脫習慣、預期、學習、傳統和成規的枷鎖，自在地踏入不安全和不熟悉的領域。

透過模仿和／或「威信暗示」（prestige suggestion）形成的意見，是另一種刻板化的想法。它們一般被認為是健康人性中的基本傾向，但更正確的方式是把它們看成輕微心理病態的例子，至少非常近似輕微心理病態。當牽涉到重要的問題時，過度焦慮、因循和懶惰的人（沒有主見、不知道也不信任自己的觀點）會以這種方式來回應混亂且沒有參考架構的情況。[10]

10原注：關於這種情境的動力學，弗洛姆做過精彩論述（Fromm, 1941）。同一主題在蘭德（Agn Rand）的小說《源頭》（*The Fountainhead*, 1943）中也討論過。《一〇〇六年和所有那些事》（*1006 and All That*, 1931）則既有趣又有教益。

在生活的絕大多數領域，我們所得出的結論和解決問題的辦法多半屬於這種類型。這些時候，每當我們在思考問題時也會偷偷看別人怎麼說，好得出同樣的結論。顯然這類結論並不是最真切意義下的思考，不是由問題的性質所決定。刻板化結論是我們從那些我們相信他們多於相信我們自己的人那裡撿來的。

可預期的是，這種立場的一些意涵有助我們理解這個國家的傳統教育何以遠遠未能達到其目標。在此僅需強調一點，我們的教育不著重教導學生以直接且嶄新的角度觀察現實。相反的，它給他們一付預先打造好的眼鏡，讓他們知道應該相信什麼、喜歡什麼、贊成什麼、對什麼感到內疚。這讓一個人很難建立起個體性，很難鼓起勇氣按自己的方式觀察現實、打破典範或提出不同的見解。我們可以在任何大學的課程中找到高等教育刻板化的證據。不管一門課程涉及如何多變、難以言說和神祕莫測的現實，都被一視同仁地規定為三學分，而且更奇怪的是，這些課程不多不少都正好要上十五週。它們就像橘子一樣被整齊分類，[11]要找一套強加在現實上的範疇，莫此為例。

所有這些都再清楚不過，但要採取什麼對策卻隱而未顯。檢視刻板化的思考方式以後，有些論者主張，應該讓學生逐漸擺脫範疇的束縛，更關心新的經驗和具體的現實。就此而論，懷海德說得很對：

我個人對於傳統教學方法的批評是，它們過分關心知性的分析活動和學習公式化的資訊。我的意思是說，我們本應去加強那種對個別事實進行具體評價的習慣，結果卻往往忽略了這一點。我們完全未注意個別事實的各種價值之間的相互作用，而是一味強調各種抽象的陳述。

目前我們的教育結合以下兩者：一方面對少數幾個抽象概念進行徹底的研究；另一方面對其他大量的抽象概念的研究則相對減少了些。我們的教育程序過於迂腐。學校的普通訓練應該以引導年輕人具體理解事物為目的，應該滿足他們想要做些什麼的熱望。這裡當然也離不開分析，但這種分析只要描述出各個領域中的不同思維方式就已足夠。在伊甸園，亞當是先看見動物，然後再給牠們命名，但我們的傳統教育制度卻是讓小孩在見過動物之前便給牠們命名。

這樣的專業訓練只觸及教育的一個面向，重心擺在知性，主要工具是書本。但專業訓練顯然還有另一個面向，重點在直覺，避免和整體環境分離，目標是盡可能減少對整體進行分割，而是直接理解整體。現在我們最需要的就是去欣賞價值的多樣性。（Whitehead, 1938, pp. 284-286）

11 原注：「科學常被視為一種穩定且固定的東西。其實科學是一個知識系統，其生命和價值仰賴於它的流動性，只要新的事實或新的觀點暗示可能有別的結構，它就應該立即修正最珍愛的結構。可惜，目前科學並不是被當作這樣一個知識系統來教授的。」

「我是這所大學的校長，凡我所不知道的，一概不是知識。」（Whitehead, 1938, p.59）

語言

語言是傳達常規性資訊（nomothetic information）的極佳手段，換言之也是範疇化的極佳方法。它當然也企圖定義和傳達那些具體的特殊事物，但常常因其最終的理論目標而失敗。[12]它在處理某個特殊事物時，能夠做的頂多是給它一個名字，但命名畢竟不是描述和傳達，只是貼上標籤。唯一能夠充分認知它的方法是充分地經驗它。即使只是命名，有時也會讓人無法進一步理解它。

每當語言把經驗塞入範疇中，它就成了現實和人類之間的一道帷幕。換言之，我們要為它帶來的利益付出代價。

當語言完全放棄追求個殊性，一味使用刻板模式、老生常談、口號標語、戰吼、稱號，則情形會變得愈來愈糟。這時候它明顯會減弱思考、鈍化知覺和阻礙心智發展。如此一來，語言的功能「與其說是傳達思想，不如說是遮蔽思想」。

因此，雖然我們不可避免要使語言，但在使用語言的時候必須時刻意識到它的缺點。一個主張是，科學家應該學會尊重詩人。科學家總是認為他們的語言精確，但詩人的語言卻是弔詭地比科學家的語言更真切，有時候甚至更精準。例如一個人如果有足夠才智，就能夠以非常精簡的方式說出一個教授需要用十頁紙才能說完的話。以下關於斯蒂芬（Lincoln Steffens）的故事可以說明這一點（Baker, 1945, p 222）：

「有一天我和撒旦一起走在第五大道，途中看見有個人突然停住腳步，從空氣中抓下一片真理，確確實實是從空氣中抓下來的。」斯蒂芬說道。

「你看見了嗎？」斯蒂芬問撒旦。「你不擔心嗎？你不知道這樣足以摧毀你嗎？」

「對，但我不擔心。我告訴你原因。現在那片真理還是一種漂亮和活生生的東西。但那個人首先會給它命名，然後再組織它，到了那時候它便會死去。如果他讓它活著並去體驗它的話，它就會摧毀我。所以我並不擔心。」

語言的另一個特徵同樣會帶來麻煩：它是在時空之外的，至少某些字詞是這樣。「英國」這個詞有一千年時間沒有像英國這個國家那樣成長、發展、演化和改變。然而我們要描述時空中的事件得靠這些字眼。就像約翰遜說的：「總是會有一個英國存在，這句話是什麼意思？手指的書寫速度比舌頭的發聲要快。語言的結構不像現實的結構那麼有流動性。就像我們聽見雷聲的時候已經沒有雷了，所以當我們談及現實的時候，那個現實已不復存在。」（Johnson, 1946, p. 119）

12 原注：詩歌旨在傳達一種大多數人「無法言說」的特殊體驗，它要把那些本質上無言的情感體驗用語言表達出來，企圖用那些具有組織作用的標籤來描繪一種新鮮的和獨一無二的體驗，而那些標籤本身卻非新穎亦不獨特。在這種無可奈何的情況下，一個詩人所能做的，就是用這些詞語來製造一系列類比、修辭或新的句法等等。通過這些手段，雖然他還是無法描述出體驗本身，但他卻希望借此在讀者身上觸發類似的體驗。他有時居然能成功，這不是一種奇蹟嗎！

理論

建立在範疇上的理論幾乎總是抽象的，也就是說它們強調某些性質比另一些性質重要，至少是更值得注意。所以這類理論總是傾向於低貶或忽略現象的某些性質，亦即漏掉部分真理。因為這種拒絕和選擇的原則，理論能給我們的只是一個局部和偏頗的觀點。此外，即使所有理論結合在一起，也不能給我們一個對現象和對世界的充分觀點。有藝術氣質和情感敏銳的人看來比理論家和知識分子更能領略一個經驗的主觀豐富性。也許所謂的神祕體驗正是這種充分欣賞一個現象所有特徵的極致表現。

由此就揭露出個別經驗的另一個特點，也就是非抽象性。這不等於說它在戈德斯坦的意義下是具體的。腦傷患者的行為具體，但他們實際上並沒有看見一個目標或經驗的**所有**感官特徵。他們能看到的只是特定脈絡下的一個特徵，例如對他們來說一瓶酒便只是一瓶酒，不會是其他東西，比方說不會是一個武器、一件裝飾品、一個紙鎮或一個滅火器。如果我們把抽象化定義為選擇性的注意力，只注意某件事物無數特徵的其中一些，那麼戈德斯坦的病患可以說是抽象取向的。

這樣看來，在分類經驗和理解經驗之間，在利用經驗和享受經驗之間，在以不同方式對它們進行認知之間，存在著一定程度的差異。所有談論神祕體驗和宗教體驗的作家都強調這一點，倒是很少心理學家這樣強調。例如赫胥黎就說：「隨著個人成長，他的知識會愈來愈概念化和系統化，這些知識的事實性和功利性的內容也會大大增加。但是他原來那種對事物進行直接理解的能力卻會退化，直覺能力也會變得遲鈍，甚至蕩然無存。這樣一來，他所得到的益處就被抵消了。」（Huxley, 1944, vii）[13]

然而，由於理解絕非我們和自然的唯一關係，而且事實上是我們和自然的所有關係中最無關緊要的，因此我們不應該因為理論和抽象堪慮就把兩者貶得一文不值，這樣做很愚蠢。理論和抽象的好處是巨大且顯然的，特別是從溝通和對世界的理解的角度來看。如果我們有責任提出建議的話，我們會說：知識分子和科學家等人經常進行的認知活動並非他們武器庫中的唯一武器，如果他們牢記這一點，那麼他們的認知活動就會變得更加有力。他們的武器庫中還有別的武器。如果說這些武器往往都被交給了詩人和藝術家，那是因為人們不懂得這些被忽視的知識形式能夠通往另一部分的真實世界，那是一味進行抽象活動的知識分子所看不到的。

再者，正如我們在第十八章會看到的，完整的理論化是可能的，在其中事物不會被分別看待，視其為互不影響，而是作為整體的不同面向相互關聯，就像處於不同的放大倍率下觀察。

13原注：關於神祕體驗，可參見赫胥黎的《永恆哲學》（*The Perennial Philosophy*, 1944）和威廉・詹姆斯的《宗教經驗之種種》（*The Varieties of Religious Experience*, 1958）。

第十八章
心理學的整體動力論

整體動力論[1]

基本心理學的材料

要說什麼是基本材料很困難，但要說它不是什麼很容易。曾經有過很多「不外乎是」（nothing but）的嘗試皆以失敗告終。我們知道基本心理學的材料不是肌肉扭動、反射反應、基本感覺、神經元，甚至不是外顯行為的可觀察部分。它是一個大得多的單位，而且愈來愈多心理學家認為，它至少像是適應行為或因應行為那樣，其中必然包含一個有機體、一個情境和一個目標或目的。有鑑於我們就無動機的反應和純粹表現所做過的討論，這麼說顯然還算是保守了。

換言之，我們最終會得到一個弔詭的結論，那就是心理學的基本材料正是心理學家們極力要將其化約成要件或基本單位的原始複雜性。使用基本材料這個概念有點怪，因為它指涉的是一個複合體（complex）而不是簡單體（simplex），是一個整體，而不是部分。

仔細思考這個弔詭，我們必然很快就會明白，研究基本材料這件事本身就反映出一套世界觀，一個主張原子世界的科學哲學——在這樣的世界裡，複雜的事物都是由簡單的元素構成。所以科學家的首要任務就是把所謂的複合體化約成所謂的簡單要素。這需要分析，而分析過程會愈來愈細緻，直至無可分解為止。這種工作在科學的其他部門進行得很成功，至少暫時如此。但在心理學，情形卻有所不同。

這個結論揭示了整個化約努力的基本理論性質。我們必須明白，它並不是整體科學的基本性質，只是反映一種原子主義、機械主義的世界觀，而我們現在已經有很好的理由懷疑這種世界觀。所以攻擊這類化約並不是攻擊科學本身，只是攻擊對於科學所抱持的一種態度。然而我們仍然面臨一開始就提出的問題，現在讓我們換一種方式表達，不是問什麼是心理學的（不可化約的）基本材料，而是問心理學研究的題材為何？心理學資料的性質為何？要如何加以研究？

整體的方法論

如果我們不把研究的個體化約為「簡單的部分」，要怎樣研究它呢？否定化約的一些

1原注：本章呈現的理論結果是來自對自尊和安全感在人格結構中所扮演的角色的研究和測驗。這些研究和測驗記錄於下面的文章：獨裁性格結構：*J. Social Psychol.*, 1943, *18*, 401-411。心理安全感與不安全感的測驗：*J. Gen. Psychol.*, 1945, *33*, 21-51. (With E. Birsh, E. Stein, and I. Honigmann). Published by Consulting Psychologists Press, Palo Alto, Calif., 1952。對McClelland教授文章的評論：M. R. Jones (ed.), *Nebraska Symposium on Motivation*, 1955, Lincoln: University of Nebraska Press; 1955。支配驅力作為猿類社會行為與性行為的決定因素：I, II, III, IV, *J. Genet. Psychol.*, 1936, 48, 261-277; 278-309 (with S. Flanzbaum); 310-338; 1936, 49, 161-198。支配感、行為與地位：*Psychol. Rev.*, 1937, *44*, 404-429。女性的支配感、人格與社會行為：*J. Social Psychol.*, 1939, *10*, 3-39。猿類的支配特質與社會行為：*J. Social Psychol.*, 1940, *11*, 313-324。心理安全感與不安全感的動力：*Character and Pers.*, 1942, 10, 331-344。猴和猿的個體心理學和社會行為：*Int. J. Individ. Psychol.*, 1935, *1*, 47-59。自由式的領導與人格：*Freedom*, 1942, 2,27-S0。猴子的支配與性行為與接受心理治療的患者幻想的支配與性行為的相似處：*J. Nervous Mental Disease*, 1960, *131*, 202-212 (with H. Rand and S. Newman)。女性支配感（自尊）和性慾的測驗：*J. Social Psychol.*, 1942, 16, 259-294，女性支配感（自尊）的測驗：*J. Social Psychol.*, 1940, *12*, 255-270。

人士可以證明，這是一個比原本以為要簡單得多的問題。

首先必須明白，我們反對的不是分析本身，而是我們稱之為化約的一種特殊分析法。我們完全不必否定「分析」、「部分」等等概念的有效性。我們要做的只是重新定義這些概念，好讓我們的工作更有成效。

以臉紅、顫抖和結巴為例，我們很容易看出這些行為可以有兩種不同的研究方式。一方面，我們可以把它們看成是孤立、單獨的現象，光從它本身就可以完整了解。另一方面，我們也可以把它們視為整個有機體的一種表現，透過它們和有機體的關係以及和有機體其他表現的關係來進行理解。為了說明得更清楚，我們可以用研究胃的兩種不同方法來類比。一種方法是把胃從屍體中取出，放在解剖檯上研究；另一種方法是研究處於自然狀態下的胃，即研究活著和功能正常的有機體的胃。解剖學家現在明白，這兩種方法得到的結論在很多方面都不一樣，而後者得到的知識會更有效也更有用。當然，現代解剖學並沒有把對胃的解剖和單獨研究貶得一文不值，這種研究現在也有人在做，但他們都知道，人體不是各個獨立器官的集合體，屍體中的組織不同於活體裡的組織。換言之，解剖學家繼續從事他們過去做的事，只不過現在抱持不同態度，也運用以前不曾使用過的技術。

對於人格，我們也可以採取兩種不同的研究態度。我們可以認為我們研究的是一個獨立的實體，也可以認為我們研究的是整體的一部分。前者稱為化約分析法（reductive-analytic），後者稱為整體分析法（holistic-analytic）。整體分析法的一個特徵是對有機體整體做出初步的研究或理解，接著才研究部分在整個組織和動力學中扮演什麼角色。

本章賴以為基礎的兩組研究（研究自尊症候群和安全感症候群）採取整體分析法。事實上，這些結果與其說是對自尊和安全感的研究，不如說是研究自尊和安全感在整個人格中所扮演的角色。從方法論的角度來說，這表示每個研究對象都必須被視為是具有整體性、功能性和適應性的個體，如此才有辦法具體了解他們的自尊。於是在提出有關自尊的問題前，我們就探討了他們和家人的關係、和身處的亞文化群的關係、處理主要生活問題的一般方式、對未來的希望、他們的理想、挫折和衝突等等。這個過程會不斷進行下去，直到已經對他們有了足夠的了解。唯有如此才能理解自尊在各種具體行為中的心理意義。

我們可以舉例說明理解背景對於正確解釋一個行為有多麼必要。一般來說，低自尊的人比高自尊的人更容易信教，但顯然宗教情懷還有很多其他決定因素。為了弄清楚某個人的宗教情感是不是表示他必須依靠自身以外的力量，我們必須知道他所受的宗教訓練、會影響他的各種支持和反對宗教的外在強制性因素、他的宗教情感是膚淺還是深刻，是表面還是真誠。換言之，我們必須了解宗教對他的意義。有些固定上教堂的人實際上比完全不上教堂的人更不虔信，因為對他們來說，上教堂可能只是為了避免社會孤立，或是為了取悅父母，或是宗教對他們來說是一種支配的武器，或是宗教讓他們成為一個優勢群體的成員，或是就像戴伊（Clarence Day）的父親所說的：「宗教對無知大眾是好的，所以我必須陪著玩。」諸如此類的原因。從動力學的角度來說，他們也許一點也不虔誠，但行為上看似虔誠。所以我們必須知道宗教對他們來說代表什麼，才能判斷宗教在人格中扮演的角色。上教堂的行為本身可能意味任何事，對我們來說一點用處也沒有。

另一個例子是政治經濟上的基進主義，這個例子更是讓人驚訝，因為相同的行為有時在心理上意味著完全相反的事情。如果光看行為而不考慮脈絡的話，研究基進主義和安全感的關係會得出讓人困惑的結果：有些基進分子極有安全感，有些則極度沒有安全感。但如果我們把這種基進態度放在整體脈絡下分析，就會知道有些人會成為基進分子是因為感到失望和挫折，是因為他們沒有別人所擁有的。仔細研究這些人之後常常會發現，他們對其他人類充滿敵意，有時自覺、有時不自覺。我們可以說：這些人傾向於把自己的艱難處境視為一場世界的危機。

但還有另一種基進分子，他們的投票取向和言行方式雖然跟我們剛才描述過的那種人一樣，卻是非常不同的類型。對這些人來說，基進主義的意義截然不同。他們有安全感、快樂、事事稱心，但出於對其他人類的強烈的愛，他們覺得有責任去改善不幸者的命運，去改變不公義的現象。這些人用來表達這種迫切渴望的方法有很多種，包括透過捐獻施捨、宗教布道、耐心教導或激烈的政治活動。他們的政治信念通常不受收入和個人處境之類的因素影響。

簡言之，作為一種表現方式的基進主義可以是出自完全不同的動機和不同類型的性格結構。對某個人來說它是源自恨人類的心，對另一個人來說卻是源自愛人的心。如果我們僅僅單獨研究基進主義本身，就不太可能會得到這些結論。[2]

這裡所闡述的觀點是整體的而非原子主義式的，是功能性而非分類性，是動態而非靜態，是動力性而非因果性，是目的性而非機械性。我發現以動力學思考的人自然會傾向以整體而非原子主義的方式去思考，用目的性而非機械性的方式去思考。我們稱這種觀點為整體動力性（holistic-dynamic），也可以稱為戈德斯坦意義下的有機性（organismic）。（Goldstein, 1939, 1940）

與這種詮釋對立的是一種有組織和一致性的觀點，它同時具有原子主義式、分類性、靜態、因果性和機械性的特質。原子主義思想家很自然會以靜態而非動態、以機械性而非目的性的方式思考。我們稱這種觀點為一般性原子主義。這些片段的觀點往往會匯聚在一起，而且在邏輯上**必然**會匯聚在一起。

因果理論的侷限性

在這裡有必要特別談一下因果理論的概念，因為它是一般性原子主義理論的一個面向；

2 原注：一種頗為常用的整體性技術是應用在建構人格測驗的疊代法。我在研究人格症候群的時候也採取這種方法。從一個模糊的整體開始，我們把它的結構分析成為細項、部分等等。透過這個分析，我們發現原始的整體概念的問題，然後這個整體會被重新組織、重新定義，變得更正確和更有效率。繼而再次對新的整體加以分析，從而讓一個更佳和更精確的整體出現，以此類推。

這個面向在我們看來舉足輕重，卻被心理學作家給模糊掉或完全忽略。這個概念是一般性原子主義觀點的核心，是它的一個自然、甚至必然的結果。如果一個人把世界看成是本質上各自獨立的物體的集合體，那麼便有一個非常明顯的現象事實有待解釋，那就是這些物體必然彼此相關。解決這個問題的第一個嘗試產生了撞球式的因果概念，也就是說一個物體雖然會影響另一個物體，但兩個物體在互動時會保留各自的基本性質。這種觀點很容易主張，事實上只要我們的世界觀是奠基在舊的物理學上，它便是無可置疑。但物理學和化學的演進使得這個觀點需要修正。例如，在今日，更為縝密的說法是多重因果性（multiple causation）。它承認世界的關係太過錯綜複雜，不能簡單地描述為一顆球擊中另一顆球。但最常見的解決辦法常常是把原來的因果概念複雜化，而不是加以重新改造。原來的因果論只有一個原因，現在有很多個，作用的方式和原來一樣。但現在一顆撞球不是被另一顆擊中，而是同時被十顆擊中，我們要做的是用稍微複雜一點的數學來了解發生的事。基本的過程仍然是將分開的物體合在一起，也就是韋特海默所說的「算術和」（and-sum）。人們不認為有必要對這種複雜事件的看法做出任何改變。不管一個現象有多複雜，基本上沒有新的事情發生。根據這種方式，因果的概念不斷被延伸以符合新的需求，直到有時它和舊概念看來除了歷史關聯再無其他。不過事實上，不管它們看起來多麼不同，本質上仍然一樣，持續反映著相同的世界觀。

因果理論在處理人格資料時尤其力不從心。我們很容易證明在任何人格症候群的狀況裡，都存在著因果關係以外的關係。也就是說，如果我們必須使用因果語彙，我們必須說人格症候群的每個部分都是所有其他部分的原因和結果，每個部分也都是整體的原因和結果。如果我們只使用因果概念的話，這種荒謬結論是我們唯一可以得到的結論。即使我們導入循環因果關係（circular causality）和可逆因果關係（reversible causality）的概念，仍然無法完整描述人格症候群的關係，也無法描述部分和整體的關係。

這還不是因果語彙的唯一缺點。另一個難題在於描述作為一整體的疾患和所有從外界影響著它的力量之間的關係，例如自尊症候群往往會是一種整體的改變。如果我們想要改變張三的口吃，並且只專注於這件事，那麼有很大可能到頭來我們什麼都沒有改變，又或者不只改變了他的口吃，還改變了他的自尊，甚至改變了他的整個人格。外在影響力通常會改變一整個人，而不只是他的一部分。

在這種情況下，還有其他無法用普通因果語彙描述的特徵。有一個現象特別難於描述，最接近的說法是：有機體（或任何其他病症）有時看似會將原因吞下，加以消化，然後排出結果。當一個有效的刺激，比方說一個創傷性經驗，對人格產生影響，接著便會產生某些後果。但這些後果和最初作為原因的那些經驗，幾乎沒有對應或直接的關係。實際情況是，如果那個經驗是有效的話，會改變的是整個人格。現在這個人格不同於之前那個人格，會用和以前不同的方式行動和表現自己。假定這個後果是面部痙攣加劇，增加的這百分之十是由創傷性經驗導致的嗎？果真如此的話，那麼顯然若要保持一致就得說，作用於有機體的每一個有效刺激同樣導致了面部痙攣加劇百分之十。因為任何被攝入有機體的經驗就像被消化過的食物一樣，都會成為有機體本身。我之所以寫下現在這些話，是因為一小時前吃過的三明治，還是由於我昨天喝過的咖啡、多年前上過的寫作課、一週前讀過的那本書？

顯而易見的是，任何重要的表現，例如寫一篇自己感興趣的文章，不是由任何特定原因導致，而是整個人格的一種表現或創造，而這個人格又是在他身上發生過的一切的後果。對心理學家來說，認為刺激或原因是人格透過不斷調整而攝入，應該就像認為刺激或原因會撞擊和推動有機體一樣自然。最終結果就是不再有原因和結果之分，只有一個新的人格，不管新的程度有多少。

證明傳統因果概念不充分的另一個方式，就是顯示有機體在面對原因或刺激時不是被動者，而是主動者，會和原因發生複雜的互動。對閱讀精神分析作品的讀者來說，這一點只是常識。我們想要提醒讀者的只是，我們有時可以無視於刺激，有時可以扭曲或重建或重塑刺激。我們也可以尋找或避開刺激，還可以篩選和選擇刺激。最後，我們甚至可以在需要時創造刺激。

因果概念奠基於原子主義的世界觀，在其中事物雖然會互動，卻是各自獨立。然而人格卻不是獨立於它的表現、後果或作用於它的刺激（原因），所以至少對心理學的材料來說，它必須被另一個概念取代。[3]這個概念就是整體動力學，它因為涉及基本的觀念重建而無法簡單表述，必須一步步加以闡述。

人格症候群的概念

如果有更有效的分析方法，我們又要如何在整個有機體的研究上更進一步？顯然這個問題的答案必須依賴被分析的資料的組織性質。現在我們必須問：人格是怎樣組織起來的？為了能夠充分回答這個問題，我們必須先分析「症候群」（syndrome）的概念。

醫學上的用法

為了描述人格相互關聯的性質，我們向醫學借來了症候群這個術語。在醫學上，它是指常常會同時出現的症狀，所以用一個名字來稱呼它們。這個術語有好有壞，缺點之一是它通常是被認用來指稱疾病和反常狀態，而非健康或正常的狀態。但我們不會據此意義使

3 原注：比較有經驗的科學家和哲學家現在已經用一種根據「函數」關係所做的解釋取代因果概念。這就是說，甲是乙的一個函數，或者說如果有甲，則必須有乙。透過這種做法，他們看來已經放棄了因果概念的核心，像是必然性和作用等等。關聯的簡單線性系數是函數表達的例子，卻常常被用來和各種因果關係作對照。如果「因果」一詞現在的意義和過去的意義恰恰相反，那將這個詞保留下來也是無濟於事。無論如何，我們面臨著必要性、內在關係以及發生變化的方式等等難題，而這些難題必須被解決而不是被否認、放棄或抹煞。

用症候群一詞，而是把它看成一個普通的概念，指的是一種組織的類型，無涉評價。

另外，在醫學中，症候群的症狀常常是一盤散沙，而非有組織、相互關聯、有結構的群體，但我們是以後面這樣的概念來使用症候群這個詞。最後，在醫學中，它是有因果脈絡的，任何症狀的症候群都被認為有單一的原因。一旦找到這樣的原因，例如肺結核中的微生物，研究者往往就會心滿意足，認為大功告成。但這樣一來他們就忽略掉很多重要的問題，例如：一、結核桿菌無所不在，但肺結核並沒有因此比較常見；二、該症候群的很多症狀常常沒有出現；三、這些症狀具有可互換性；四、有些病人病情輕微，有些則病情嚴重，而輕微或嚴重是無法解釋和無法預測的。換言之，我們必須研究導致肺結核的所有因素，而不只是研究最花俏或者最有力的單一因素。

我們對於人格症候群的初步定義如下：它是一個有結構、有機的複合體，結合各種不同的特性（行為、思想、行動、衝動、知覺等等），不過如果仔細研究便會發現這些特性有著共通的一致性，而這種一致性可以用相似的動力意義、表現、「風味」、功能或目的等來表達。

動力上可互換的部分

由於這些特異性有著共同的根源或功能或目的，所以它們是可以互換的，而且實際上被視為彼此的心理同義詞，亦即全都是在「說同一件事情」。一個孩子的暴怒症和另一個孩子的遺尿症可能是來自相同的處境（例如被拒絕），也是為了追求相同的目標（爭取母親的注意或愛），所以它們在行為上雖然非常不同，但就動力來說卻一樣。[4]

在一個症候群中，我們有一組感覺和行為看起來不同（至少有著不同名稱），卻重疊、交織、互相依賴，可以說是動力學上的同義詞。我們既可以就它們的部分或特異性來研究其多樣性，也可以把它們視為整體來研究。在此語言是一個棘手的問題。我們要怎樣稱呼這個寓多於一的整體呢？有好幾種不同的可能性。

人格的風味

我們或許可以引入「心理風味」（psychological flavor）的概念。以菜餚為例，一道菜雖然由不同的成分構成，但仍然有統一的特色。[5]一鍋燉肉雖然用很多材料製作，卻有著獨一無二的風味，這個風味會滲透到整鍋料理的所有元素，但又可以說是獨立於每一種食材。又或者，如果我們以一個人的容貌為例，常見的情況是，某個人雖然有個奇怪的鼻子、一雙小眼睛和一雙大耳朵，整體來說卻仍算好看。（就像俏皮話說的：「他雖然有一

4 原注：「可互換性」可以指行為不同而目標相似。也可以用概率的方式來界定：如果甲和乙兩種症狀在某個症候群中顯現或不顯現的概率相同，就可以說是有可互換性。

5 原注：「我不得不講述這個故事，但我的方式不像從左往右畫一條線那樣有始有終，更像是一面用手把玩著骨董，一面沉思。」（Taggard, 1934, p.15）

張醜臉，但這張臉在他臉上好看。」）再一次，我們可以把各個元素分開來看，也可以從整體來看，這個整體雖然是由不同的部分構成，卻有一種不同於任何部分的「風味」。由此我們可以得出症候群的另一個定義：有著共同心理風味的多樣性組成。

心理意義

解決定義問題的第二個方法是從「心理意義」入手，這個概念在當前的動力心理病理學常常被使用。當一些疾病的症狀被認為具有相同意義，例如夜間盜汗、體重減輕、呼吸帶有雜音等等都意味著肺結核，意思就是它們是同一個原因的不同表達方式。又例如，在心理學的討論中，孤立感和不受歡迎感都意味不安全感，因為它們看來可以被包含在這個更大和更有含括性的概念裡。這就是說，如果兩個症狀都是同一個整體的部分，就會意味著相同的事情。如此一來，一個症候群就可以用像是循環論證的方式被定義為多種多樣的症狀的有機集合體，所有症狀都有著相同的心理意義。可互換性、風味和意義這些概念雖然也許有用，例如用來描述一種文化的模式，卻有特定的理論和實際困難。所以我們得繼續尋求一個讓人滿意的說法。如果引入動機、目標、目的和因應目的（coping aims）的概念，部分困難可望獲得解決。（但仍有其他難題得訴諸表現或無動機的概念才能解決。）

對一個問題的回應

從功能主義心理學的角度來看，整合的有機體總是面臨著各種問題，並試圖以其天性、文化和外在現實所允許的不同方式加以解決。因此在功能主義心理學家看來，所有人格的基本原則或基本導向乃是解決問題。換個說法，必須從它所面臨的問題以及它為了解決問題而做出什麼努力的角度來理解人格組織。因此，大部分有組織性的行為必定是在為了解決某些事情而做某些事情。[6] 在討論人格症候群的時候，如果兩個特定的行為對某個問題有同樣的因應目標，也就是說如果它們就著相同的事情做著相同的事情，就應該認為它們屬於同一個症候群。由此我們就可以說，（例如）自尊症候群是有機體對於擁有、失去、保持和防衛自尊所做的有組織性的回答。與此類似，安全感症候群是對於擁有和失去愛的回應。

這裡沒有最終的簡單答案，這表示如果用動力學的方法來分析單一的行為，通常會發現它並非只有一個因應目標，而是有好幾個因應目標。同樣的，有機體通常對於重要的人生難題有著一個以上的答案。

我們還可以補充說，與性格表現不同的是，目的在任何情況下都不能被當成所有症候群的主要特徵。

我們不能在有機體之外的世界談論一個組織的目的。完形心理學家已經充分證明了組

6原注：這條通則的例外情況見第六章「無動機的行為」。

織在知覺材料、學習材料和思考材料中無所不在。我們當然也不能說這些材料有因應目標。

一般來說，完形心理學家同意韋特海默的原始定義：當整體的部分存在可茲證明的相互依賴關係時，整體就是有意義的。我們對症候群的定義和韋特海默、柯勒（W. Köhler）和考夫卡（K. koffka）等人對完形的不同定義有著某些明顯相似之處。厄棱費爾（C. von Ehrenfels）的兩個判準也在我們的定義裡並行不悖。

部分之中的整體意義

厄棱費爾對有組織的心智現象的第一個判準是，個別的刺激（例如一段旋律的各個音符）相對於有組織的整體刺激（例如整段旋律），對個人來說好像缺少了什麼。換言之，整體不同於部分的總和。同樣道理，症候群也不同於它的各個部分的總和。[7]但這中間有一個重要差別。根據我們的定義，整體的主要性質（意義、風味或目標）是可以在它的任何部分被看見，只要這些部分是被完整地而非化約地了解。當然，這是一句理論性的說法，若遇上操作困難也不意外。大部分時候，我們都只能透過了解整體來了解作為它一部分的特定行為的風味或目標。然而，這條通則還是有很多例外，讓我們相信目標或風味會存在於整體和部分。例如我們常常可以從一個部分演繹或推論出整體。好比說，我們只要聽到一個人笑，就可以判斷他感到自在，或者我們只要透過一個人的穿著選擇，就可以對他的自尊程度有不少了解。當然，這類來自部分的判斷往往不如來自整體的判斷有效。

置換部分

厄棱費爾的第二個判準是，整體內的各個元素有可置換性（transposability）。所以一段旋律即使用不同的調子演奏，仍然是同一段旋律；這類似於一個症候群的各個元素的可互換性。具有相同目標的元素是可互換的，或說在動力學上是彼此的同義詞。在一段旋律裡起著相同作用的不同音符也是如此。[8]

聚焦在人類有機體

完形心理學家大部分都是研究現象世界的組織，主要是研究外在於有機體的「材料」（materials）的「場域」（field）。然而，正如戈德斯坦證明的，人類有機體本身是最有組織性和內部相互依賴性。動機、目的、目標、表現和方向這些基本現象，全都在人類身上清楚顯示出來。用因應目標來定義人格，馬上就可以把功能主義、完形心理學、意圖主義（非目的主義）、阿德勒派主張的心理動力論和戈德斯坦的有機整體論這些看似不相干的理論整合起來。也就是說，加以適當定義的症候群概念，可以作為一種整合的世界觀的理

7 原注：不過症候群是否不同於部分的總和卻是個問題。透過化約得來的部分加起來只能得到「算術和」，然而一個整體的各個部分當然可以被認為是組成了一個有機整體，如果這個主張中的各個用語都得到明確界定的話。

8 原注：柯勒對厄棱費爾的判準有所批判。（Köhler, 1961, p. 25）

論基礎，我們稱這種世界觀為整體動力性的觀點，有別於一般性的原子主義觀點。

人格症候群的特徵

可互換性

一個症候群的各個部分是可互換的，或者在動力學的意義下是等值的，也就是說兩個不同的行為表現或症狀由於有著一樣的目的，所以可以取代彼此，可以做一樣的工作，有著相等的出現機率。

歇斯底里患者的症狀明顯是可互換的。在典型病例中，一條癱瘓的腿雖然有可能被催眠或其他暗示技術給治癒，但病人幾乎不久之後一定會出現其他症狀，例如手臂麻痺。佛洛伊德派的文獻中也有很多症狀相似的例子，例如害怕馬也許是表示或取代或壓抑對父親的恐懼。對一個有安全感的人來說，所有行為表現都是在這個意義下可互換的，因為它們全都是表達同一件事情，也就是有安全感。前面提過有安全感的基進分子的例子，想要幫助人類的渴望最後可能會體現為基進主義、樂善好施、對鄰居仁慈、施捨乞丐。在陌生的個案裡，如果只知道當事人有安全感，我們可以相當有把握地預測，他將會有一些善意或社會關懷的表現，但確切的表現形式為何卻不是我們能夠預測的。這類相似的症狀或表現就是可互換的。

循環決定

對這個現象的最好描述來自心理病態研究，例如荷妮的惡性循環概念就是循環決定的一個特殊例子。（Horney, 1937）荷妮的概念試圖描述一個症候群內部的動力關係持續改變，每個部分總是以某種方式影響著所有其他部分，也受到所有其他部分影響。

完全的精神官能依賴（neurotic dependence）意味著當事人的預期必然會受挫；由於這種依賴本來就顯示出軟弱無助，必然的挫敗則會給本來就已經存在的怒氣火上澆油。然而，這種憤怒的發洩對象往往是當事人所依賴的人，他原本希望依靠對方的幫助好避免災難，所以怒氣馬上會導致內疚、焦慮和害怕遭到報復。然而這些狀態又正是一開始創造出完全依賴的需求的因素。檢視這類病患將會發現，**在任何時候**，這些因素大部分都會變化且相互增強。雖然遺傳分析也許可以證明一個特徵比另一個特徵出現得早，但動力學分析永遠不會如此顯示。所有因數都同時是原因和結果。

有些病患會採取傲慢專橫或高人一等的態度來維持安全感。他們若非感覺到被拒絕和不受歡迎（即感覺不安全），就不會採取這種態度，但這種態度本身卻讓別人更加不喜歡他們，於是又反過來增強了傲慢的態度。

在種族偏見中，我們清楚看見這類循環決定。懷有種族仇恨者會指出被仇視者有著某些惹人討厭的特徵，只不過被仇視者的這些特徵卻幾乎是被憎恨和被拒絕的部分產物。[9]

如果我們想用較為熟悉的因果語彙來描述這個概念，可以說甲和乙是彼此的原因，也是彼此的結果，或者我們也可以說它們是相互依賴或相互支持的變數。

抗拒改變

不管一個人的安全感程度如何，我們都難以提高或降低這個水平。這種現象和佛洛伊德所談的抗拒（resistance）類似，卻有更多且更普遍的意涵。我們在不健康和健康的人身上都會發現執著於原有生活的傾向。那些支持人性本善的人就像那些相信人性本惡的人，會抗拒信念的改變。臨床上，我們可以根據實驗心理學家試圖提高或降低一個人安全感水平時遇到的困難，來界定這種對變化的抗拒。

即使遇到極為激烈的外部變化，人格症候群有時仍維持相對的穩定。有很多例子顯示，移居美國的很多移民在經歷最悲慘的經驗之後仍然保有安全感。對被轟炸地區的民心研究也證明，大部分健康的人對於外在的恐怖有著驚人的抵抗力。統計顯示，經濟蕭條和戰爭並不會讓精神病患大量出現。[10]安全感症候群的改變通常和環境的改變不成比例，環境的改變有時看來幾乎完全不會影響人格：

一個原本極為富有的德國人，移民美國後被剝奪得一無所有。不過他卻被診斷為有安全感人格的人。仔細詢問後發現，他對人性的基本看法沒有改變。他仍然相信只要給予機會，人性基本上是健全和善良的，而他經歷的種種悲慘遭遇是由外在原因引起。我們從那些在德國就認識他的人得知，他在失去財富以前差不多也是這樣的人。

在病患對心理治療的抵抗中，也可以看到很多例子。有時一個病人在接受了一段時間的分析治療之後，會對自己的某些信念的錯誤基礎和惡果有著驚人程度的頓悟，即便如此，他也許仍然會頑固地堅持自己的信念。

擾亂後的重建

如果一個症候群的嚴重程度被迫改變，這樣的改變往往只是暫時的。例如，創傷性經驗很多時候只有一時的效果，接著當事人會做出自發性的調適，回到先前的狀態。或者創傷所引起的症狀會輕而易舉消除。（Levy, 1939）有時候這種傾向是一個更大改變的一個

9 原注：在這些例子中，我們描述的只是同步的動力學。有關整個症候群的起源或循環決定如何出現，是歷史的問題。即使一種發生學上的分析表明一個特定因素是系列因素中首先出現的，也完全不能保證這個因素在動力分析中具有基本或優先的重要性（Allport, 1961）。

10 原注：這些資料一般都會受到錯誤詮釋，因為它們常常被用來否定心理病態的環境決定論或文化決定論。這種主張顯示其對動力心理學有所誤解。我們唯一可以主張的是，心理病態是內在衝突和威脅的直接結果，不是外部災難的直接結果。或者至少，外部災難與一個人的主要目標和防衛系統發生關聯時，才會對人格產生動力性的影響。

過程，還牽涉了症候群的其他傾向。

以下是一個典型例子。一個性無知的女人嫁給了一個同樣性無知的男人之後受到嚴重驚嚇。她的安全感症候群出現了明顯的變化，從普通安全變成低度安全。研究顯示，變化出現在症候群的大多數面向，包括外在行為、人生哲學、夢境、對人的態度等等。就在這時候，她獲得了幫助，針對她的情況做了非技術性的討論，在四、五個小時的談話中，她得到了一些簡單的指引。慢慢的，她的情況開始好轉，安全感穩定增強，不過再也沒有回復到原來的水平。她的經歷留下了一些輕微但持久的後果；她那個自私的丈夫大概要對此負部分責任。不過比長期後遺症更讓人驚訝的是，她的思考和想法逐漸回到跟婚前一樣。在一位第一任丈夫精神失常後再婚的女士身上，也可以看到這種劇變之後出現緩慢但徹底復原的情形。

這種傾向無處不在。對於在正常狀況下我們認為是健康的人，我們一般會預期只要給他們足夠的時間，他們都能夠從任何震驚中恢復過來。配偶或兒女的死亡、破產或任何其他創傷性經驗也許會讓人方寸大亂一段時間，但人們通常可以完全康復。只有長期惡劣的外在處境或人際關係，足以讓健康的性格結構發生永久的變化。

整體的變化

上述討論的這種傾向大概是最容易看見的。如果症候群有任何部分發生改變，那麼適當的研究方法總是會顯示其他部分亦會出現相應的變化。這些變化之所以常常被忽略，只是因為它們不在預期之中，因此不會讓人多加留意。

要強調的是，這種整體改變的傾向就像我們談過的其他傾向，只是一種可能，並非必然。有些個案顯示，某些刺激只會帶來特殊和局部的效果，不會有可見的普遍影響。不過如果排除明顯只是表面錯亂的個案，這類個案極少。

一九三五年進行了一次結果未被公開的實驗。一位女性得到指示，要她在二十個特定且相對不是太重要的情境中，以具有侵略性的方式行為，例如要她在一個老是喜歡替她出主意的雜貨店老闆面前堅持要買某個牌子的產品。她按照指示行事[11]，三個月後接受人格變化的評估。結果顯示，她的自尊明顯有所提高。例如，她的夢境的特徵改變了。她第一次買了可以展現身材曲線的衣服。她在性方面變得相當主動，讓丈夫都注意到了。她第一次和其他人一起游泳，以前她可是不好意思在大庭廣眾下穿著泳衣。她在很多其他情況下也變得非常自信。這些變化不是由指示引起，而是自動自發的，重要的是她自己沒有完全

11原注：這種做法現在會被稱為一種行為療法。

意識到。行為的改變確實可以讓人格發生改變。

一位安全感極差的女性在擁有美滿的婚姻之後安全感大為提升。我第一次見到她是在她結婚之前，當時她感到孤單、沒人愛也不值得人愛。她現在的丈夫最終讓她相信他愛她，所以兩人結了婚。現在她不只感受到丈夫愛她，還感到自己是值得人愛的。她過去無法接受友誼，現在可以了。她對人類大部分莫名的恨意都消失了。她變得心地善良，這個特質是我初識她的時候沒見過的。有些特殊的症狀減輕或消失，包括經常做惡夢、害怕聚會和其他有許多陌生人的場合、慢性的輕微焦慮和怕黑等等。

內在一致性

即使一個人在大部分情況下缺乏安全感，她仍然有可能基於各種不同的理由，保有某些具有安全感的行為或感覺。極度沒有安全感的人雖然常常做惡夢和其他讓人不快的夢，但這類人之中也有相當比例並非經常有不好的夢境。不過對他們來說，只要環境發生些微的變化就會引起惡夢。彷彿有一股特殊的壓力不斷作用在這些不一致的部分，讓它們和症候群的其他部分漸趨於一致。

自尊低的人往往表現得謙虛和害羞，所以他們通常不會穿著游泳衣出現在人前，非得如此就會坐立不安。不過有個年輕女孩（低自尊低）不只穿著泳衣出現在海灘，還是很暴露的那種。經過一系列的訪談，顯示她對自己的身材非常自豪。這種自我評價在低自尊的女性中非常不尋常。然而她對此的態度並非一致：她老是覺得不自在，總是在身旁放一件浴衣好隨時遮蔽身體，有任何人公然看著她都會讓她怕得離開海灘。外部意見讓她確信自己的身體具有吸引力，理智上她覺得自己應該展示身材，也很努力這麼做，但她的性格結構卻讓她這樣做的時候備感困難。

非常有安全感的人一般不會怕東怕西，但我們可以在他們身上看到特殊的恐懼。這些恐懼的成因常常可歸因於特殊的制約經驗，而要去除他們的恐懼相當容易：簡單的再制約（reconditioning）、示範的力量、訴諸堅強意志、理性的解釋和其他這一類心理治療措施通常已經足夠。不過這類行為技巧對於沒有安全感的人的恐懼較不易成功。我們或許可以說，那些和人格其他部分不一致的恐懼容易消除，和人格其他部分一致的恐懼較為頑強。

換言之，沒有安全感的人往往會更完全和更一致地缺乏安全感，而有高自尊的人往往是自尊始終堅強。

走向極端的傾向

除了前述的傾向，還有一股來自症候群內在的抵抗力，它會讓狀態持續改變。正是這種內在傾向讓一個相當沒有安全感的人會變得極度沒有安全感，讓一個相當有安全感的人變得極度有安全感。[12]

對一個缺乏安全感的人來說，每一種外部影響力、每一個刺激都是具有威脅性的。例如，他們會把別人的微笑看成是取笑，把別人的遺忘解釋為侮辱，把別人的冷淡當成厭惡。在這些人的世界裡，不安全的影響力要多於安全的影響力。對他們來說，證據是站在不安全感這一邊，所以他們會逐漸被拉向極度沒有安全感的方向。這個因素又會被沒安全感的人傾向以沒有安全感的方式行事的現象所增強——這些行為會促使別人討厭或拒絕他們，而這又讓他們更加沒有安全感，以更加沒安全感的方式行事，如此不斷惡性循環。因此出於他們的內在動力，勢必會讓他們最害怕的事情發生。

最明顯的例子是嫉妒行為，它源於不安全感，又幾乎總是會孕育出進一步的拒絕和更深的不安全感。一個人如此說明他的嫉妒心態：「我很愛我的妻子，擔心如果她離開我或不再愛我，我就會垮掉。所以很自然的，她和我弟弟的好交情讓我很困擾。」所以他用了很多手段阻止這份友誼，全部都是愚蠢的手段，以致漸漸失去妻子和手足的愛。這當然讓他更加狂亂和嫉妒。這樣的惡性循環在一位心理學家的幫助下打破。心理學家首先教他，即便感到嫉妒也不要以嫉妒的方式行事，更重要的是以各種方法來消除不安全感。

外部壓力造成的改變

當我們關注症候群的內部動力時，很容易會忘記所有症候群都是對外在情境的回應。在此提及這個明顯的事實，只是為了論述完整和提醒大家，有機體的人格症候群不是孤立的系統。

變數：程度與性質

最重要和最明顯的變數是**症候群水平**（syndrome level）。一個人的安全感水平不外乎高、中、低三種可能，自尊水平也是如此。這不表示這些變化是一個單一連續體。我們所說的變化只有從多到少、從高到低的含義。在討論**症候群性質**（syndrome quality）時，主要著眼於自尊症候群或支配症候群。支配現象也許見於所有猿類，但不同的猿類有不同的表達方式。在高自尊的人身上，我們至少可以區分兩種高自尊的性質，其一是力量，其二是權力。一個高自尊同時又有安全感的人會以仁慈、合作和友善的方式顯示這種自信的力量感。那些高自尊但沒有安全感的人不會想要幫助弱者，只想要支配和傷害他們。兩種人都有高自尊，卻以不同方式表現出來，怎麼表現端視有機體的其他性格而定。安全感極度缺乏的人有很多方式可以表達自己的不安感，例如他可能具有孤立和畏縮的性質（如果當

12原注：這種傾向和前面談過的內在一致性傾向密切相關。

事人是低自尊的話），也可能具有敵意、侵略性和邪惡的性質（如果當事人是高自尊的話）。

文化的決定因素

文化和人格的關係太過錯綜複雜，無法簡單交代。不過為求完整，我們必須指出，一般來說，通往生活重要目標的道路常常是由特定文化的性質所決定。表現自尊和獲得自尊的方式，很大程度（非全部）是由文化決定。愛的關係也是如此。我們通過文化允許的方式來贏得別人的愛，表現我們的情感。在複雜的社會裡，地位角色部分也是由文化決定，而這個事實常常可以改變人格症候群的表現方式。例如，在我們的社會裡，高自尊的男人比高自尊的女人可以更公開、以更多方式表現這種症候群。而小孩子能夠直接表現高自尊的機會也很少。此外，每個症候群，例如安全感症候群、自尊症候群和社會性症候群等等，常常都有一個文化認同的症狀水平。這個事實透過跨文化比較和歷史比較可以看得最清楚。例如一般而言，多布人被預期比阿拉佩什人更具有敵意。又例如，今日一般女性的自尊被預期高於一百年前的一般女性。

研究人格症候群

關聯性的標準方式

我們向來都把症候群的各個部分形容得像是均質，就像霧裡的粒子那樣。事實上並非如此。在症候群的組織之內，有重要性高低之分的層級和群聚。對於自尊症候群，這個事實已經透過最簡單的方式獲得證明，也就是關聯法（method of correlation）。如果症候群沒有分化，那麼它的每一個部分和整體的關聯程度都應該和任何其他部分一樣，但是事實上自尊（作為一整體來測量）和其他部分的關聯程度卻各不相同。例如，通過社會人格量表的測量，自尊與易怒的關聯係數為-0.39、與異教徒性態度的關聯係數為0.85、與許多自覺的自卑感的關聯係數為-0.40、與在不同處境下的窘迫感的關聯係數為-0.60、與自覺的恐懼的關聯係數為-0.29。（Maslow, 1968a, 1968b）

對各種資料的臨床檢視也顯示，那些有著密切關聯性的部分，往往會自然聚合在一起。例如，保守、道德感、拘謹和尊重規則很自然地自成一群，與像是自信、沉著、自在、勇敢等等另一群特徵形成對比。

群聚的傾向讓我們有可能在症候群內部進行分類，但這麼做確實會碰上各種困難。首先是所有分類活動都會碰到的問題，就是應該以什麼原則為分類基礎。當然，如果我們知道了所有資料和它們的相互關係，那就再好辦不過。然而，如果像我們現在這樣，是在有些無知的情況下向前摸索，就會發現無論我們對這些資料的性質多麼謹慎，有時也不得不武斷。群聚的傾向也給了我們線索，指出了一個大方向。但這種自發的群聚也只能幫助我們這麼多，當我們最終無法再察覺線索時，就不得不依靠我們自己的假設前進。

另一個明顯的困難是，當我們研究症候群的資料時，很快就會發現我們可以隨心所欲地把任何人格症候群分類為十個、百個、千個或萬個不同群體，一切取決於概括的程度，讓人不禁懷疑一般的分類企圖只是原子主義、聯結主義世界觀的一種呈現方式。使用一種原子主義式的工具來處理相互依存的資料不會有多大幫助。通常所謂的分類不就是把不同的部分分別開來嗎？如果我們的資料並非本質上不同與可分別的，又要怎樣進行分類？我們必須否定原子主義式的分類，改為找尋一些整體性的分類原則，正如我們必須否定化約式的分析，採取整體性的分析。以下的類比是要提供一個方向，讓我們據以尋找一種整體性的分類技巧。

放大倍數

這樣的說法是一種物理學類比，靈感來自顯微鏡的用法。在研究顯微鏡玻片上的組織切片時，我們會先把玻片就著光線用肉眼觀察切片，如此一來我們就可以知道切片的整體構成。有了整體的圖像之後，我們可以用低倍率（比方說十倍）對整體的某個部分進行放大觀察。這時候我們研究的是細節，但並非單獨研究細節本身，也沒有忘記它和整體的關聯。隨後我們可以用更高的放大倍率（比方說五十倍）更仔細地觀察這個部分，不斷提高放大倍率可以對整體中的細節做出愈來愈細緻的研究。

我們也可以把各種資料分門別類，但不是打散之後隨意安排，而是以「被包含在內」（being contained within）的意義進行分類，就像套盒子的概念。如果我們把整個安全感症候群看成一個盒子，那麼它的十四個亞症候群就是被它包含在內的十四個小盒子；這十四個盒子裡會包含著更小的盒子，例如其中一個裡面有四個盒子、另一個裡有十個盒子、再另一個裡有六個盒子，諸如此類。

把這些類比用在症侯群的研究，我們可以對安全症候群整體進行一號放大倍率的檢視。具體來說，這表示對整個症候群的心理風味或意義或目標進行研究。然後我們可以在安全感症候群的十四個亞症候群中挑出一個，用二號放大倍率來觀察，這個亞症候群會被視為一個特殊的整體，與其他十三個亞症候群相互關聯，但始終是安全感症候群的一部分。我們可以用安全感低落的人的權力服從症候群（power-submission syndrome）作為例子。一般來說，安全感低落的人需要權力，但這種需求可以透過很多不同方式表現出來，例如過度的野心、過強的攻擊性、占有慾、對金錢的貪婪、過度競爭性、嫉妒和仇恨的傾向等等，又或是完全相反的表現，例如逢迎拍馬、臣服或者受虐傾向。但這些特徵本身雖然明顯卻也籠統，需要進一步的分析和分類。任何這樣的研究都是處於三號放大倍率的層次。我們可以再選擇偏見的傾向來研究，種族偏見是一個好例子。如果要用正確的方法研究它，就不能只對它本身作孤立的研究；雖然我們研究的是偏見傾向，但它是對權力的需求的一個亞症候群，而對權力的需求又是更大的不安全感症候群的亞症候群。無庸贅言，更細緻的研究將會把我們帶到第四層次、第五層次等等，例如我們可以對這個特定複合體的一個面向進行研究，比方說利用差異（膚色差異、鼻型差異、語言差異）作為提升安全感的手段。這種利用差異的傾向被組織為一個症候群，可以作為一個整體來研究。講得更具體一點，它可以被歸類為一個亞亞亞亞症候群。它是一套盒子中的第五層。

總之，這種分類方法奠基於「被包含」而不是「被分離」的概念，可以提供我們各種線索。它讓我們可以對細節和整體都有充分了解，不致陷入毫無意義的細節或毫無用處的歸納。它同時是綜合性和分析性的，最終我們可以同時且有效地研究獨特性和共通性。它拒絕二分法，拒絕亞里斯多德對A和非A的區分，並且提供了一個在理論上讓人滿意的分類和分析原則。

根據意義分類的群聚法

如果我們要尋找一個有意義的判準來區分症候群和亞症候群，可以運用密集度（concentration）的概念。自尊症候群中的各個自然分組的差異何在？保守、道德感、拘謹和遵守規則是一群，對比於自信、沉著、自在和大膽這一群。這些叢群或亞症候群當然彼此相關，也和作為整體的自尊相關。再者，這些叢群中的不同元素也是彼此相關的。我們對於不同元素會自然加以分組的主觀感覺可能反映出它們的關聯程度，而只要能夠加以測量就可取得這種關聯性。自信和沉著的關聯性往往大於沉著和保守的關聯性。從統計學來說，分組意味著叢群中各成員相互關聯的平均值高於不同分組間的關聯。如果我們假定叢群內的關聯性平均值是0.7，而不同分組之間的關聯性平均值是0.5，那麼由叢群或亞症候群匯合而成的新症候群就會有一個高於0.5和低於0.7、也就是接近0.6的平均值。當我們從亞亞症候群移至亞症候群，再移動至症候群，可以預期關聯性平均值會降低。我們可以稱這種變化為症候群密集度的變化，它可以提供我們一個有效的工具來檢驗臨床觀察的結果，光是這個原因就值得加以強調。[13]

動力心理學的基本假設必然產生一個結論：能夠並且應該相互關聯的不是行為，而是行為的意義。例如不是謙虛的行為，而是謙虛的性質和有機體其他部分產生關聯。此外，即便重要的變數也不必然是沿著單一的連續線段變化，而是有可能在到達某一點後變成完全不同的東西。一個例子可見於對愛的渴望所引起的後果。如果我們根據被接受和被拒絕的程度將孩童做個排序，就會發現愈是往完全被拒絕的一端走，小孩對愛的渴望就愈強烈；然而，接近最低端時，我們會發現那些從一出生就完全被拋棄的孩子不但沒有強烈渴

13原注：整體論的心理學家傾向於不信任關聯法，但我覺得這是因為這種方法向來都被用於原子主義的用途，而不是因為它的基本特徵和整體論有什麼衝突。例如，即使各種自我關聯受到一般統計學家的懷疑（彷彿還指望有機體內會有什麼別的東西），如果考慮到某些整體性的事實，也不是非懷疑它們不可。

求愛，反而是完全的冷漠，對愛毫無渴望。

最後，我們當然必須使用整體論而非原子主義的資料，也就是說使用整體性分析的產物而非化約性分析的產物。以這種方式，單一變數或部分就可以被關聯起來，但不會破壞有機體的一致性。如果我們對關聯的材料態度謹慎，如果我們能夠讓所有統計數據都受到臨床和實驗數據的檢驗，那麼關聯法就沒有理由不是整體方法論中非常有用的方法。

有機體內相互關聯的症候群

在柯勒論及物理完形的著作中，他反過度概括化的相互關聯性，甚至讓人無法在概括化的一元論和徹底的原子主義之間做選擇。（Köhler, 1961）他不只強調一個整體內的相互關聯性，還有整體之間的彼此獨立。對他來說，他研究的大部分整體都是相對封閉的系統。他的分析只限於分析整體的內部，很少討論到整體（不管是物理的還是心理的整體）之間的關係。

顯然當我們處理的是有機的資料，情況完全不同。有機體之內幾乎沒有封閉的系統存在。在有機體之內，一切都是和一切有關的，哪怕這種關聯性有時極其微弱。再者，已知的是，作為一個整體的個人是離不開文化、他人、特定情境、物理和地理因素等等。到目前為止，我至少可以說柯勒應該做的是把他的概括限制在物理完形和現象世界的心理完形，因為他的批評無法以同樣強度適用於有機體。

如果我們選擇爭論的話，可以主張的不只於此。事實上，有足夠的理由讓我們可以說，整個世界理論上是互相關聯的。如果我們檢視大量存在的各種關係，就會發現宇宙的任何一個部分和任何其他部分多少都有所關聯。唯有當我們著眼於實用時，或唯有我們是在單一論述領域而非論述總體時，我們可以假設各個系統是相對的獨立。例如，從心理學的觀點看，普遍的相關性發生了斷裂，因為世界的某些部分並沒有和其他部分發生**心理學上**的關聯，儘管它們之間有著化學、物理學或生物學上的關聯。再者，世界的內在相關性也有可能已經被生物學家、化學家或物理學家以一種完全不同的方式打破。在我看來，目前最好的說法是：確實有些相對封閉的系統存在，但這些系統某種程度上是觀點的產物。現在是封閉系統，一年後也許不再是封閉系統，因為一年後的科學進展足以證明關聯性的存在。如果有人說，我們應該證明的是世界所有部分的實際物理過程，而不是它們之間理論性的關係，那麼我們的回應是：一元論哲學家雖然談過許多其他類型的關聯性，但從未主張有一種普遍的物理關聯性。由於這不是我們要闡述的重點，在此不多談，僅僅指出有機體內部有著普遍的關聯性已足夠。

人格症候群的程度和性質

在這個研究領域，至少有一個曾被仔細研究過的例子，但它代表的是範例還是特例，有待進一步的研究。

就數量上來說，也就是說根據簡單的線性關聯，安全感水平和自尊水平之間有著正向但微妙的關係，關聯係數約等於0.2或0.3。對正常人進行個別診斷時，這兩個症候群很明顯是相互獨立的變數。但對某些群體，這兩種症候群可以有特徵上的關聯，例如一九四〇年代的猶太人同時有著高自尊和低安全感的傾向；而信仰天主教的女性常常是低自尊和高安全感；在精神官能症患者身上，兩者的水平過去和現在都偏低。

但比這種關係（或沒有關係）更讓人驚訝的是，安全感（或自尊）的**水平**和自尊（或者安全感）的**特質**關係密切。簡單證明這種關係的方法是比較同樣是高自尊但安全感卻南轅北轍的兩個人。甲（高自尊和高安全感）傾向於以非常不同於乙（高自尊和低安全感）的方式表達自尊。甲同時擁有個人力量和對人類的愛，他很自然會將這種力量用於增進人類福祉、慈善或保護的用途。乙同樣有著個人力量，但對人類卻是充滿鄙視、仇恨或恐懼，於是更有可能會用自己的力量去傷害、支配他人，或減輕自己的不安全感。所以他的力量必然是對其他人的一種威脅。如此一來，我們就可以談論高自尊的不安全感特質，把它對比於高自尊的安全感特質。同樣的，我們也可以區分低自尊的不安全感和安全感，前者是受虐狂和逢迎拍馬者，後者是文靜、親切、樂於助人和有依賴性的人。類似的安全感特質差異也對應於自尊水平的差異，例如缺乏安全感而自尊水平低的人會避開人群，缺乏安全感而自尊水平高的人會公然表現出侵略性；有安全感又自尊水平高的人會顯得驕傲和愛當領袖，有安全感而自尊水平低的人是謙卑者和追隨者。

人格症候群和行為

在未有更具體的分析之前，我們大體可以認為症候群和行為的關係如下：每個行為都**傾向於**是整個人格症候群的一種表現。更具體地說，這表示每個行為都會被所有人格症群所決定（其他決定因素見下文）。張三聽了一個笑話之後哈哈大笑，我們理論上可以從這個單一的行為找出各種決定因素，包括他的安全感水平、自尊、活力、智力等等。這種觀點和已過時的特質理論（trait theory）形成鮮明對比，因為就特質理論而言，每個行為都是由單一特徵決定。我們的理論在某些工作中獲得最佳例證，例如藝術創造。在創作一幅畫或一首樂曲時，藝術家顯然要把自我投入其中，他的作品就是他整個人格的一種表現。但這樣的例子，或對一個非結構性情境的創造性反應，是位於連續光譜的極端。另一個極端是孤立、特定的行為，它們和性格結構少有關係或毫無關聯，例子包括對瞬間情境的即時反應（例如閃避一輛卡車）、純粹習慣性和文化性的反應（例如男士在女士進屋時起身），以及反射性行為。這類行為幾乎無法告訴我們關於當事人性格的任何事情，所以在這些個案中，性格不是一個決定因素。在這兩個極端間有各種高低程度，例如有些行為由一或兩個症候群完全決定：一個特殊的善行和安全感症候群的關係要比它和任何其他症候群的關係密切得多；謙遜感主要是由自尊決定，諸如此類。

以上種種事實可能會引起一個疑問：既然存在各式各樣不同的行為和症候群的關係，那麼一開始我們為什麼會說行為一般是由所有症候群決定？

顯然出於理論要求，整體論必須從這樣的觀點出發，而原子主義取徑則必須從和整體無關的單獨行為（例如一個感覺或一個條件反射）出發。這是一種「導向」的問題。對原子主義理論來說，最簡單的基本材料乃是透過化約分析得到的一個行為，也就是一個和有機體其餘部分切斷所有關係的行為。

也許更重要的主張是，前述第一種類型的症候群和行為的關係較為重要。孤立的行為往往是出現在生活主要層面的邊緣，它們之所以孤立就是因為它們不重要，也就是它們和主要問題、主要答案或主要目標無關。確實，膝反射、我用手指抓橄欖吃或我是因為受制約而不吃煮過的洋蔥，這些都是事實，但相較之下，我的人生哲學、我愛我的家人或我有興趣做某類實驗是重要得多的事實。

雖然有機體的內在本質確實是行為的決定因素，但它並非唯一的決定因素。人類身處的文化環境（部分決定了有機體的內在本質）同樣是行為的決定因素。最後，另一組決定因素也許可以列在「立即情境」（immediate situation）的名目下；雖然行為的目標和目的是由有機體的本質決定，而達到目的的手段是由文化決定，但立即情境卻可以決定實際的可能性和不可能性：哪一種行為比較聰明？哪些目標可以達成？什麼是威脅？什麼是可以用來當作達成目標的工具？

以這樣複雜的方式思考，很容易就可以明白為什麼行為並不總是性格結構的好指標。如果行為受外在情境或文化的決定程度不亞於性格，如果它是這三種力量之間的妥協產物，它就不可能是這三者的良好指標。再一次，這是理論性的陳述。實務上，我們確實可以通過某些方法抑制或消除文化和情境的影響力[14]，因而有時行為可以是性格的一個重要指標。

研究發現，性格和行為衝動的關聯性高得多。事實上這種關聯性之高，以致行為的衝動本身也許可以被視為症候群的一部分。這些衝動受到的外界和文化的制約要比行為表現少得多。我們甚至可以說，我們只不過是把行為當作行為衝動的指標來研究。如果它是一個好指標就值得研究；如果它不是一個好指標就不值得研究——如果我們的研究目的是理解性格的話。

14原注：就像在各種投射測驗中，透過讓作為行為決定因素的情境變得足夠不確定，就可加以控制。或者有時候，有機體的需求是如此強烈（如在瘋狂狀態），以致外部世界被漠視，文化被拂逆。部分排除文化因素的主要方法是「訪談融洽」（interview rapport）與心理分析移情。在某些情境中，文化的強制作用可以被削弱，如酩酊、狂怒或其他失控行為。同樣的，也有許多被文化調節所忽視的行為，例如各種由文化決定的主題的變異，即所謂的表現性行動；這些變異非常微妙難以察覺。或者，我們也可以研究相對來說不受壓抑的人所表現的行為，例如在文化強制力尚不強大的小孩身上或在動物身上或在其他社會中，這樣我們就可以通過對照來排除文化的影響。為數不多的幾個例子顯示，一種發展完善的、在理論上站得住腳的行為研究能夠顯示出內在人格組織的情況。

資料的邏輯和數學表達

就我所知，現有的數學和邏輯並不適合作為症候群資料的符號表達。這種符號體系並非不可能，因為我們可以把數學或邏輯建構得更符合我們的需求。不過當前大部分的邏輯和數學體系都是奠基於我們所批判的原子主義世界觀。我自己在這方面的努力有限，在此就不提了。

亞里斯多德對A和非A的區分是其邏輯學的一個基礎。這種區分被引入現代邏輯，儘管其他亞里斯多德的假設已經被摒棄。例如，朗格（S. Langer）在《符號邏輯》（*Symbolic Logic*, 1937）裡把這個概念視為無須證明的基本假設，就像常識一樣理所當然。「每個類別都有一個配對，兩兩互斥，窮盡它們之間的所有類別。」(1937, p.193)

顯然對症候群的資料來說，要把任何部分的資料從整體切割出來，或是要嚴格區分單一資料和症候群其餘部分，都是不可能的。當我們把A從整體中切割出來，A就不再是A，非A也不再是非A，而把A和非A加起來並不會回到原本的那個整體。在一個症候群之內，每個部分都和其他部分重疊。除非我們無視於這些重疊，否則把某個部分切割出來是不可能的。心理學家不能犯這樣的錯。唯有當資料被單獨看待的時候，才有可能相互排斥；如果把它們放回脈絡裡（這在心理學是必然的做法），就不可能有二分化。例如，我們甚至無法想像能夠把自尊的行為跟所有其他行為切割開來，理由很簡單：幾乎沒有行為只涉及自尊而不含其他性質。

如果我們摒棄相互排斥的觀念，就不只是質疑「部分是奠基於整體」的邏輯學，還質疑了我們熟悉的大部分數學系統。大多數現有的邏輯和數學所處理的世界，都是一個由相互排斥的物體所構成的集合體，就像是堆成一堆的蘋果。把一顆蘋果從蘋果堆中拿走並不會改變蘋果的基本性質，也不會改變蘋果堆的基本性質。但有機體的情形卻是截然不同：把一個器官切掉就會改變整個有機體，也會改變被切掉的部分。

另一個例子可以在加減乘除這些數學的基本程序中找到。它們的運作全都假設了有原子性質的資料存在。把一顆蘋果和另一顆蘋果相加之所以可能，是因為蘋果的性質容許這種相加。但人格的情形卻大不相同，如果我們有兩個高自尊和缺乏安全感的人，然後讓他們其中一個變得較有安全感（即「加入」安全感），我們可能會得到一個傾向於和別人合作的人，另一個人則繼續傾向暴力性格。他們兩人的高自尊並沒有相同的性質。在那個被加上安全感的人身上，發生了兩種改變：他不只得到了安全感，他的自尊的性質也改變了，而這種改變是來自高安全感的存在。這是一個複雜的例子，但它是最接近我們所能夠想像的人格的相加過程。

傳統的數學和邏輯雖然看似有無限的可能性，事實上卻是原子主義式、機械主義式世界觀的女僕。

我們甚至可以說，就整體動力論的接受度而言，數學要落後於現代物理學。物理理論的性質已經出現了一些根本的改變，但這種改變不是來自改變數學的基本性質，而是來自延展它的用途，用它來變戲法，與此同時盡可能保留它的靜態性質。這些變化之所以可能，只是因為做了好些不同的「好像」（as if）假設。一個例子是微積分，它宣稱要處理運動和改變，但這種研究只是透過把變化轉變為一系列靜態狀態而達到。一條曲線下面的面積是透過把它分割成一系列的長方形來測量的，曲線被當成「好像」有很多短邊的多邊形。微積分行之有效，是極為有用的工具，我們不能否認它是一種正當的運算程序。但不對的是忘記它之所以有效，是由於一系列的假設——一些閃躲或花招，一些無關現象世界的假設。但心理學研究卻是關於現象世界的。

以下這段話佐證了我們所說的，數學具有靜態和原子主義的傾向。就我所知，沒有任何數學家對這段話提出反駁：

難道我們過去沒有狂熱地宣稱我們生活在一個靜止的世界？難道我們沒有採用芝諾（Zeno）的悖論，詳盡地論證運動是不可能的，飛矢實際上是靜止的？對這種態度的明顯轉變，我們又該歸咎何處呢？

此外，如果每一項新的數學發明都是建立在舊有的基礎上，那又怎麼可能從靜態代數和靜態幾何理論中，提取出一種能夠解決涉及動態實體的問題的新型數學？

對於第一組問題來說，我們的觀點其實沒有改變。我們仍然堅定抱著這樣的信念：在這個世界裡，運動及變化都是靜止狀態的特例；並沒有什麼變化的狀態，變化與靜止只是質的不同，變化只不過是在較短的時間間隔中所觀察到的許許多多不同的靜止圖像。

由於我們實際上看不到飛矢穿越它在飛行中的每一個點，於是就本能地相信一個移動物體的行動具有連續性，也本能地想把運動這個觀念抽象化為某種在本質上不同於靜態的事物。但這種抽象化是由於各種生理上和心理上的侷限所造成的，邏輯分析絕不會加以證立。運動是一種位置和時間的相互關聯，而變化只不過是函數的別稱，是那種相互關聯性的不同面向。

至於其餘的問題，微積分作為幾何和代數的產物，屬於一個靜態的家族，它的特徵都來自於其父母。在數學中，突變是不可能的，如此一來，微積分便不可避免地帶有和乘法表與歐幾里德幾何學一樣的靜態特性。微積分只不過是對這個靜止世界的另一種解釋，儘管不得不承認它是一種巧妙的解釋。（Kasner and Newman, 1940, pp. 301-304）

讓我們再說一次：有兩種看待元素的方式。例如，臉紅可以被看成臉紅本身（一種化約後得到的元素），或者它可以是一個脈絡下的臉紅（一個整體中的元素）。前者涉及一種「好像」的假設：「好像它是孤零零的，和世界其他部分都沒有關係。」這是一種抽象化，在某些科學領域也許相當管用，而且只要我們一直記得它是一種抽象化，它就不會有害。問題在於，數學家、邏輯家或科學家有時會忘記了當他們論及臉紅這件事，其實是在談論一種人造的理論，儘管他們當然會承認在真實世界沒有人就不會有臉紅，臉紅總是有原因的。抽象化的習慣，或說研究化約性元素的習慣，是如此有效，以致已經變成了一種根深柢固的習慣，所以進行抽象化或化約的人往往還會很驚訝，怎麼有人會否認這些習慣的經驗或現象的有效性。他們說服自己相信，世界就是以這種方式建構出來的，卻忘記了它雖然有用，但仍然是人為的、約定俗成的和假設性的；換言之，是我們強加給處於流動、有著相互關聯性的世界的一個人造體系。這些有關這個世界的特殊假設除非是為了論證方便，才有權公然蔑視常識。如果它們不再有什麼方便可言，或如果它們變成了累贅，則必須被揚棄。只看見我們放進世界裡的東西，卻沒有看見原本就在那裡的東西，是很危險的。讓我們說得直接一點，原子主義式的數學或邏輯在某種意義上是關於這個世界的一種理論，用這種理論對世界進行的任何描述，心理學家都有權因為它不符合自己的目的而加以拒斥。方法論者顯然有必要創立一些與現代科學觀念中的世界本質更為協調的邏輯和數學體系。

這番意見也適用於英語這個語言本身。英語也傾向於反映我們文化中的原子主義世界觀。所以，不令人意外的，在描述症候群的資料和法則時，我們不得不採用最稀奇古怪的類比、修辭和其他各種拐彎抹角的說法。我們用「和」（and）這個連接詞來表達兩個分立實體的連接，卻沒有一個連接詞可以用來表達兩個並不分立的實體的連接（也就是說它們一旦連接起來就會構成一個整體，而不是一種二元性）。對and這個基本的連接詞，我能想出來的唯一替代品就是笨拙的structured with。其他語言或許和一種整體性、動力性的世界觀更加融合。在我看來，膠合語（agglutinate language）[15]比英語更適合反映一個整體性的世界。此外，我們的語言就像大多數邏輯家和數學家一樣，把世界組織成各種元素和關係、事件和行動。名詞就像是事件，動詞就像是行動。形容詞可以更精確描述事件，副詞可以更精確描述行動。整體動力論的觀點不會有這麼嚴格的二分法。在任何情況下，即便試圖描述症候群的文字也必然要被串成一線。（Lee, 1961）

15編按：一種綜合語，具有詞形變化的一種語言類型。

參考書目

Adler, A. (1939). *Social interest*. New York: Putnam's.
Adler, A. (1964). *Superiority and social interests: A collection of later writings* (H. L. Ansbacher and R. R. Ansbacher, eds.). Evanston: Northwestern University Press.
Alderfer, C. P. (1967). An organization syndrome. *Administrative Science Quarterly, 12*, 440–460.
Allport, G. (1955). *Becoming*. New Haven, CT: Yale University Press.
Allport, G. (1959). Normative compatibility in the light of social science. In A. H. Maslow (Ed.), *New knowledge in human values*. New York: Harper & Row.
Allport, G. (1960). *Personality and social encounter.* Boston: Beacon.
Allport, G. (1961). *Pattern and growth in personality.* New York: Holt, Rinehart & Winston.
Allport, G., & Vernon, P. E. (1933). *Studies in expressive movement*. New York: Macmillan.
Anderson, H. H. (Ed.). (1959). *Creativity and its cultivation*. New York: Harper & Row.
Angyal, A. (1965). *Neurosis and treatment: A holistic theory*. New York: Wiley.
Ansbacher, H., & Ansbacher, R. (1956). *The individual psychology of Alfred Adler.* New York: Basic Books.
Ardrey, R. (1966). *The territorial imperative*. New York: Atheneum.
Argyris, C. (1962). *Interpersonal competence and organizational effectiveness*. Homewood, IL: Irwin-Dorsey.
Argyris, C. (1965). *Organization and innovation*. Homewood, IL: Irwin.
Aronoff, J. (1962). Freud's conception of the origin of curiosity. *Journal of Psychology, 54*, 39–45.
Aronoff, J. (1967). *Psychological needs and cultural systems*. New York: Van Nostrand Reinhold.

Asch, S. E. (1956). Studies of independence and conformity. *Psychological Monographs, 70*(Whole No. 416).
Baker, R. S. (1945). *American chronicle*. New York: Scribner's.
Bartlett, F. C. (1932). *Remembering*. Cambridge: Cambridge University Press.
Benedict, R. (1970). Synergy in society. *American Anthropologist*.
Bennis, W. (1966). *Changing organizations*. New York: McGraw-Hill.
Bennis, W. (1967). Organizations of the future. *Personnel Administration, 30*, 6–24.
Bennis, W., & Slater, P. (1968). *The temporary society*. New York: Harper & Row.
Bergson, H. (1944). *Creative evolution*. New York: Modern Library.
Bernard, L. L. (1924). *Instinct: A study in social psychology*. New York: Holt, Rinehart & Winston.
Bonner, H. (1961). *Psychology of personality*. New York: Ronald Press.
Bronowski, J. (1956). *Science and human values*. New York: Harper & Row.
Bugental, J. (1965). *The search for authenticity*. New York: Holt, Rinehart & Winston.
Bühler, C., & Massarik, F. (Eds.). (1968). *The course of human life: A study of life goals in the humanistic perspective*. New York: Springer.
Cannon, W. G. (1932). *Wisdom of the body*. New York: Norton.
Cantril, H. (1950). An inquiry concerning the characteristics of man. *Journal of Abnormal and Social Psychology, 45*, 491–503.
Chenault, J. (1969). Syntony: A philosophical promise for theory and research. In A. Sutich and M. Vich (Eds.), *Readings in Humanistic Psychology*. New York: Free Press.
Chiang, H. (1968). An experiment in experiential approaches to personality. *Psychologia, 11*, 33–39.
D'Arcy, M. C. (1947). *The mind and heart of love*. New York: Holt, Rinehart & Winston.
Davies, J. C. (1963). *Human nature in politics*. New York: Wiley.
Deutsch, F., & Miller, W. (1967). *Clinical interview*, Vols. I & II. New York: International Universities Press.
Dewey, J. (1939). Theory of valuation. *International enclyclopedia of unified science* (Vol. 2, No. 4). Chicago: University of Chicago Press.
Drucker, P. F. (1939). *The end of economic man*. New York: Day.
Eastman, M. (1928). *The enjoyment of poetry*. New York: Scribner's.
Einstein, A., & Infeld, L. (1938). *The evolution of physics*. New York: Simon & Schuster.
Erikson, E. (1959). *Identity and the life cycle*. New York: International Universities Press.
Farrow, E. P. (1942). *Psychoanalyze yourself*. New York: International Universities Press.
Frankl, V. (1969). *The will to meaning*. New York: World.
Frenkel-Brunswik, E. (1949). Intolerance of ambiguity as an emotional and perceptual personality variable. *Journal of Personality, 18*, 108–143.
Freud, S. (1920). *General introduction to psychoanalysis*. New York: Boni & Liveright.
Freud, S. (1924). *Collected papers*, Vol. II. London: Hogarth Press.
Freud, S. (1930). *Civilization and its discontents*. New York: Cape & Smith.
Freud, S. (1933). *New introductory lectures on psychoanalysis*. New York: Norton.
Fromm, E. (1941). *Escape from freedom*. New York: Farrar, Straus & Giroux.
Fromm, E. (1947). *Man for himself*. New York: Holt, Rinehart & Winston.
Goldstein, K. (1939). *The organism*. New York: American Book.
Goldstein, K. (1940). *Human nature*. Cambridge: Harvard University Press.
Grof, S. (1975). *Realms of the human unconscious*. New York: Viking Press.
Guiterman, A. (1939). *Lyric laughter*. New York: Dutton.
Harding, M. E. (1947). *Psychic energy*. New York: Pantheon.
Harlow, H. F. (1950). Learning motivated by a manipulation drive. *Journal of Experimental Psychology, 40*, 228–234.

Harlow, H. F. (1953). Motivation as a factor in the acquisition of new responses. In R. M. Jones (Ed.), *Current theory and research in motivation*. Lincoln: University of Nebraska Press.

Harper, R. (1966). *Human love: Existential and mystical*. Baltimore: Johns Hopkins Press.

Hayakawa, S. I. (1949). *Language and thought in action*. New York: Harcourt, Brace & World.

Herzberg, F. (1966). *Work and the nature of man*. New York: World.

Hoggart, R. (1961). *The uses of literacy*. Boston: Beacon.

Horney, K. (1937). *The neurotic personality of our time*. New York: Norton.

Horney, K. (1939). *New ways in psychoanalysis*. New York: Norton.

Horney, K. (1942). *Self-analysis*. New York: Norton.

Horney, K. (1950). *Neurosis and human growth*. New York: Norton.

Howells, T. H. (1945). The obsolete dogma of heredity. *Psychology Review, 52*, 23–34.

Howells, T. H., & Vine, D. O. (1940). The innate differential in social learning. *Journal of Abnormal and Social Psychology, 35*, 537–548.

Husband, R. W. (1929). A comparison of human adults and white rats in maze learning. *Journal of Comparative Psychology, 9*, 361–377.

Huxley, A. (1944).*The perennial philosophy*. New York: Harper & Row.

James, W. (1890). *The principles of psychology*. New York: Holt, Rinehart & Winston.

James, W. (1958). *The varieties of religious experience*. New York: Modern Library.

Johnson, W. (1946). *People in quandaries*. New York: Harper & Row.

Jourard, S. M. (1968). *Disclosing man to himself*. New York: Van Nostrand Reinhold.

Kasner, E., & Newman, J. (1940). *Mathematics and the imagination*. New York: Simon & Schuster.

Katona, G. (1940). *Organizing and memorizing*. New York: Columbia University Press.

Klee, J. B. (1951). *Problems of selective behavior*. (New Series No. 7). Lincoln: University of Nebraska Studies.

Koestler, A. (1945). *The yogi and the commissar*. New York: Macmillan.

Köhler, W. (1961). Gestalt psychology today. In M. Henle (Ed.), *Documents of gestalt psychology*. Berkeley: University of California Press.

Langer, S. (1937). *Symbolic logic*. Boston: Houghton Mifflin.

Lee, D. (1961). *Freedom and culture*. Englewood Cliffs, NJ: Prentice-Hall.

Levy, D. M. (1934a). Experiments on the sucking reflex and social behavior of dogs. *American Journal of Orthopsychiatry*.

Levy, D. M. (1934b). A note on pecking in chickens. *Psychoanalytic Quarterly, 4*, 612–613.

Levy, D. M. (1937). Primary affect hunger. *American Journal of Psychiatry, 94*, 643–652.

Levy, D. M. (1938). On instinct-satiations: An experiment on the pecking behavior of chickens. *Journal of General Psychology, 18*, 327–348.

Levy, D. M. (1939). Release therapy. *American Journal of Orthopsychiatry, 9*, 713–736.

Levy, D. M. (1943). *Maternal overprotection*. New York: Columbia University Press.

Levy, D. M. (1944). On the problem of movement restraint. *American Journal of Orthopsychiatry, 14*, 644–671.

Levy, D. M. (1951). The deprived and indulged forms of psychopathic personality. *American Journal of Orthopsychiatry, 21*, 250–254.

Lewin, K. (1935). *Dynamic theory of personality*. New York: McGraw-Hill.

Likert, R. (1961). *New patterns in management*. New York: McGraw-Hill.

Lynd, R. (1939). *Knowledge for what?* Princeton, NJ: Princeton University Press.

Maier, N. R. F. (1939). *Studies of abnormal behavior in the rat*. New York: Harper & Row.

Maier, N. R. F. (1949). *Frustration*. New York: McGraw-Hill.

Marmor, J. (1942). The role of instinct in human behavior. *Psychiatry, 5*, 509–516.

Maslow, A. H. (1935). Appetites and hunger in animal motivation. *Journal of Comparative Psychology, 20*, 75–83.

Maslow, A. H. (1936). The dominance drive as a determiner of the social and sexual behavior of infra-human primates, I-IV. *Journal of Genetic Psychology, 48*, 261–277, 278–309, 310–338; *49*, 161–190.

Maslow, A. H. (1937). The influence of familiarization on preference. *Journal of Experimental Psychology, 21*, 162–180.

Maslow, A. H. (1940a). Dominance-quality and social behavior in infra-human primates. Journal of Social Psychology, *11*, 313–324.

Maslow, A. H. (1940b). A test for dominance-feeling (self-esteem) in women. *Journal of Social Psychology, 12*, 255–270.

Maslow, A. H. (1943). The authoritarian character structure. *Journal of Social Psychology, 18*, 401–411.

Maslow, A. H. (1952). *The S–I Test: A measure of psychological security–insecurity*. Palo Alto, CA: Consulting Psychologists Press.

Maslow, A. H. (1957). Power relationships and patterns of personal development. In A. Kornhauser (Ed.), *Problems of power in American democracy*. Detroit: Wayne University Press.

Maslow, A. H. (1958). Emotional blocks to creativity. *Journal of Individual Psychology, 14*, 51–56.

Maslow, A. H. (1964a). *Religions, values and peak experiences*. Columbus: Ohio State University Press.

Maslow, A. H. (1964b). Synergy in the society and in the individual. *Journal of Individual Psychology, 20*, 153–164.

Maslow, A. H. (1965a). Criteria for judging needs to be instinctoid. In M. R. Jones (Ed.), *Human Motivation: A Symposium*. Lincoln: University of Nebraska Press.

Maslow, A. H. (1965b). *Eupsychian management: A journal*. Homewood, IL: Irwin-Dorsey.

Maslow, A. H. (1966). *The psychology of science: A reconnaissance*. New York: Harper & Row.

Maslow, A. H. (1967). A theory of metamotivation: The biological rooting of the value-life. *Journal of Humanistic Psychology, 7*, 93–127.

Maslow, A. H. (1968a). Some educational implications of the humanistic psychologies. *Harvard Educational Review, 38*, 685–686.

Maslow, A. H. (1968b). Some fundamental questions that face the normative social psychologist. *Journal of Humanistic Psychology, 8*, 143–153.

Maslow, A. H. (1968c). *Toward a Psychology of Being* (2nd ed.). New York: Van Nostrand Reinhold.

Maslow, A. H. (1969a). The farther reaches of human nature. *Journal of Transpersonal Psychology, 1*, 1–10.

Maslow, A. H. (1969b). Theory Z. *Journal of Transpersonal Psychology, 1*, 31–47.

Maslow, A. H. (1969c). Various meanings of transcendence. *Journal of Transpersonal Psychology, 1*, 56–66.

Maslow, A. H., & Mittelman, B. (1951). *Principles of abnormal psychology (rev. ed.)*. New York: Harper & Row.

McClelland, D. (1961). *The achieving society.* New York: Van Nostrand Reinhold.
McClelland, D. (1964). *The roots of consciousness.* New York: Van Nostrand Reinhold.
McClelland, D., & Winter, D. G. (1969). *Motivating economic achievement.* New York: Free Press.
McGregor, D. (1960). *The human side of enterprise.* New York: McGraw-Hill.
Menninger, K. A. (1942). *Love against hate.* New York: Harcourt, Brace & World.
Milner, M. (1967). *On not being able to paint.* New York: International Universities Press.
Money-Kyrle, R. E. (1944). Towards a common aim—A psychoanalytical contribution to ethics. *British Journal of Medical Psychology, 20,* 105–117.
Mumford, L. (1951). *The conduct of life.* New York: Harcourt, Brace & World.
Murphy, G. (1947). *Personality.* New York: Harper & Row.
Murphy, L. (1937). *Social behavior and child personality.* New York: Columbia University Press.
Myerson, A. (1925). *When life loses its zest.* Boston: Little, Brown.
Northrop, F. S. C. (1947). *The logic of the sciences and the humanities.* New York: Macmillan.
Pieper, J. (1964). *Leisure, the basis of culture.* New York: Pantheon.
Polanyi, M. (1958). *Personal knowledge.* Chicago: University of Chicago Press.
Polanyi, M. (1964). *Science, faith and society.* Chicago: University of Chicago Press.
Rand, A. (1943). *The fountainhead.* Indianapolis: Bobbs-Merrill.
Reik, T. (1948). *Listening with the third ear.* New York: Farrar, Straus & Giroux.
Reik, T. (1957). *Of love and lust.* New York: Farrar, Straus & Giroux.
Ribot, T. H. (1896). *La psychologie des sentiments.* Paris: Alcan.
Riesman, D. (1950). *The lonely crowd.* New Haven, CT: Yale University Press.
Rogers, C. (1954). *Psychotherapy and personality changes.* Chicago: University of Chicago Press.
Rogers, C. (1961). *On becoming a person.* Boston: Houghton Mifflin.
Schachtel, E. (1959). *Metamorphosis.* New York: Basic Books.
Schilder, P. (1942). *Goals and desires of man.* New York: Columbia University Press.
Shostrom, E. (1963). *Personal Orientation Inventory (POI): A test of self-actualization.* San Diego, CA: Educational and Industrial Testing Service.
Shostrom, E. (1968). *Bibliography for the P.O.I.* San Diego, CA: Educational and Industrial Testing Service.
Suttie, I. (1935). *The origins of love and hate.* New York: Julian Press.
Taggard, G. (1934). *The life and mind of Emily Dickinson.* New York: Knopf.
Thorndike, E. L. (1940). *Human nature and the social order.* New York: Macmillan.
Van Doren, C. (1936). *Three worlds.* New York: Harper & Row.
Wertheimer, M. (1959). *Productive thinking* (2nd ed.). New York: Harper & Row.
Whitehead, A. N. (1938). *Modes of thought.* New York: Macmillan and Cambridge University Press.
Wilson, C. (1967). *Introduction to the new existentialism.* Boston: Houghton Mifflin.
Wilson, C. (1969). *Voyage to a beginning.* New York: Crown.
Wolff, W. (1943). *The expression of personality.* New York: Harper & Row.
Wootton, G., (1967). *Workers, unions and the state.* New York: Schocken.
Yeatman, R. J., & Sellar, W. C. (1931). *1066 and all that.* New York: Dutton.
Young, P. T. (1941). The experimental analysis of appetite. *Psychological Bulletin, 38,* 129–164.
Young, P. T. (1948). Appetite, palatability and feeding habit; A critical review. *Psychological Bulletin, 45,* 289–320.

國家圖書館出版品預行編目資料

動機與人格：馬斯洛的心理學講堂
亞伯拉罕．馬斯洛Abraham H. Maslow 著　梁永安 譯
初版. -- 臺北市：商周出版：家庭傳媒城邦分公司發行
2020.06　面；　公分
譯自：Motivation and Personality
ISBN 978-986-477-824-9 (平裝)

1.動機 2.自我實現

176.85　　109003962

動機與人格：馬斯洛的心理學講堂

原文書名／Motivation and Personality
作　　者／亞伯拉罕．馬斯洛（Abraham H. Maslow）
譯　　者／梁永安
責任編輯／陳玳妮
版　　權／林心紅

行銷業務／周丹蘋、黃崇華
總 編 輯／楊如玉
總 經 理／彭之琬
事業群總經理／黃淑貞
發 行 人／何飛鵬
法律顧問／元禾法律事務所 王子文律師
出　　版／商周出版　城邦文化事業股份有限公司
台北市中山區民生東路二段141號4樓
電話：(02) 25007008　傳眞：(02)25007759
E-mail：bwp.service@cite.com.tw
Blog：http://bwp25007008.pixnet.net/blog
發　　行／英屬蓋曼群島商家庭傳媒股份有限公司城邦分公司
台北市中山區民生東路二段141號2樓
書虫客服服務專線：(02)25007718；(02)25007719
服務時間：週一至週五上午09:30-12:00；下午13:30-17:00
24小時傳眞專線：(02)25001990；(02)25001991
劃撥帳號：19863813；戶名：書虫股份有限公司
讀者服務信箱：service@readingclub.com.tw
歡迎光臨城邦讀書花園　網址：www.cite.com.tw
香港發行所／城邦（香港）出版集團有限公司
香港灣仔駱克道193號東超商業中心1樓
E-mail：hkcite@biznetvigator.com
電話：(852) 25086231　傳眞：(852) 25789337
馬新發行所／城邦（馬新）出版集團【Cite (M) Sdn. Bhd.】
41, Jalan Radin Anum, Bandar Baru Sri Petaling,
57000 Kuala Lumpur, Malaysia.
Tel: (603) 90578822　Fax: (603) 90576622
Email: cite@cite.com.my

封　　面／李東記
排　　版／極翔企業有限公司
印　　刷／韋懋實業有限公司

經 銷 商／聯合發行股份有限公司
電話：(02)2917-8022　傳眞：(02)2911-0053
地址：新北市231新店區寶橋路235巷6弄6號2樓

■2020年6月初版
■2023年11月23日初版2.5刷

Printed in Taiwan

定價550元

城邦讀書花園
www.cite.com.tw

 ISBN 978-986-477-824-9

商周出版

廣　告　回　函
北區郵政管理登記證
北臺字第000791號
郵資已付，免貼郵票

104　台北市民生東路二段141號2樓

英屬蓋曼群島商家庭傳媒股份有限公司城邦分公司　收

請沿虛線對摺，謝謝！

商周出版

書號：BK7092	書名：動機與人格	編碼：

請於此處用膠水黏貼

商周出版

讀者回函卡

感謝您購買我們出版的書籍！請費心填寫此回函卡，我們將不定期寄上城邦集團最新的出版訊息。

不定期好禮相贈！
立即加入：商周出版
Facebook 粉絲團

姓名：______________________ 性別：☐男 ☐女

生日：西元__________年__________月__________日

地址：______________________

聯絡電話：______________ 傳真：______________

E-mail：

學歷：☐ 1. 小學 ☐ 2. 國中 ☐ 3. 高中 ☐ 4. 大學 ☐ 5. 研究所以上

職業：☐ 1. 學生 ☐ 2. 軍公教 ☐ 3. 服務 ☐ 4. 金融 ☐ 5. 製造 ☐ 6. 資訊

☐ 7. 傳播 ☐ 8. 自由業 ☐ 9. 農漁牧 ☐ 10. 家管 ☐ 11. 退休

☐ 12. 其他______________

您從何種方式得知本書消息？

☐ 1. 書店 ☐ 2. 網路 ☐ 3. 報紙 ☐ 4. 雜誌 ☐ 5. 廣播 ☐ 6. 電視

☐ 7. 親友推薦 ☐ 8. 其他______________

您通常以何種方式購書？

☐ 1. 書店 ☐ 2. 網路 ☐ 3. 傳真訂購 ☐ 4. 郵局劃撥 ☐ 5. 其他______

您喜歡閱讀那些類別的書籍？

☐ 1. 財經商業 ☐ 2. 自然科學 ☐ 3. 歷史 ☐ 4. 法律 ☐ 5. 文學

☐ 6. 休閒旅遊 ☐ 7. 小說 ☐ 8. 人物傳記 ☐ 9. 生活、勵志 ☐ 10. 其他

對我們的建議：______________________

____

____

請於此處用膠水黏貼